Mon enfance en Allemagne nazie

Ilse Koehn

# Mon enfance en Allemagne nazie

Traduit de l'américain par Michèle Poslaniec

Médium
11, rue de Sèvres, Paris 6ᵉ

© 1981, l'école des loisirs, Paris pour l'édition en langue française
© 1977, Ilse Koehn
Titre original : «Mischling, second degree»
(Greenwillow Books, New York)
Loi n° 49.956 du 16 juillet 1949 sur les publications
destinées à la jeunesse : septembre 1981
Dépôt légal : octobre 2001
Imprimé en France par Bussière Camedan Imprimeries
à Saint-Amand-Montrond
N° d'impr. : 015098/1.

Chapitre Un
# 1926-1939
# Les Dereck

Mutter[1] Dereck était habituée aux remarques flatteuses sur la beauté quelque peu exotique de sa fille. Elle répondait généralement avec un petit rire sec et malin: «Oui, je sais, c'est la fleur sur le fumier.» Pour elle, cette réflexion n'était pas du tout péjorative puisqu'elle considérait son fumier, son tas de compost, comme une mine d'or (effectivement... vu sous cet angle...).

«C'est pourquoi nous l'avons appelée Margarete[2]. Ce sont certainement les huguenots de la famille qui lui ont donné ses grands yeux bruns et ses cheveux noirs.»

Quand on la questionnait sur la voix de Grete[3], elle haussait les épaules. «Qui sait? Qui s'en préoccupe? De mon côté et du côté de son père, tout le monde manquait d'oreille pour autant que je sache.»

La belle voix d'alto de Grete avait attiré l'attention de son instituteur et par lui elle devint membre de la chorale des enfants de Berlin. A la fin de sa scolarité, le maître de chorale vint voir ses parents pour les persuader de lui faire étudier la musique. Il fut reçu fraîchement.

«La musique? Il faut qu'elle gagne sa vie!» dit brutalement son père qui était mécanicien. Il restait planté là, immense et maladroit dans les sabots de bois qu'il portait à la maison. «La musique!» Il recracha le mot comme un morceau de pomme véreuse. «C'est bon pour les oisifs. Nous sommes des ouvriers.»

«Elle a déjà la tête farcie d'idées!» ajouta Mutter Dereck en essuyant ses mains sur son tablier et en jetant un regard de côté à Grete.

Grete pleura un peu mais elle connaissait trop bien ses parents pour s'être abandonnée à partager les espoirs de son maître de chorale. Avec soumission elle devint «petite main» puis «apprentie couturière» dans une maison de couture de Berlin. Elle n'était pas malheureuse: gagner de l'argent lui donnerait bientôt les moyens de ne plus dépendre de ses parents qu'elle craignait.

[1] Mère
[2] Marguerite
[3] Diminutif de Margarete

Elle se fit des amis parmi les jeunes membres du parti social-démocrate que fréquentaient les aînés des Dereck. Elle et ses amis avaient souvent des discussions politiques animées qui se prolongeaient fort tard dans la nuit; ils pensaient qu'une nouvelle ère sans oppression et avec des chances égales pour tous, commençait. Eux, les jeunes sociaux-démocrates travailleraient pour une Allemagne démocratique. Laissons cet Adolf Hitler divaguer! Qui était-il sinon un obscur vagabond, un peintre en bâtiment venu d'Autriche? Lui et son parti, le National Sozialistische Deutsche Arbeiter Partei[1], NAZI en raccourci, ce n'était que des voyous, des inadaptés portant chemises brunes et bottes de cavalier.

Hitler, fils d'un petit fonctionnaire de la douane autrichienne, avait fondé le parti en 1920. Maintenant, en 1926, il avait des milliers de partisans mais peu d'Allemands les considéraient comme une menace réelle.

Grete était une militante active de son parti et appartenait à plusieurs commissions. Elle passa même ses vacances à suivre un stage sur les droits de la femme. Elle travaillait beaucoup; c'était leur cas à tous mais ils trouvaient quand même le temps de s'amuser, de manger ensemble et de chanter. Ernst Koehn jouait de la guitare. Sa voix de ténor s'harmonisait avec la voix d'alto de Grete. Ils tombèrent amoureux l'un de l'autre.

Les Dereck ne furent pas enchantés de leur gendre qui avait onze ans de plus que Grete. A vrai dire, il avait un bon travail d'électricien à la Compagnie électrique de Berlin mais pour eux c'était bien la seule chose en sa faveur.

«Bien sûr il est beau, gentil, joue de la guitare», disait Mutter Dereck à sa voisine, «mais qu'est-ce que ça donne? Et des livres, des livres, des livres! ricanait-elle. Il étudie après son travail. S'il a autant d'énergie, qu'il vienne donc aider ici! Dieu sait que nous avons du travail pour deux bras supplémentaires.»

Et puis il y avait la mère d'Ernst, Oma[2] Koehn, la veuve Koehn, née Rotenthal. Juive?

«Je ne suis d'aucune confession religieuse Frau[3] Dereck», avait-elle répondu d'un air malin en utilisant la formule consacrée. «Je n'appartiens à aucune église et je n'en fréquente pas.»

«Nous non plus», gloussa Mutter Dereck comme si elle avait posé la question pour rire. «On n'en aurait même pas le temps. Pendant que les autres vont à l'église, je nourris les bêtes et j'abats

---

[1] Parti national-socialiste des travailleurs allemands
[2] Diminutif de grand-mère, mamie
[3] Madame

pratiquement le travail d'une journée.» Et elle ajoutait avec insistance: «Eh oui, c'est comme ça quand on a une maison à soi!»

La veuve Koehn n'avait pas de maison. Elle vivait dans un appartement, entourée de beaux meubles et de milliers de livres.

Grete et Ernst préféraient vivre chez Oma Koehn plutôt que chez les Dereck. Cependant ils achetèrent bientôt une parcelle de terre et se mirent à dessiner leur propre maison. Le jeune couple ne pouvait se payer un architecte mais Ernst se débrouillait assez bien en dessin architectural pour satisfaire l'Inspection des bâtiments. Comme ils avaient tout juste assez d'argent pour acheter les matériaux bruts, ils décidèrent de bâtir la maison eux-mêmes. Ils transportèrent les pierres, mélangèrent le mortier, montèrent les murs, taillèrent les poutres, coupèrent le verre pour les fenêtres. Rien ne les arrêtait. «Ce que nous ne savons pas, nous pouvons l'apprendre» était leur devise. Ils ont même dessiné et fabriqué leur mobilier.

La pièce exposée au sud serait pour l'enfant qu'ils voulaient avoir. Elle donnerait sur le noisetier. Grete planta des rosiers grimpants sous la fenêtre. L'enfant se réveillerait avec le doux parfum des roses.

En août 1929, une enfant de huit livres en pleine santé naquit et fut appelée Ilse. Elle ne fut pas baptisée (Nous sommes libres penseurs); seulement une simple inscription dans le registre des naissances: Ilse Margarete Koehn.

Je sais maintenant en quoi a consisté le bouleversement politique en Allemagne, à cette époque; je sais que mes parents étaient parmi la centaine de milliers d'ouvriers manifestant contre Hitler; je sais que les partis démocrates furent incapables de s'unir contre lui; je sais que le 30 janvier 1933, Adolf Hitler fut élu chancelier de l'Allemagne et se fit bientôt appeler «Der Führer», chef de l'Allemagne. En mai, le Führer mit hors-la-loi les syndicats de travailleurs et en juillet tous les partis politiques, sauf le sien; et il commença immédiatement sa campagne de haine contre les Juifs et de boycott des magasins juifs. Le 7 avril 1933, alors qu'il était au pouvoir depuis seulement cinq semaines, la première loi antisémite fut promulguée et d'autres suivirent en une succession rapide. En octobre 1933, les «non-aryens» furent légalement exclus des institutions universitaires, du gouvernement et des professions libérales.

Hitler ordonna de faire un grand feu de joie face à l'université de Berlin et ses disciples brûlèrent tous les livres «non allemands», des livres dont les auteurs étaient juifs ou contre Hitler. Mes parents entassèrent la plupart de leurs livres devenus interdits dans deux énormes caisses et les enterrèrent la nuit dans notre jardin. Je sais tout cela maintenant mais je n'en ai nul souvenir.

Je me rappelle bien ma chambre ensoleillée. Il me semble que le soleil brillait tout le temps pendant ces années-là. Cela faisait étinceler le mobilier blond de style Biedermeier[1] offert par Oma. Je me souviens des oiseaux que je regardais de mon lit ainsi que des roses qui montaient jusqu'à ma fenêtre. Elles étaient rose pâle et avaient un parfum étonnamment doux. Notre jardin était plein de fleurs de toutes les espèces possibles et il y avait un noisetier, un cerisier, un pommier, un poirier et même un pêcher.

Les seules larmes que je me rappelle avoir versées furent pour *le vilain petit canard*. Qu'il devienne finalement un magnifique cygne ne me consolait en rien de toutes les souffrances qu'il avait dû endurer.

J'étais impatiente d'aller à l'école; pour me préparer, je me souviens qu'on me faisait réciter: «Je m'appelle Ilse Koehn («un beau nom allemand dont tu peux être fière, de vieille souche poméranienne» disait Vati[2]). J'habite au numéro douze, vingt-huitième rue à Waidmannslust.» J'étais si heureuse d'aller à l'école!

«Quand ils te demanderont qu'elle est ta religion, tu diras dissidente. Cela veut dire libre penseur et c'est ce que nous sommes. Nous ne t'avons pas fait baptiser parce que nous nous considérons comme éclairés. Des travailleurs éclairés, avec une conscience de classe. Quand tu grandiras, tu pourras faire ton choix toi-même.»

Seule dissidente parmi des luthériens et des catholiques, je fus rapidement surnommée «païenne». Cela ne m'ennuyait pas. Je pensais que mes camarades de classe étaient peut-être un peu jalouses parce que je pouvais rentrer plus tôt à la maison quand la dernière heure était un cours d'éducation religieuse. Je me suis demandée si c'est parce qu'elle enseignait aussi la religion que mon professeur d'allemand, Frau Katscher, ne m'aimait pas. D'ailleurs Frau Katscher n'aimait que les filles de riches. J'aimais l'école.

Certains dimanches, nous allions au lac Tegel où nous retrouvions des amis de mes parents dans une brasserie. Willy Schmidt, le premier des leaders syndicaux, et sa femme Frieda étaient toujours là ainsi que les journalistes Hans et Lotti Koller. Il y avait les Gersten avec leurs enfants, Alla et Rolf. Les «Coqs», Axel et Vera Hahn[3] venaient ainsi que les acteurs Else et Hans Wagner. Quand ils étaient là, on semblait rire davantage, parler avec moins de sé-

---

[1] Ce style fut créé en Allemagne à l'époque de la Restauration, c'est-à-dire vers 1830
[2] Papa
[3] Coq

rieux. Ils parlaient tous beaucoup en prenant du café et des gâteaux pendant que nous, les enfants, allions nous baigner ou faire de la balançoire.

Au retour, Vati me portait toujours sur ses épaules et tous trois chantions doucement. C'est un de ces dimanches soir que le ballon qu'il m'avait acheté retomba sur sa cigarette et éclata. Quand je me mis à pleurer, il se mit en colère et cria: «Arrête de pleurer. La vie, ce n'est pas seulement des ballons!»

«Mais ce n'est qu'une enfant!» dit Mutti[1].

«Nous devons l'habituer à voir la réalité, la vie telle qu'elle est et pas comme nous voudrions qu'elle soit. Il n'est jamais trop tôt pour apprendre cela!»

Vati ne m'avait jamais paru si dur. J'avais peur, sentant que ce n'étaient pas mes peurs mais quelque chose d'autre — «La vie réelle?» — qui le mettait en colère.

J'avais six ans en 1935; j'étais heureuse et ignorante de ce qui se passait en Allemagne. Je ne me doutais pas que nos sorties dominicales étaient, pour les premiers sociaux-démocrates, une façon de se retrouver sans éveiller les soupçons. Mes parents ne me dirent pas que le parti nazi tenait un congrès à Nuremberg. A ce congrès, le dimanche 15 septembre 1935, le Führer annonça trois nouvelles lois. Celles-ci, avec treize décrets supplémentaires (le dernier publié le 1er juillet 1943) furent appelées les «lois de Nuremberg». La première imposait la swastika[2] comme emblème officiel de l'Etat germanique. La seconde énumérait les conditions qu'il fallait remplir pour être citoyen allemand à part entière, ce qui excluait tous les Juifs. La troisième, la loi pour la Protection du Sang allemand et de l'Honneur allemand, interdisait les mariages entre citoyens allemands et juifs. Les mariages qui avaient déjà eu lieu et qui contrevenaient à cette loi étaient déclarés nuls. Même les relations extraconjugales entre des citoyens allemands et des Juifs étaient prohibées. La loi interdisait aussi aux Juifs d'employer des femmes allemandes de moins de quarante-cinq ans comme domestiques et les Juifs n'avaient pas le droit d'afficher les couleurs nationales. Toute violation de ces lois était passible de prison.

Ces lois affectèrent des millions d'Allemands. La définition fondamentale d'un Juif fut publiée le 14 novembre 1935. Les dernières spécifications définissaient les différentes catégories de *Mischlinge*, descendance métissée d'Allemands et de Juifs. Les trois désignations

---

[1] Maman
[2] Croix gammée

de départ étaient: 1) Juif, 2) Mischling premier degré, 3) Mischling second degré.

Etait Juif quiconque avait trois grands-parents de pure race juive, ou qui appartenait à la communauté religieuse juive ou qui l'avait rejointe depuis le 15 septembre 1935 au moment où la loi prenait effet.

Toute personne mariée à un Juif avant ou après le 15 septembre 1935 entrait dans la catégorie des Juifs. Les enfants de telles unions, y compris les enfants illégitimes de l'un ou l'autre, étaient juifs eux aussi.

Un Mischling premier degré était quelqu'un qui avait deux grands-parents juifs, à condition qu'il ne soit pas de religion juive ni marié à un Juif.

Un Mischling second degré était quelqu'un qui avait un grand-parent juif, à condition qu'il ne soit pas de religion juive ni marié à un Juif.

La loi établissait d'une façon irréfutable qu'un grand-parent était juif si il ou elle était de race juive même si ce grand-parent n'était pas de religion juive et n'appartenait pas à la communauté religieuse juive.

C'est seulement après la guerre que j'ai découvert que les parents d'Oma étaient juifs. Mais Oma était devenue «libre penseur» et avait épousé l'«Aryen» Willem Koehn. Ceci faisait de son fils et de sa fille des «Mischlinge premier degré». Le mariage de Vati avec Mutti, une Aryenne, était alors un mariage «impur» et moi, leur progéniture, j'étais, selon la définition du 14 novembre 1935, une «Mischling second degré».

Mon petit monde n'a pas changé à partir de ce jour-là, ni du lendemain ni du surlendemain. J'étais bienheureuse dans l'ignorance de toutes ces lois. Vati m'apportait des jouets et des sucreries. Personne ne brisait les fenêtres dans notre quartier tranquille de Berlin.

Hitler organisait ses forces armées. Elles lui prêtaient serment de loyauté, personnellement, et en mars 1936, elles marchèrent sur la Rhénanie. Elles occupèrent ce qui avait été déclaré zone libre par le traité de Versailles. Il n'y eut aucun mouvement de colère de la part des autres nations, juste quelques protestations diplomatiques mesurées.

Mes parents, je m'en souviens, parlaient de l'Allemagne. Ils disaient qu'une période noire était venue pour notre patrie: ils ne mentionnaient jamais le mot Juif.

Puis ce fut le printemps de 1936. Cette année-là, la sœur de Vati, tante Ruth et mon cousin Dieter sont venus d'Italie nous rendre visite et voir les Jeux olympiques. Dieter avait dix ans et je l'adorais. Qui d'autre pouvait se vanter d'avoir un cousin parlant l'italien et l'anglais ainsi que l'allemand, étudiant le piano au conservatoire de Milan et promis à une carrière de pianiste? Dieter me fabriqua des animaux en terre et m'apprit à monter un escalier mécanique à contresens. Tante Ruth et Dieter m'emmenèrent voir Berlin et je m'amusai tellement que je remarquai à peine les visites beaucoup plus fréquentes de la grand-mère Dereck. En fait, elle venait presque tous les jours mais partait toujours juste avant le retour de Vati. Elle me disait: «Va jouer» pour que je n'entende pas ce qu'elle disait à Mutti. Mais quoi qu'il en soit, ce qu'elle disait faisait pleurer Mutti.

Chapitre Deux

# 1937
# Séparation

Que s'était-il passé? Je ne comprenais pas et j'avais peur. Assise derrière mon père sur sa bicyclette, j'essayais maladroitement de me tenir à lui. Maladroitement parce qu'il portait un sac à dos qui contenait certaines de mes affaires: une robe, du linge de corps, une brosse à dents et Pierre, le gros ours en peluche dont la tête dépassait. Nous avions pris ces choses au hasard et elles n'étaient ni très bien pliées ni bien rangées. Mutti aurait su mieux le faire mais Mutti était dans un sanatorium souffrant d'une dépression nerveuse.

«Elle sera bientôt remise», avait dit Vati. Cela ne paraissait pas convaincant. Et maintenant nous allions à Tegel où je devais rester «quelques jours» chez des gens appelés Ertel. Tout ce que je savais sur eux c'est que Vati travaillait avec Herr[1] Ertel. Le souvenir de mon séjour chez eux est brouillé par les larmes. Ils étaient gentils et essayaient de faire de leur mieux pour me mettre à l'aise. Cela ne faisait qu'aggraver les choses. Comment pouvais-je demander: «Pourquoi Vati m'a-t-il laissée avec des étrangers? Quand reviendra-t-il me chercher?» sans paraître ingrate et grossière.

Après deux jours qui me parurent une éternité, Vati revint. Son visage habituellement ouvert et amical était un masque de pierre. Il ne ressemblait pas du tout à mon Vati.

«Mutti est encore au sanatorium, dit-il. Nous irons la voir bientôt.»

Mon ventre me faisait mal comme s'il était en train de rétrécir et quand il ajouta: «Nous ne rentrons pas à la maison», j'ai eu envie soudain de courir et de m'accrocher à Frau Ertel. Puis je me suis sentie si coupable que je n'ai même pas écouté ce que Vati avait encore à dire. En silence, j'ai pris place sur le porte-bagages du vélo, trop malheureuse pour demander où nous allions.

Chez Oma. Oma en haut des escaliers, grande dans sa robe noire au col de dentelle. Oma aux cheveux blancs, soixante-dix-huit ans, très vieille pour moi et effrayante. Nous allons habiter chez Oma quelque temps. Combien c'est, quelque temps?

«Oma, pourquoi Mutti est-elle malade? Oma, combien de

[1] Monsieur

temps le sera-t-elle? Oma, quand Mutti sera-t-elle remise? Retournerons-nous à la maison alors?»

Oma me tapotait la tête. «Enfant, même si je connaissais les réponses, cela te passerait au-dessus de la tête!»

Au-dessus de ma tête, c'est facile. Je suis petite. A chaque fois que Vati et Oma parlent sérieusement, c'est, soit: «Ne parle pas devant l'enfant!» soit: «Ne t'en fais pas, ça lui passe au-dessus de la tête de toute façon! Elle ne comprend pas.» Comment puis-je comprendre si personne ne m'explique rien? Je ne suis pas habituée à cela; Vati et Mutti répondaient toujours à mes questions, expliquaient tout. Mais maintenant, quand je vois Vati le soir, il part le matin avant que je me lève, il parle de tout sauf du retour à la maison avec Mutti.

«Ilse, tiens-toi tranquille! Comment puis-je te brosser les cheveux si tu danses comme un Apache?»

«Qu'est-ce que c'est un Apache, Oma?»

«Un Apache... Ne t'en fais pas, je te le dirai quand tu rentreras. Si nous ne nous pressons pas, tu seras en retard à l'école, et il faut encore que tu changes de robe.»

«Pourquoi est-ce que je peux pas garder celle-là?»

«Parce que je ne l'ai pas encore lavée ni repassée.»

«Je ne l'ai portée qu'une fois!»

«Ne discute pas! Je ne veux pas qu'on dise que je ne peux pas m'occuper correctement de toi parce que je suis vieille.»

Je pense qu'Oma exagère. Je veux dire une robe propre *tous les jours!*

J'allais toujours à la même école. Oma n'en habitait pas plus loin que nous mais sur le chemin il y avait alors des choses plus intéressantes à voir; de grandes maisons et des jardins magnifiques. Il y en avait un, abandonné et délaissé, à travers la barrière duquel je pouvais facilement me glisser. Quelquefois, après l'école, j'allais m'y asseoir dans l'herbe haute et les fleurs sauvages et je pensais à Mutti et à notre jardin. Je ne pouvais pas rester trop longtemps car Oma et notre rituel café attendaient.

Quand je rentrais, Oma avait déjà disposé une nappe brodée main sur sa table de couture, près de la fenêtre. J'y posais la vaisselle aux dessins très gais de Butzen[1]. Je faisais attention, très attention, surtout avec mon préféré, le petit pot à confiture. Je n'étais chez Oma que depuis deux ou trois jours lorsque j'ai cassé un de ses verres à thé, un du service rangé sur le plateau d'argent. Oma était

---

[1] Manufacture de porcelaine allemande

devenue rouge de colère et m'avait poursuivie autour de la table avec, pour toute arme, un oreiller. Finalement, hors d'haleine, nous nous étions arrêtées en nous regardant d'un air hébété. Oma avait l'air figé dans son mouvement, prête à porter le coup fatal. Cela avait l'air si drôle que je m'étais mise à rire. Et Oma? Elle s'était mise à rire aussi puis s'était laissée aller dans son fauteuil avec un soupir et j'avais sauté sur ses genoux. La glace était brisée, nous étions amies.

Oma faisait du café, un ersatz de café, et beurrait mes petits pains.

«Je ne peux pas avoir de la margarine, moi aussi?»

«Tu grandis. Tu as besoin de beurre. La margarine est meilleure pour les vieilles personnes.»

Oma met des fleurs fraîches sur la table, puis le journal. Tout doit être à sa place avant de nous asseoir. Nous parlons de l'école et des Apaches. Elle me fait prendre le dictionnaire et des livres avec des images d'Indiens. Puis c'est le journal. Je sais ce qu'est un gros titre, un intertitre, un essai, un éditorial. Oma a tout expliqué. Tous les jours, elle passe très vite les premières pages, celles où il y a les photos du Führer, des troupes d'assaut, des SA[1] et des nazis, des mots que j'entends de plus en plus souvent.

«Pas pour les enfants!» dit-elle catégoriquement. «Au travail, écoutons ce que la comtesse va faire.»

Je lis tout haut le chapitre quotidien du roman feuilleton.

Oma quitte à peine la maison. Je fais la plupart des courses. Cependant elle m'emmène au cinéma et, quelquefois, va chez le boucher, Mellmer. Ce que va dire Herr Mellmer est tellement prévisible que nous jouons à deviner ses paroles exactes.

«Voyons Frau Koehn, la petite devient plus maigre de jour en jour. Il faut y faire quelque chose!» imite Oma.

«Non!» dis-je.

«Que dira-t-il alors?»

«Rien, parce qu'il ne sera pas là aujourd'hui.»

«Il sera là et, en plus, il te donnera une tranche de saucisson.»

«S'il est là, il n'aura plus de saucisson», dis-je, rien que pour la contredire.

Mais il est là et dit: «Voyons Frau Koehn, la petite devient plus maigre de jour en jour. Il faut y faire quelque chose!» et il me tend une tranche de saucisson. Oma me regarde avec l'air de dire: «Qu'est-ce que je te disais!» et nous rions ensemble. Et alors Mell-

---

[1] Abréviation de *Sturm Abteilung*, section d'assaut. Formation paramilitaire de l'Allemagne nationale-socialiste.

mer dit soudain quelque chose d'imprévu: «Comment se fait-il que vous soyez toujours si gaies toutes les deux?»

Quand Vati et moi sommes allés voir Mutti au sanatorium, ce fut le plus long voyage en train que j'avais jamais fait. C'était un de ces dimanches d'été où tout le monde porte des vêtements aux couleurs vives et semble heureux. Mais nous ne l'étions pas. Mon cœur était comme une pierre, Vati y ressemblait et le grand bâtiment était austère. Même les arbres du parc étaient si hauts et si sombres qu'ils paraissaient sinistres. Nous avons croisé des femmes en blanc. L'une criait de façon hystérique, l'autre bafouillait de façon incohérente. Je m'agrippai à la main de Vati. Je ne sais pas à quoi je m'attendais mais Mutti était semblable à ce qu'elle avait toujours été, très belle et affectueuse. Nous avons marché tous les trois dans le parc, presque comme pendant nos promenades dans les bois. Mais alors un haut-parleur a annoncé qu'il était temps de prendre congé. Quand nous avons franchi la grille, Vati a gardé le visage tourné de l'autre côté.
«Je t'ai dit de ne pas emmener l'enfant, Ernst! C'est trop pour elle, dit Oma. La prochaine fois, tu iras seul!»
La prochaine fois? Il n'y eut pas de prochaine fois. Mutti rentra à la maison. Celle de ses parents, les Dereck, à Lübars.
«Il faut que tu comprennes, me dit Vati, que nous nous aimons beaucoup. Et nous t'aimons tous les deux. Grossvater et Grossmutter[1] Dereck ont réussi à faire divorcer ta mère. Et peut-être que c'est mieux ainsi.»
Je sens mes yeux devenir immenses. Des larmes montent: «Mais Vati!» Le torrent intérieur ne sort que sous forme de faible sanglot. «Vati, si tu aimes Mutti et qu'elle t'aime…»
«Tu la verras aux week-ends. Je sais que cela doit te paraître confus. Il y a où se perdre. Ça n'a aucun sens, et cependant c'est mieux.» Son corps est soudain secoué, Vati pleure. «Tu comprendras un jour.» Ces mots arrivent étouffés au moment où il quitte la pièce. Je suis laissée seule avec des larmes qui coulent sur mon visage. Je ne comprends pas. Je ne comprends pas.

Le meilleur moment de la journée, c'est après le dîner. Vati parle de son travail et de ses collègues de manière telle qu'Oma et moi on s'y croit. Il raconte à quel point lui et tous les autres en bleu de travail furent stupéfaits quand leur patron, surnommé «le petit»,

---

[1] Grand-père et grand-mère

remonta sa manche pour récupérer un tout petit tournevis au fond d'un énorme tonneau plein d'huile sale. Nous rions quand il nous décrit quelqu'un en train de fixer quelque chose maladroitement, laborieusement, plié par-dessus une caisse alors qu'il aurait été si facile d'en faire le tour. Si seulement les soirs étaient plus longs! Mais il a déjà sa guitare à la main, l'heure d'aller au lit. Il me chantera: «Toutes les fleurs dorment sous les cieux, au clair de lune...» Je m'endors en voyant notre noisetier, chez nous, et je rêve que, de nouveau, nous y sommes tous les trois.

Le samedi, Vati rentre tôt. Je cours toujours à sa rencontre mais jamais aussi vite que les jours de paie. C'est alors qu'il va à la chasse au trésor chez les bouquinistes. Même Oma descend à moitié les escaliers pour reluquer le porte-documents gonflé.

«Eh bien», dit-il, en enlevant son manteau, faisant celui qui ne remarque pas que nous sommes sur des charbons ardents, «qu'y-a-t-il à manger? Est-ce qu'on se met à table?»

«As-tu trouvé quelque chose? As-tu trouvé quelque chose pour nous aussi?» demandons-nous ensemble.

Il tapote affectueusement sa mallette, sourit. «Que croyez-vous qu'il y ait là-dedans? Rien que des pierres précieuses; attendez voir!»

Oma agite la main avec impatience. «Ne nous fais pas languir Ernst! Montre-nous!»

Mais Vati ne fait pas le moindre geste pour ouvrir son coffre à trésor. A la place, il s'embarque dans le compte rendu minutieux de ses explorations, décrit une édition spéciale de *Faust* que le vieux Gerlach lui avait gardée. «Du parchemin, reliure de cuir, magnifique.» Et il semble le voir encore. «Pièce de collectionneur. Mais vingt balles!» Quand un prix l'effraie, il utilise un des nombreux mots d'argot berlinois pour l'argent. «J'étais tenté mais...»

Finalement, il sort les livres un par un. Comme si c'était une vente, il annonce le titre, l'auteur, l'éditeur, vante un trait caractéristique comme le dos en cuir ou les illustrations. Enfin, en possession de nos trésors nous nous mettons à table mais aussitôt après, chacun de nous disparaît dans son coin favori pour y lire quelques heures tranquillement.

«Un sou pour l'opération Aide pour l'Hiver. Un sou! Un sou!» La jeunesse hitlérienne ponctue ses cris en faisant tinter les petites pièces dans des boîtes en fer.

«Ilse, ferme la fenêtre! Les revoilà faisant la quête; comme ça Hitler peut acheter des armes et faire la guerre.» Vati a l'air furieux.

Je ne comprends pas. «Mais, dis-je, ils font la quête pour les pauvres. C'est pour leur acheter de la nourriture et des vêtements.»

Oma et Vati échangent un de ces regards qui veulent dire: «Seul quelqu'un de sourd et d'aveugle pourrait y croire.»

«De la nourriture et des vêtements! *Ja!*[1]» Vati est sarcastique. «Les gens croiront n'importe quoi. Ils tombent continuellement dans les mêmes panneaux, se laissent prendre aux mêmes mensonges. N'importe quel imbécile peut venir leur promettre l'azur et ils partent en marchant joyeusement vers leur propre massacre.»

Oma soupire. «Oui, nous avons déjà vu tout cela. Nous avons donné notre or au Kaiser[2] en échange de médailles où était gravé: *J'ai donné de l'or pour du fer.*»

«Des canons au lieu de beurre, dit Vati. Quand je pense que je n'avais que dix-sept ans au début de la guerre: un enfant, je m'en rends compte à présent. Mais les jeunes se laissent facilement prendre aux slogans. J'ai même été volontaire pour me battre pour la gloire de la patrie. La gloire? L'enfer oui! J'ai eu la chance de m'en sortir vivant, avec rien de pire que les orteils et les oreilles gelés. Mais voici la génération suivante qui attend son tour pour devenir de la chair à canon.»

«Un sou! Un sou pour l'Aide pour l'Hiver!» On les entend, même les fenêtres fermées.

Les soirées de week-end sont horribles. Quand Vati sort pour voir des amis, Oma se couche de bonne heure et mon univers devient alors un trou noir et vide. Je supplie toujours Vati de m'emmener avec lui et il le fait quelquefois. Nous marchons main dans la main et la solitude me paraît moins dure; nous sommes une famille, du moins partiellement.

J'aime aller chez les Gersten à cause de Rolf et d'Alla. Alla a dix-neuf ans, elle est belle et si gentille que je ne peux pas imaginer que quelqu'un ne l'aime pas. Rolf a douze ans. Il entasse une montagne d'oreillers sur le coffre à charbon pour qu'on puisse s'y blottir. La lampe à gaz donne un doux éclat mystérieux aux cheveux blonds d'Alla et au manuscrit de la pièce qu'elle nous lit. La bouilloire chuinte sur les charbons rouges. Alla prend une voix différente pour chaque personnage de la pièce et la cuisine devient un monde de fées. Vati et Herr Gersten bavardent et jouent aux échecs. Vati et moi rentrerons très tard et Oma sera en haut des escaliers et dira: «Irresponsable, Ernst! Absolument irresponsable

[1] Oui
[2] Empereur

de ta part de garder l'enfant dehors si tard et éveillée si longtemps.» Je me glisse en passant près d'elle, laissant Vati se débrouiller avec sa colère, sachant qu'il dira, comme toujours: «Tu as absolument raison.»

Ce fut chez les Gersten que j'entendis pour la première fois le mot Boergermoor. Herr Gersten l'a dit et c'était en relation avec leur fils aîné, Erwin. Il semblait que quelque chose d'horrible était arrivé. Il y avait un sentiment de terrible découragement et de malheur imminent. Je voulais en savoir plus. Mais Alla, comme si elle avait senti ce que je pensais, m'entraîna résolument plus loin. «Viens, les adultes parlent toujours de choses si déprimantes!» Ça passe encore au-dessus de ma tête, pensai-je amèrement; pas pour les enfants. Je ne savais pas à quel point j'avais raison. Après la guerre j'ai appris qu'Erwin avait été envoyé dans un camp de concentration Boergermoor parce qu'on l'avait entendu traiter Hitler d'imbécile.

Vati m'avait accompagnée un bout de chemin. Maintenant, pour les derniers cent mètres, j'étais seule sur ma bicyclette. Je me sentais drôle, mal à l'aise, et me mis à pédaler de plus en plus lentement en regardant derrière moi à l'endroit où il m'avait laissée.

Soudain, je fus en face de la maison de mes grands-parents. Il y avait Mutti et nous étions déjà dans les bras l'une de l'autre. Grossmutter était là aussi. Quand je me retournai pour lui dire bonjour, elle m'attrapa par les épaules, vérifia mon col, contrôla les boutons de ma robe, presque comme si elle cherchait à trouver quelque chose qui n'allait pas. L'inspection terminée, elle marmonna: «Je suppose que ça va. Apparemment *elle* prend soin d'elle.» Je savais qu'elle parlait d'Oma. «Je ne vois cependant pas *comment* elle le peut à *son* âge!»

«Allons, voyons! protesta Mutti. Arrête, Mère! Ilse a l'air très bien. Elle a l'air en bonne santé et *propre*.» Mutti me prit dans ses bras. «Tu me manques tellement!»

«Tu me manques aussi.»

«Grossmutter a fait un gâteau exprès pour toi. Nous en prendrons avec le café puis toi et moi irons faire une promenade dans les bois.»

«Grete! J'ai promis à Frau Lampert que sa robe serait prête pour un essayage demain!» dit Grossmutter d'une voix irritée.

Mutti eut l'air effrayée. «Mais Maman, comment cela est-il possible? Tu savais qu'Ilse venait! Pourquoi n'as-tu pas dit mardi?»

«Elle en a besoin pour le mariage, et tu n'as même pas commencé!»

«Comment l'aurais-je pu? Tu sais bien que je n'en ai pas eu le temps!»

«Tu as encore la robe de Leni à faire et si tu ne commences pas aujourd'hui, tu ne pourras pas t'en sortir... Eh bien, as-tu l'intention de prendre racine ici? Venez, allons prendre le café.»

«Ce n'est pas tant de travail!» murmura Mutti à mon oreille. «Nous aurons peut-être encore du temps pour une balade.»

Grossvater était déjà à table. Il me regarda à peine. Je dis: «Bonjour, Grossvater, comment vas-tu?» «Tu es pâle et maigre comme d'habitude» fut sa réponse. «Tu devrais manger plus»; ensuite il se consacra au gâteau.

Mutti avait une grande pièce à l'étage. J'ai vu qu'elle était meublée comme la chambre de notre maison. Je me suis demandé où étaient toutes les autres choses, les meubles que Vati avait faits et... Mais je n'ai pas osé demander. Au lieu de cela je me suis assise en face de Mutti; j'enfilais ses aiguilles et enlevais les fils de bâti dans l'espoir que ce soit vite fini.

«Je retourne à l'école, me dit-elle avec fierté. J'étais apprentie dans un des plus chics salons de couture avant d'épouser ton père. Maintenant je fais des études pour devenir couturière. Mais Grossmutter – sa voix devint un chuchotement – elle me fait coudre pour tout le voisinage. Je voudrais bien qu'elle ne fasse pas de promesses aux gens sans que je le sache. J'ai à peine le temps de finir le travail pour l'école. Et en plus ils ne paient pas beaucoup. J'imagine que c'est parce qu'ils pensent me connaître...» Elle ne finit pas sa phrase mais, à la place, me demanda des nouvelles des Gersten.

Devais-je lui dire ce que j'avais entendu sur Erwin? Mais qu'est-ce que je savais? Boergermoor? Je décidai de simplement lui transmettre leurs amitiés.

«Auras-tu bientôt terminé?» demandai-je aussi doucement que possible, mais je connaissais déjà la réponse.

«Je crains que non.» Pour la première fois depuis qu'elle avait commencé, Mutti leva les yeux de son ouvrage. Je ne pus m'empêcher de remarquer son air fatigué et malheureux. Je sentis que je devais la rassurer.

«Ça ne fait rien Mutti! je voulais juste être avec toi.» Ce n'était pas tout à fait vrai mais elle ne remarqua pas le ton faux de ma voix. Son visage s'éclaira et elle dit avec empressement: «La prochaine fois, nous nous amuserons. Il n'est pas nécessaire de nous promener. Nous pourrions peut-être aller nous baigner ensemble, ou tout ce que tu veux.»

«Oui.» Il se faisait tard et je jetai un regard furtif à l'horloge.

«Mutti, il faut que je parte bientôt. Vati va m'attendre au coin.»

«Oh, bien!» répondit-elle, et cela sembla la soulager d'un gros poids. «Alors je n'ai pas à m'inquiéter pour ton retour. Tu ne seras pas seule. Veux-tu dire quelque chose à Vati pour moi?» J'acquiesçai. Son visage se pencha au-dessus de l'ouvrage. «Dis-lui que je l'aime.»

«Il dit qu'il t'aime aussi.»

«Un jour nous serons réunis tous ensemble.»

Je savais qu'il valait mieux ne pas demander quand. Il n'y avait apparemment pas de réponse et ça n'aurait fait que provoquer ses pleurs. J'étais contente de retourner chez Vati et Oma.

«Ilse, Bilse, personne n'en veut...» Willy Schmidt me fait toujours rire et quand *il* rit, ses moustaches blanches s'étirent et couvrent tout son visage. Vati m'a emmenée. J'ai le droit de m'asseoir à table. Willy met une pièce sur la table: «Regarde bien!» ordonne-t-il et il déplace ses mains très vite au-dessus de la pièce. Pensant qu'il a détourné mon attention, il dit à Vati, sur un ton très différent: «Nous avons des nouvelles d'Erwin» et puis à moi, aussitôt: «Où disais-tu qu'elle était?» Je montre du doigt. «Non, faux! Regarde encore!» Ses mains se déplacent encore une fois au-dessus de la pièce mais il continue à parler des nazis à Vati. Cette fois je montre la main droite, mais au lieu de recommencer le tour, il me tend étourdiment la pièce et continue à parler. «Nous les sociaux-démocrates... la République de Weimar... Stresemann... les syndicats... les partis... démocratie de participation... les nazis... les nazis... les nazis...» La tête commence à me tourner; sa voix devient plus forte.

Frieda, la cafetière à la main, s'arrête. «Willy! Willy! Pas si fort!»

«Je parlerai aussi fort que je le veux dans ma propre maison! crie Willy. Je suis encore le maître chez moi.»

Frieda se précipite à la fenêtre, regarde de tous côtés puis va furtivement à la porte. Elle l'ouvre et puis la referme rapidement. Mais cela l'énerve tellement qu'il se lève et se met à arpenter la pièce.

«Chez moi, sur ma propre terre, je ne peux même pas dire ce que je veux sans vérifier s'il n'y a pas dans les parages quelqu'un à l'écoute qui attende l'occasion de me dénoncer!» Il secoue son poing avec colère. «Des pauvres types, voilà ce qu'ils sont! Des pauvres chiens peureux! Des laissés pour compte qui ont toutes les raisons de craindre la lumière du jour. Et ils croient pouvoir diriger l'Allemagne, la gouverner. Pas si je peux l'empêcher!» Il regarde autour de lui avec un air furieux, s'aperçoit de ma présence et sourit. «Ilse, as-tu entendu parler du gars qui est allé chasser dans le désert?» Il s'ensuit une histoire drôle. Je ris mais je me demande aussi qui sont les «pauvres types».

Axel et Vera Hahn sont mes préférés. Ils viennent toujours à l'improviste et quand ils passent la porte, les pièces vibrent soudain et résonnent de rires. Axel, grand et blond, a la stature d'un viking. Vera, aussi grande, a les cheveux courts et noirs et un visage qu'une déesse grecque aurait pu lui envier.

Vera saute, pousse un cri simulé. Au bout du tapis il y a une souris qui tournicote. Comme je me penche, une autre apparaît puis une autre et une autre encore. Toutes plus petites les unes que les autres. Toute une famille de souris mécaniques.

«Pour toi, Ilse! Nous les avons ramenées de Russie.»

Oh! joie! Et même la plus petite a des moustaches et est faite à la perfection. Laissons les adultes parler. Je peux m'occuper avec les souris. Mais encore une fois, bien qu'ils parlent à voix basse, j'entends «Erwin» et «Boergermoor». Ils mentionnent d'autres noms. Je ne veux pas qu'ils parlent de politique. Je veux qu'ils rient, qu'ils racontent des histoires, qu'ils chantent. On ne me remarque même pas quand je descends la guitare, me place près de Vera et la lui tends.

«Peut-être que ce n'est pas trop tard, Ernst dit-elle, il n'est jamais trop tard, ça je le crois et nous devons faire quelque chose, pas vrai? Il faut que nous nous *organisions*. On ne peut pas se contenter d'attendre sans rien faire en laissant une souveraine liberté aux nazis.» Je veux absolument qu'elle prenne l'instrument mais, penchée sur la table, elle parle avec véhémence et ne fait pas attention à moi. «On est encore assez nombreux, Ernst, et nous devrions nous battre!»

Je vois que je n'arrive à rien. Personne ne sourit, leurs visages sont fermés et soucieux. Laissant de côté les bonnes manières, je glisse la guitare sous son bras, sur ses genoux. Elle me regarde enfin. Puis elle regarde la guitare comme si elle n'en avait jamais vue avant. Me grondera-t-elle? Elle fronce les sourcils, ses doigts tapotent le bois et puis finalement elle me sourit, recule sa chaise et prend l'instrument correctement. Elle fait un essai, accorde la guitare et, de sa voix profonde et grave chante: «Même si bourgeois et sceptiques doivent railler, pour nous le soleil continuera de briller!» Nous chantons tous en chœur au refrain. C'est une chanson des sociaux-démocrates. Je la connais bien. Oma ferme la fenêtre.

Après quelques chansons, Vera tend la guitare à Vati en lui demandant de jouer certaines chansons. Comme ils jouent et chantent bien! Cependant, on dirait qu'il manque quelque chose. Cela me fait mal quand je me rends compte que c'est Mutti.

Oma, la seule qui ne chante pas, sourit. «Chantez ces belles chansons russes», demande-t-elle; et Vati tend la guitare à Axel. Son chant, tout d'abord très doux, presque plaintif, devient plus fort, plus rapide, plus sauvage et je suis transportée par la musique. Ils passent à des chansons espagnoles, irlandaises et italiennes. Ils sont exubérants. Puis Axel crie: «Une pour Ilse!» La guitare retourne dans les mains de Vera. Elle chante seule et je pense que personne au monde, pas même Vati, ne sait chanter comme elle des chansons pour enfants. Elle connaît mes préférées, me demande de chanter avec elle aux refrains. Je n'ai plus de souffle mais elle, si; elle glisse vers une chanson politique puis *l'Internationale*. Je connais les paroles mais je ne chante pas, regardant les uns et les autres avec inquiétude. C'est assez évident, les nuages s'amoncellent encore. La chose invisible, sinistre et menaçante est dans l'air de nouveau et avant que j'aie eu le temps d'y penser, les chants s'arrêtent. Tous sont penchés au-dessus de la table. La guitare a été négligemment mise de côté. Vati dit: «Axel, ce que tu proposes, c'est le suicide.»

«Soit! Occupons-nous chacun de nos affaires», réplique Axel amèrement. «Ne risquons pas notre peau. Est-ce que c'est toi qui dis ça?»

«Je n'ai pas dit qu'il fallait ne rien tenter.» Vati est en colère. «Mais il y a une différence entre risque et suicide. Oui, nous devons agir et nous le ferons mais il faut y réfléchir, se préparer avec soin. Nous ne pouvons pas nous lancer comme cela, comme des gamins enthousiastes. Axel, c'est sérieux! Et te rends-tu compte du nombre de vies humaines qu'on a entre les mains?»

Axel baisse les yeux; sa voix est encore amère. «On en revient aux vieux débats de société, hein? Nous savons où ça nous a menés. Des mots, des mots, des mots! crie-t-il. Des mots et des résolutions et encore des mots! C'est ce qui nous a mis dans le pétrin où nous sommes. Des paroles et pas d'action! On laisse l'action aux nazis, ils s'y entendent. Leur action parle certainement plus fort que des mots.»

Je me retire dans un coin avec mes souris.

C'était par un bel après-midi. Oma et moi étions en train de lire quand on frappa à la porte un coup bref immédiatement suivi de plusieurs autres plus forts, autoritaires. Quand j'ai ouvert la porte, je me suis trouvée face à ce qui me sembla un mur gris qui avançait vers moi. J'eus l'impression cauchemardesque que ça allait venir tout près et m'écraser.

C'étaient deux immenses femmes en manteaux gris, longs, identiques, avec de gros sacs à main noirs et des bottes à lacets, laides, plates et noires. Elles avaient des visages blafards et leurs cheveux étaient tellement tirés en arrière qu'elles semblaient chauves.

«Ce doit être elle!» dit l'une en me tirant vers son corps hommasse par l'une de mes nattes. Elle la tenait si serrée qu'elle me faisait mal et de l'autre main elle écartait mes cheveux dans tous les sens. Puis elle me relâcha avec un geste si brusque que je trébuchai contre Oma.

«Elle n'a pas de poux au moins! déclara-t-elle. Est-ce l'enfant?» demanda-t-elle à Oma comme si elle l'avait surprise avec de la marchandise volée. Mais elle n'attendit pas la réponse. «Nous sommes des assistantes sociales», continua-t-elle sur le même ton. «Nous venons voir si l'enfant est bien soignée. Où dort-elle?»

Oma leur montra du doigt et les deux femmes allèrent jusqu'à mon lit, soulevèrent les couvertures, regardèrent sous l'oreiller, le matelas, ôtèrent la literie et laissèrent tout défait.

«Où mettez-vous ses affaires?»

Encore une fois Oma se contenta de montrer du doigt et aussitôt elles fondirent sur la commode. Elles fouillèrent dans mes sous-vêtements, mes écharpes et mes gants et parmi tous mes petits objets. Ayant mis le désordre là aussi, elles prirent l'armoire d'assaut et, en passant, heurtèrent Oma avec l'un de leurs énormes sacs. Il n'y eut pas un mot d'excuse. Il fallait voir comme elles tiraient sur les vêtements, les arrachant presque de leurs cintres! Pas seulement les miens mais également ceux d'Oma et de Vati.

Flanc contre flanc elles foncèrent dans la cuisine. «Est-ce là que vous préparez ses repas?»

Oma ne disait rien; elle les regardait fouiller dans les placards et les tiroirs et examiner la vaisselle.

Que cherchaient-elles? Pourquoi Oma ne leur demandait pas de partir? Mais maintenant elles avaient apparemment terminé. Elles sortirent et, sur le seuil, aboyèrent: «Vous entendrez parler de nous!» et, toujours côte à côte, elles descendirent l'escalier au pas cadencé. J'ai refermé la porte et essayé de regarder Oma, mais elle tournait la tête tout en remettant les choses en place.

Peu de temps après leur visite, une lettre de mes grands-parents est arrivée. Sans commentaire, Oma l'a glissée rapidement dans son tiroir. Ceci augmenta ma curiosité puisque d'habitude elle me faisait voir le peu de courrier qu'elle recevait. Quand, quelques jours plus tard, elle alla voir un voisin, je fis ce que je ne devais pas faire. J'ouvris le tiroir. Dans la lettre, mes grands-parents informaient Oma qu'ils avaient fait une demande à l'Etat pour qu'on leur donne la garde de leur petite-fille. Mon cœur se mit à cogner. Je savais que ça voulait dire habiter à Lübars.

Peu de temps après Vati m'en parla. «Ce ne sera que temporaire, dit-il. Je me bats pour te reprendre.» Comme si j'étais déjà partie! Balancée comme une balle de ping-pong; et cependant peut-on pleurer et être malheureuse si on vous dit que vous allez vivre avec votre maman que vous aimez? «Quelques jours», «un petit peu», «temporairement seulement»! Est-ce que je n'avais plus de chez moi?

«Tu iras bientôt au lycée d'ici, à Hermsdorf», dit Vati, comme si cela résolvait tout.

Chapitre Trois

# 1938
# Lübars

Je donne avec colère un coup de pied dans le vieux seau rouillé. Bien évidemment, Grossmutter arrive d'on ne sait où. «Pourquoi as-tu fait cela? Ne sais-tu pas que j'en ai encore besoin pour couvrir la rhubarbe?» Elle s'en va dans le jardin avec le seau, en secouant la tête.

Non, je ne sais pas. Et je m'en fiche. Laid, laid, tout est laid ici, me dis-je avec amertume. Les choses sont rouillées, cassées, fêlées, éraflées. Cela ne gêne pas Grossmutter, elle a toujours l'usage de tout. Je pense à Oma, essaie de l'imaginer ici, mais ne le peux. Oma ne mangerait pas sur une nappe en plastique ni dans des plats dépareillés ou ébréchés. Oma jette une assiette dès qu'elle y voit la moindre écornure. Quelle différence! Tous ces beaux livres chez Oma; ici, pas un seul! Je ne peux même pas lire ici. Quand j'essaie de me cacher quelque part avec un livre, Grossmutter me trouve toujours.

«Tu vas t'abîmer les yeux! Toutes ces bêtises qui te remplissent la tête avec des rêves! A quoi ça sert? Aide-moi à désherber. Descends les paniers de pommes à la cave. Va me chercher des carottes. Fais attention de ne pas piétiner les épinards. Le travail d'école? Tu peux le faire plus tard. Je n'ai jamais rien appris d'utile à l'école! Fais ceci, fais cela!» Je n'ai jamais un instant à moi. Et pas d'amis ici. Je me demande si je manque à Inge et Waltraud. C'est bizarre, chez Oma, j'avais encore du temps pour jouer dehors. Waltraud et Inge sont mes meilleures amies. Elles sont déjà au lycée. Encore un an et j'y serai aussi. Toute une éternité, une année!

Je ne vois pas beaucoup Mutti. Elle rentre tard, fatiguée. Grossvater aussi. Au repas, nous écoutons les informations à la radio. Hitler a envahi l'Autriche. «Dieu sait où cela finira, dit Grossmutter. Et ensuite?»

«Ensuite, la guerre», dit Grossvater sans lever les yeux de son assiette. «Il vaut mieux rentrer davantage de pommes de terre. Il y a de la place derrière la ruche.» Il entasse de la nourriture sur mon assiette. «Mange, mange! Qui sait pour combien de temps on aura encore autant à manger? Engraisse-toi un peu pour les vaches maigres.»

«Je n'en veux plus.»

«Tu n'a rien mangé!»

C'est la même chose tous les soirs. Le commentateur, à la radio, me sauve. Il commence à parler du grand Führer, de la grande Allemagne qui est en train de se faire. Cela les met encore plus en colère que mon refus de manger.

«Ferme cette boîte à ordures!» ordonne Grossmutter.

«Mutter! Si quelqu'un t'entendait!» Mutti semble effrayée.

Juste après dîner, Grossvater va se coucher. J'ai encore mon travail de classe à faire. «Les nuits sont faites pour dormir», dit-il. Mutti doit discuter avec lui tous les soirs pour que j'aie le droit de faire mon travail. «Ne reste pas debout si tard. La note d'électricité est assez élevée comme cela! Bonne nuit.» La porte se referme bruyamment. A la façon dont il dit «bonne nuit» il pourrait tout aussi bien nous dire de sauter du toit! Pourquoi ne pouvaient-ils pas me laisser là où j'étais? Pourquoi m'ont-ils fait venir ici? De toute évidence ils ne sont pas plus contents de m'avoir que moi d'être ici. Mais je ne peux pas en parler à Mutti ni à quiconque d'ailleurs. Je n'ai personne à qui parler.

Je peux écouter, mais le seul endroit où j'entends quelque chose c'est chez tante Martha. C'est la sœur de Grossvater et elle tient une épicerie. Grossmutter est ennuyée quand elle m'y envoie car je ne reviens pas assez vite. Elle s'attend à un traitement de faveur de la part de tante Martha mais c'est impossible. Le magasin est toujours bondé et il n'y a aucun espoir que toutes ces grosses femmes avec leurs énormes sacs me laissent passer. Elles me poussent et, pour un peu, je dois attendre plus longtemps. Les enfants peuvent bien attendre, ils n'ont rien à faire après tout! D'une certaine façon cela m'est égal; ça me permet d'écouter, d'observer comment elles essaient de regarder les cartes de rationnement des autres, comment elles se disputent, comment elles se plaignent qu'une telle a une carte de travailleurs de force alors que tout le monde sait que ses fils sont des fainéants et n'ont jamais travaillé de leur vie. «Mais vous voyez bien qu'ils travaillent pour l'Etat!» Il y en a toujours au moins une qui semble avoir droit à une montagne de nourriture. Tous les sacs et paquets que tante Martha empile sur le comptoir sont examinés avec convoitise par tout le monde.

On y entend parler de la dernière affaire, ce souci d'avoir des surveillants d'immeuble et de quartier, etc.

«Il faut qu'ils sachent où vous êtes en cas d'incendie», dit une femme que j'appelle «Main rouge». Puisque je ne sais pas leur nom, je leur en invente. «Le feu? Ne me faites pas rire!» dit «Le lapin», «ils veulent simplement connaître tous les coins et recoins. Quand ils auront tout enregistré, il n'y aura plus où se cacher. Ce n'est pas que nous ayons des raisons de nous cacher!» ajoute-t-elle rapidement en jetant un regard furtif à l'assemblée. «J'ai un gérant, continue-t-elle, eh bien je ne veux pas en parler ici mais il meurt d'envie de lorgner mon logement. Je ne l'ai jamais fait rentrer mais maintenant il le faut. Maintenant c'est lui le surveillant de l'immeuble! Il ne sait même pas réparer un robinet qui fuit celui-là! La seule chose qu'il sache faire, c'est l'important. J'aurais voulu que vous le voyiez reluquer mon armoire! Dieu sait ce qu'il croit que j'y mets! Mais je sais à quel point sa femme, cette sale souillon, aimerait mettre ses pattes répugnantes sur mes meubles. Ces deux-là aimeraient sûrement s'installer dans mon nid. Je ne peux pas dire que je les blâme quand je vois dans quel trou ils vivent!»

Je la regarde et j'ai du mal à croire que cette femme ait quelque chose de beau, quelque chose que quelqu'un pourrait lui envier.

Le lapin continue sans arrêt: «Je sais tout sur eux et il sait que je sais. Mais pas de chance! Je lui donnerai pas l'occasion de nous faire gentiment disparaître! Je le gratifie d'un «Heil Hitler!» juste à la porte. Je lui rends la pareille. Oui monsieur, j'aime notre Führer... et *Heil Hitler!* à vous tous!» La fin est dite presque victorieusement.

Il y a quelques rires gênés et, à en juger par les visages autour de moi, personne ne sait vraiment si elle plaisante ou si elle est sérieuse.

Le lapin est partie avec son épicerie. Maintenant une petite voix plaintive s'élève: «Mon mari vient d'être nommé surveillant. Il n'aime pas cela mais que peut-il faire? Il doit faire un rapport sur les gens de notre immeuble, l'espace qu'ils occupent et tout. Mais il ne dénoncerait pas quelqu'un! Pas mon mari; il ferait pas de mal à une mouche.»

«Taisez-vous! Pourquoi ne vous taisez-vous pas? dit Main rouge. Personne n'accuse votre mari de quoi que ce soit. Qui parle de *lui?*»

C'est finalement mon tour. La conversation a dévié vers les enfants, les recettes de cuisine... Je ne manque rien d'important au moins.

La nouvelle importante vient de la radio. Le Premier ministre Chamberlain, le Premier ministre français Daladier et Mussolini, sont venus en Allemagne, chez le Führer. Le 30 septembre 1938, ils signent un accord de paix à Munich.

«Grete, tu es stupide!» Le ton de Grossvater est mordant. «Qu'est-ce que tu sais? Rien. Croire la lavasse qui sort de cette boîte!» Il fait un geste vers la radio. «De la propagande, rien que de la propagande! Qui diable sait ce qui se passe réellement? Quels marchés sont conclus? Il y aura la guerre et le pire est encore à venir.»

Chapitre Quatre

# 1939
# Le lycée

**Mars 1938.** Les troupes allemandes sont entrées en Tchécoslovaquie et, le 15, elles sont à Prague. Fanfare et trompettes, la radio ne retentit que de marches, interrompues seulement pour des informations spéciales. Il y a des trompettes dans ma tête aussi. Ce sont mes derniers jours au collège communal. Je suis énervée. Aujourd'hui, Vati vient à l'école pour demander les papiers de transfert nécessaires à Frau Katscher. Je vais aller au lycée, je reverrai Inge et Waltraud et passerai chez Oma tous les jours. Je pourrai aller la voir aussi souvent que je le voudrai.

« Pourquoi voulez-vous l'envoyer au lycée ? » Frau Katscher est incrédule. « Pourquoi ? répète-t-elle. Elle n'est que fille d'ouvrier ! »

« Ilse est à la tête de sa classe. N'est-ce pas vrai ? »

« Oui, mais... » dit Frau Katscher.

Vati, imperturbable, élève la voix. Frau Katscher insiste encore. Sa voix est aiguë. « Les enfants de travailleurs devraient s'arrêter à la fin du collège puis aller travailler. Il n'y a pas lieu de leur donner une éducation supérieure. Pourquoi voulez-vous faire apprendre le latin, l'anglais et autres à votre fille ? » demande-t-elle.

« Afin qu'elle puisse aller à l'université et continuer ses études, évidemment ! »

« Jamais ! » répond Frau Katscher d'une façon irrévocable. « Elle n'y arrivera jamais. Même si elle rentre au lycée. Je suis *professeur*. Je sais et jamais, moi vivante, vous ne la ferez transférer. » Son visage est rouge de colère, sa poitrine se soulève rapidement.

Vati me prend par la main. Nous partons sans un mot pour nous rendre dans le bureau du principal. Il donne les papiers de transfert à Vati, avec ses compliments et ses meilleurs souhaits.

Ensuite nous allons au lycée de Hermsdorf pour voir Frau Francke, la directrice, assez âgée. Je réponds à ses questions avec une confiance croissante. Je ne doute plus du tout que je serai acceptée. Vati s'assoit pour remplir un imprimé. Je m'imagine élève ici, mais soudain Vati pose son stylo, regarde Frau Direktor Francke et dit : « Je ne peux pas répondre *oui* à cette question. »

Il lui tend le formulaire. Ils se regardent. Silence.

Je ne comprends pas ; je ne comprendrais même pas si je lisais la question: «Etes-vous, votre femme, vos parents, ses parents, vos grands-parents, ses grands-parents, sont-ils, aryens?»

Frau Direktor Francke soupire profondément. «Oui, Herr Koehn, nous vivons une sombre époque.» Ses mains chiffonnent distraitement la feuille, la mettent en boule et la laissent tomber dans la corbeille à papiers. Vati se lève, prêt à partir, mais ils commencent à parler. Je ne comprends pas. A en juger par leur visage et leur voix, il est question de politique. Maintenant ils se serrent la main; nous disons au revoir.

«Herr Koehn?» Sa voix est presque inaudible. «J'espère, cela va sans dire, que tout cela restera entre nous.»

«Vous pouvez être tranquille», répond Vati.

Nous sommes presque à la porte lorsqu'elle nous lance: «L'école commence lundi, à huit heures, Herr Koehn. Ilse sera dans la classe Ic.»

Vati est plongé dans ses pensées et de toute évidence ne veut pas qu'on lui parle. Tout ce que je peux penser c'est: je suis acceptée, je suis acceptée.

Il y aurait dû y avoir un portrait du Führer sur le mur. C'était la loi. Au collège, il y en avait un dans chaque pièce. Ici, il n'y en avait aucun. La seule peinture était dans l'entrée et représentait des enfants joufflus souriant sottement en dansant sur une pelouse très verte; c'était l'œuvre de Hans Thoma, peintre qui avait donné son nom à l'école.

Frau Beck, mon professeur principal, était grande et mince. Une gentille vieille fille. Le peu de cheveux qu'elle avait était tiré en arrière de façon austère et roulé en un petit chignon serré sur la nuque. Nous l'appelions «L'oignon». Elle portait toujours du gris et semblait grise elle-même. Elle parlait avec hésitation comme si elle craignait d'offenser ses auditeurs avec sa petite voix plaintive.

Petite et voluptueuse, Frau Brand («*Docteur* Brand, s'il vous plaît!») portait aussi du gris et aussi une feuille d'érable en argent sur son ample poitrine. Contrairement à Beck, Brand était énergique et maintenait une discipline rigoureuse dans sa classe de latin. La feuille d'érable tressautait chaque fois qu'elle s'énervait. L'une de ses passions était les sous-vêtements de laine; ces culottes longues que, d'après elle, nous devions porter dès que la température descendait au-dessous de zéro. Elle n'était pas loin de soulever nos jupes pour y veiller.

La géographie, l'histoire et l'anglais étaient enseignés par Frau Hoffmann, plus exactement Docteur Hoffmann mais, contrairement à Brand, elle n'en faisait pas toute une affaire, de son titre! Hoffmann ressemblait à un oisillon, petite et maigre avec des cheveux raides, noirs et un peu gras. On ne voyait jamais Hoffmann vêtue autrement qu'en velours brun. Hoffmann fumait. Pas en classe, cela n'aurait pas été pensable. Mais nous savions qu'elle fumait, tout comme nous savions que Brand désapprouvait cordialement les cigarettes et le rouge à lèvres.

A l'opposé de Frau Katscher qui commençait la classe par un «Heil Hitler» plein d'entrain suivi d'une prière pour le Führer et la patrie, Beck, Brand et Hoffmann disaient simplement «Bonjour», quand elles entraient. Leurs cours étaient dits de façon monocorde. Ce qui nous rendait clairement conscientes du nombre important d'années pendant lesquelles elles avaient enseigné exactement les mêmes choses. Elles se gardaient de tout commentaire politique mais se permettaient un soupir de temps en temps si le sujet était abordé et quelques remarques désobligeantes quand les exercices de raids aériens venaient interrompre les cours.

Le Dr Lauenstein était le seul professeur homme. Jeune et grand, beau aussi, il faisait plutôt contraste avec les femmes qui avaient toutes la cinquantaine. Lui seul portait l'insigne du parti nazi, criait «Heil Hitler» en entrant dans la classe et passait les quinze minutes suivantes à exposer la philosophie du Führer «Sang et Terre». La vieille terre allemande imbibée de sang allemand, comme il disait. Son emphase était insupportable quand il parlait de la race supérieure aryenne. Quand il revenait enfin à Goethe, c'était toujours un soupir de soulagement. Personne et sûrement pas moi n'avait la moindre idée de ce dont il avait parlé. Mais quand il se consacrait au «Grand Goethe», il nous ensorcelait, nous faisait voir et sentir la beauté de la langue de Goethe.

En septembre 1939, Hitler envahit la Pologne. La Grande-Bretagne et la France déclarèrent la guerre à l'Allemagne. Nous étions en guerre. Vati et même Grossvater avaient dit vrai.

Pour aider les Allemands récemment libérés, les enfants des écoles devaient ramasser des vêtements et vendre des bougies. Beck nous tendit les bougies sans commentaire.

A l'école, tout le monde parlait de la guerre. Frères, pères, oncles étaient recrutés ou volontaires pour les forces armées. «Nous allons leur montrer à ces sales Polonais! Ils ne peuvent pas nous faire ça! Pas à nous! Nous nous vengerons de toutes les atrocités commises contre un Allemand», disaient mes compagnes de classe.

C'était exactement le contraire de ce que j'entendais à la maison. Dans les deux maisons. J'avais essayé de questionner Grossmutter mais n'avais reçu que sa réponse passe-partout: «Je t'ai déjà dit que les écoles n'enseignent rien que des bêtises!»

«Mais on le dit à la radio aussi!»

«C'est pour cela qu'on la ferme toujours! Des histoires sans queue ni tête. Bon, va me chercher du persil!»

Ma famille disait qu'Hitler menait l'Allemagne au désastre et à sa perte. Hitler disait qu'il nous menait à la gloire et mes camarades semblaient le croire. Elles écoutaient avidement les nouvelles à la radio qui, chez moi, était coupée. Pourquoi fallait-il qu'on soit si différents?

Je souhaitais trouver quelqu'un à qui parler, dans ma classe. Inge ne convenait pas. Radieuse, elle m'avait dit que son père appartenait maintenant aux Sections d'Assaut. Je n'avais pas vu Waltraud, mais je savais que son père portait l'uniforme. Dans la rue, il semblait que tout le monde, soudain, fût en uniforme. Seul Vati portait encore son vieux manteau de loden gris. Je décidai de tester Uschi Bohr, ma nouvelle amie. Nous habitions toutes deux à Lübars et allions à l'école ensemble, en vélo. Un jour, sur le chemin du retour, je fis une tentative: «Tu ne trouves pas bizarre que Lauenstein soit le seul à dire *Heil Hitler?*»

Uschi ne me regarda même pas. Ses jambes robustes aux chaussettes trop courtes et maintes fois reprisées continuaient à pédaler régulièrement.

«Qu'est-ce qu'il y a de bizarre à cela? demanda-t-elle. Et toutes ces vieilles filles qui disent bonjour!» dit-elle en imitant la voix chevrotante de Beck. «Elles sont d'hier, d'avant-hier. C'est tout. Elles languissent encore du bon vieux temps. Tout ce qui est nouveau leur fait peur. C'est pour ça qu'elles sont ennuyeuses. Lui, Lauenstein, il est passionnant.» Elle se retourna pour me regarder, les nattes au vent, les joues empourprées, plus roses que d'habitude. Elle rapprocha sa bicyclette de la mienne. «Tu ne trouves pas qu'il est beau?»

J'acquiesçai en pensant à autre chose. «S'il te plaît, peux-tu aller prévenir Grossmutter que je serai en retard? dis-je. Je voudrais aller voir Oma.»

Oma ne m'expliqua rien non plus. «Pourquoi sommes-nous différents?» Je voulais savoir. Mais elle dit catégoriquement: «Nous ne sommes pas différents. Le simple fait d'avoir sur Hitler une opinion différente de la plupart des gens ne nous rend pas différents. Ne confonds pas une différence d'opinion avec le fait d'être différent. Ne t'y mets pas toi aussi. J'en entends et j'en lis assez de ces stupidités.»

Et je pensais avec entêtement que je savais que nous étions différents, que j'étais différente, et je voulais qu'Oma m'explique.

La sonnette retentit. J'ouvris la porte et vis le vieux Herr Michaelis, le propriétaire, portant l'insigne de surveillant d'immeuble. Il regardait le couloir par-dessus mon épaule en essayant nettement de voir le mieux possible. Avec un sourire faux il me dit: «Est-ce que ta grand-mère est là?» Son ton signifiait qu'il savait que oui et je savais qu'il le savait. La maison n'était pas grande et il était toujours possible d'entendre les pas des autres.

«Puis-je entrer?» demanda-t-il en me poussant presque pour s'introduire. «Ah, Frau Koehn! Ça ne vous dérange pas si j'entre un instant?» Il agitait une liasse de papiers vers Oma. «Vous avez un joli service à thé... Ah oui, vous voyez, je dois remplir tous ces formulaires et j'ai besoin de beaucoup de renseignements sur vous. Ah, mon Dieu, c'est à mon âge qu'il faut faire tout cela. Mais qu'est-ce que j'y peux? Il faut que ce soit fait, j'imagine, tôt ou tard. Si nous étions pris, que Dieu nous en préserve, dans un incendie, vous comprenez, il faudrait bien que je sache où est tout le monde.»

Oma ouvrit la bouche pour la première fois et dit avec froideur: «Vous voulez dire que vous avez l'intention de me secourir en cas d'incendie?»

Cela paraissait plutôt ridicule à imaginer en voyant ce vieil Herr Michaelis, ayant du mal à marcher, si l'on pouvait appeler ça marcher, respirant mal après l'effort fourni pour monter un seul étage. Mais il fit semblant de ne pas entendre la remarque d'Oma et s'avança maladroitement dans la salle de séjour. Sans y être invité il s'assit sur une chaise avec un gros soupir de soulagement et fit comme chez lui. Poussant le vase de côté, il étala ses papiers sur toute la table. Soigneusement, il suça son crayon. Oma était toujours debout. Indifférent à ce fait, il commença: «Bien, voyons», pause et bruit de papiers, «ah oui, voici: combien de personnes dans ce foyer?» Oma ne répondait pas mais il continuait: «Trois? Non, deux, je suppose. La fille, là», il me jeta un rapide coup d'œil, «elle n'appartient pas, je veux dire officiellement, au foyer, marmonnat-il. Vit avec sa mère, oui? Je me demande... Dois-je mettre ça? Je pense pas.»

«Ce n'est pas nécessaire, Herr Michaelis» dit Oma. «Elle est enregistrée chez sa mère, à Lübars.»

Herr Michaelis avait du mal à contrôler ses mains tremblantes. Il fit soigneusement le chiffre 2 dans une case, en disant: «Deux personnes donc. Deux personnes dans ce foyer. Maintenant, le chef de famille c'est votre fils, je pense. Son prénom?»

«Vous le savez aussi bien que moi, Herr Michaelis. J'habite dans cette maison depuis quarante ans, depuis plus longtemps que vous.» Oma était toujours debout.

Impassible, Herr Michaelis marqua: *Koehn-Ernst*. «Et votre prénom?» La réponse arriva, sèche: «Edith, épouse Koehn, née Rotenthal.»

Michaelis, en suçant son crayon de temps en temps, écrivit tout cela. «Religion?» demanda-t-il.

Oma dit: «Nous sommes dissidents ou libres penseurs, comme vous voulez. Nous n'appartenons à aucune église. De toute façon, continua-t-elle, qu'est-ce que ma religion a à voir avec un incendie?»

Herr Michaelis ne répondit pas. Il se pencha tellement que son front toucha le crayon. «Combien de pièces?» demanda-t-il finalement; il y répondit lui-même et écrivit.

Ensuite, il se leva, marcha lentement, de façon malaisée, vers la porte de la chambre, l'ouvrit et resta à regarder si intensément que je m'attendais presque à voir les tiroirs s'ouvrir tout seuls. Oma vint derrière lui. Il se retourna et se dirigea vers la cuisine en empruntant le couloir.

«Cette étagère, sous le plafond, qu'est-ce que vous y mettez, Frau Koehn?»

Oma qui était juste derrière lui, le dépassa puis se retourna pour lui faire face: «Voudriez-vous une échelle pour chercher vous-même?»

Cela le déconcerta. «Oh, non, non, non, ce ne sera pas nécessaire. Vous savez, bien sûr, qu'on ne doit rien mettre dans les greniers.»

«Herr Mi-cha-e-lis», la voix d'Oma était d'une politesse exagérée, froide «c'est simplement une étagère, comme vous le voyez, et pas un grenier. Il n'y a que le violon de mon fils et ma literie d'hiver.»

«Ah bien, bien», marmonna-t-il en allant dans la cuisine, d'abord, puis il retourna dans la salle de séjour. Oma restait en retrait pour le laisser passer. Il s'assit; Oma s'assit aussi, en face de lui.

«Votre fils n'a pas été recruté?» Son regard allait de l'oreille droite à l'oreille gauche d'Oma, sans s'arrêter. Herr Michaelis ne regardait jamais en face.

«Mon fils n'a plus l'âge, Herr Michaelis. En outre, on en a besoin ici.»

«Je vois». Plus prudent pour écrire: «Où disiez-vous qu'il travaillait exactement?»

«Je ne l'ai pas dit.» La voix d'Oma était froide et cassante. «Je ne sais pas *où* il travaille mais il est employé à la Compagnie électrique de Berlin si c'est ça que vous voulez dire.»

«Eh bien... mais c'est bizarre, n'est-ce pas, de ne pas savoir où votre fils travaille?» Il semblait presque heureux d'avoir enfin pris Oma en défaut quelque part.

«Il n'y a rien du tout d'étrange à cela, Herr Michaelis. Il travaille sur le terrain, comme ils disent. Il va partout où il y a un problème. C'est un spécialiste des câbles de cent mille kilowatts. S'il y a une panne de courant, il est capable de la situer.» Oma semblait fière.

Michaelis leva les yeux, impressionné. «Je ne savais pas cela.»

Oma semblait prête à dire quelque chose mais elle se retint. Michaelis rassembla ses papiers en prenant son temps. J'avais envie de le bourrer de coups de poing, de le pousser dehors et de crier: «Oma, ne dis rien à ce méchant homme stupide! Oma!» Au lieu de cela, j'étais figée sur place. Michaelis était encore en train de remuer ses papiers. Finalement, il se mit debout avec difficulté et marcha jusqu'à la porte. Oma le suivit lentement. Un bruit sourd! Elle ferma la porte derrière lui. Elle alla à la fenêtre et y resta à regarder dehors.

Je m'attendais à ce qu'elle déclare qu'elle demanderait à Vati de dire à Michaelis de s'occuper de ses affaires. Mais elle restait silencieuse, perdue dans ses pensées et je ne trouvais rien à dire.

Chapitre Cinq
# 1940
# La jeunesse hitlérienne et les bombes

«Une fille de la jeunesse hitlérienne est venue aujourd'hui, me dit Grossmutter. Tu es sur leur liste et tu dois aller à une réunion cet après-midi.»

«Je ne veux pas y aller!»

«Tu y vas!» dit-elle catégoriquement.

«Pourquoi? Pourquoi dois-je y aller?»

«Parce que c'est comme ça. Nous ne voulons pas d'ennuis.»

Quand j'étais encore à Hermsdorf j'avais voulu entrer au Jungmaedel, c'est comme ça que s'appelait le groupe des filles de dix à quatorze ans de la jeunesse hitlérienne, à cause d'Inge et Waltraud. Elles m'avaient dit comme elles s'amusaient à chanter et à jouer à toutes sortes de jeux. Quand j'en avais parlé à Vati, il m'avait regardée comme si j'étais un fantôme puis avait crié: «Entrer dans une des organisations de ces porcs-là?» Ensuite Vati s'était calmé et s'était assis près de moi. «Ecoute, avait-il dit, c'est peut-être vrai qu'elles ne font que chanter et jouer mais ces chants et ces jeux sont conçus pour vous enseigner la philosophie nazie. Et tu sais que nous n'y croyons pas. Les jeunes sont influençables et les nazis utilisent leur enthousiasme à leurs propres fins. Il y a des choses que tu es trop jeune pour comprendre. Quand le moment sera venu, toi et moi nous aurons une longue conversation.»

Le fermier Neuendorff labourait son champ quand je suis passée, pour aller à la réunion à Lübars. Le village avait sept cents ans et les Neuendorff, les Ratenow, les Quade, ces familles d'origine, en exploitaient toujours la terre. Je savais que je n'aurais pas grand-chose de commun avec leurs filles.

Il n'y en avait qu'une dizaine environ et l'antipathie entre elles et moi fut réciproque et instantanée. La réunion fut courte et, à la fin, le responsable dit: «J'ai besoin de quelqu'un pour un courrier important.» Comme elles se sont vite proposées! Vingt mains se tendirent vers cette lettre. Je ne demandais qu'à rester à l'écart et à m'en aller. Mais non! «Tu sembles la plus sérieuse», dit le responsable en me tendant la lettre. Si les regards pouvaient tuer, je serais morte.

Grossmutter se fâcha quand je lui rapportai les faits. «Comment osent-ils envoyer une enfant faire un tel trajet en ville?» Je ne suis pas si petite, pensais-je et, évidemment maintenant, je voulais y aller. «Cela prendra des heures, dit-elle. Et en plus j'avais compté sur toi pour m'aider au jardin.» Je ne savais pas si elle s'inquiétait réellement pour moi ou si elle était simplement irritée parce que je ne pouvais plus l'aider.

Mais quand j'eus changé d'autobus pour la troisième fois et que je fus prise dans la circulation et dans la foule des gens pressés, je commençai à penser qu'elle avait raison. Je n'avais jamais fait un parcours aussi long et compliqué toute seule. J'avais peur de ne pas savoir revenir.

Me raccrochant scrupuleusement aux indications, je trouvai finalement le quartier général de la jeunesse hitlérienne. On m'envoya au premier, salle 17. Je frappai et entrai.

Tout d'abord je ne vis rien. La pièce était sombre et les stores baissés. Lentement mes yeux s'accoutumèrent. Je distinguai un grand bureau au milieu de la pièce, rien d'autre. Parce que sur le bureau étaient assis ou plutôt allongés un jeune homme et une jeune femme. Ils devaient avoir un grade élevé dans la jeunesse hitlérienne parce que leur uniforme était couvert d'emblèmes, de médailles et de rubans. Mais dans quel état ils étaient! Complètement échevelés! Il avait du rouge à lèvres plein le visage. Du rouge à lèvres! La femme allemande ne fume pas, ne boit pas, ne se maquille pas! La devise du Führer, même moi, je la connaissais.

La pièce était pleine de fumée. Sa jupe était chiffonnée et remontée jusqu'aux hanches. Je pouvais voir ses jarretières défaites. Ses bas pendaient sur ses chevilles et elle n'avait qu'une chaussure; l'autre était par terre. Ils semblaient tous les deux essoufflés mais en me voyant ils se mirent à rire d'une façon hystérique. Choquée, je restais muette, la lettre à la main. L'homme, riant toujours, la prit, signa le reçu. La fille descendit sa jupe. Rouge comme une pivoine je dévalai l'escalier d'une traite, poursuivie par leurs rires.

Ce fut mon initiation à la «Jungmaedel». Grossmutter m'acheta la jupe noire, le corsage blanc, le foulard noir et la bague de cuir marron qui tient le foulard en place. Les symboles de l'honneur. Nous avions donné les foulards et les bagues de cuir afin qu'ils nous soient remis lors d'une grande cérémonie. Le drapeau levé, tout le monde aligné et en formation, l'orchestre de la jeunesse hitlérienne, le serment de fidélité. On m'avait laissé y assister mais pour moi tout cela était déjà sans signification. Une énorme mascarade, une façade derrière laquelle je ne voulais pas regarder. J'ai assisté à une autre réunion et puis ai simplement cessé d'y aller. Personne ne m'en a parlé. Personne n'est venu me chercher. Apparemment, même la jeunesse hitlérienne avait d'autres sujets d'inquiétude en 1940.

L'Allemagne est en guerre. Les armées allemandes envahissent le Danemark, la Norvège, le Luxembourg, la Hollande, la Belgique et la France. L'Italie devient notre alliée. Le 20 juin, la France capitule et signe un traité de paix. Nous sommes victorieux, invincibles. Partout règne un sentiment d'euphorie. Partout sauf, bien sûr, chez moi. «Ferme cette cochonnerie, Ilse!» dit Grossmutter quand la radio annonce, en fanfare, une autre victoire encore. «C'est dans la tombe qu'ils nous envoient avec leurs victoires. Tu m'entends!» Mais Grossmutter échange ses conserves, ses fruits, ses œufs, contre des choses qui proviennent des pays envahis. Une paire de chaussures pour Mutti de Prague, du savon de Belgique, de la soie de France. Plusieurs hommes de notre voisinage sont dans ces pays et ils envoient des choses chez eux; leurs épouses et leurs mères les troquent par-dessus les clôtures d'arrière-cours. C'est là aussi que les femmes expriment leur colère contre les exercices de raids aériens et les nouvelles lois qui exigent qu'on place un seau d'eau ou de sable sur chaque palier. Stupidité! Comme si les avions ennemis pouvaient parfois venir jusqu'à Berlin. Berlin, la capitale! Mais alors nous avons eu une «véritable» alerte et elles sont un peu bouleversées parce que les premières bombes sont tombées.

Elles sont tombées dans le champ de Neuendorff, à environ cinq cents mètres de chez mes grands-parents. Le site de la bombe devint la principale attraction à Berlin. Pendant près d'une semaine le flot de curieux parut sans fin, bien qu'il n'y eut rien à voir que quatre gros trous. Les fragments de bombe devinrent les articles les plus recherchés, les plus en vogue chez les enfants. Un seul valait toute une collection d'images de vedettes de cinéma ou de joueurs de football. Surtout un morceau avec un peu de peinture dessus. Ça atteignait une cote aussi élevée qu'une photo dédicacée du héros des sous-marins: Guenter Prien.

Grossmutter est dans la cuisine un jour où je reviens de chez tante Martha. Je ne peux pas attendre pour lui dire ce que j'ai entendu: «Ils vont évacuer tous les enfants!»

Grossmutter met le cylindre de pâte en boule, l'aplatit, le pétrit, tout en me regardant. Elle n'a pas besoin de regarder ce qu'elle fait. Ses mains savent. Elles ont pétri la pâte pour tant de pains, de gâteaux de toutes les sortes, ont pris tant de fois la bouilloire, rassemblé le charbon dessous, serré les poignées de marmites, soulevé les couvercles, pelé, épluché, tamisé, tourné si souvent qu'un regard de temps en temps suffit bien.

«Qui a dit cela?» demande-t-elle en pressant la pâte dans un moule, essuyant ensuite ses mains sur son tablier.

«Des femmes, chez tante Martha.»

«Des bêtises!» Elle se penche pour mettre le gâteau au four.

«Mais une femme a dit qu'elle en était sûre. Son frère est haut placé.»

«Bah! Rien que des *on dit!*» Elle regarde dans la salle de séjour où il y a l'horloge et s'adresse à moi: «De toute façon, ne t'inquiète pas. Tu resteras avec nous. Si je devais croire tout ce que j'entends, je deviendrais folle. Va me chercher des carottes, je ferais bien de préparer le dîner.»

Je marche dans le jardin, regarde le vert épars des arbustes à baies, vois le seau rouillé et fendu renversé à l'endroit où la rhubarbe sortira de terre. Je remarque la rangée bien nette de petits plants d'épinards, la cage à lapins un peu de travers, avec son toit goudronné, le ciment inégal de la cour et les quatre sabots de bois près des marches. Je vois tout cela comme si c'était la première fois. Rester ici? Ou à Hermsdorf? Etre envoyée où? C'est le printemps 1941. En août prochain je vais avoir douze ans.

Chapitre Six

# 1941
# Le premier camp

En avril, j'étais en Tchécoslovaquie. A Rodoczowitz, pour être exacte. Ilse Koehn, un minuscule fragment sans importance du Kinderlandverschickung (KLV) autrement dit l'Evacuation des Enfants. *L'Allemagne protège sa jeunesse, son avenir.* C'est ce qu'on a dit à nos parents afin qu'ils nous laissent partir. *Toute l'école va partir!* Mais sur les cinq cents filles de l'école Hans Thoma, seules quatre-vingts sont réellement là. Tous les professeurs? Nous avons Beck, Hoffmann et Lenz, le professeur de musique. *Sous la responsabilité des professeurs, l'école continuera normalement.* Mutti avait parlé de sécurité, sans conviction. Vati avait dit qu'un avenir sombre se profilait et que je serais mieux ailleurs avec «tous les autres». Toutes ses phrases avaient commencé ou fini par ces mots. Je ne voulais pas partir. Ils m'ont dit qu'ils ne voulaient pas que je parte. Alors pourquoi m'ont-ils laissée partir? Peut-être voulaient-ils se débarrasser de moi. Non. Ils m'aiment. Je sais qu'ils m'aiment. Mais pourquoi? Je pleure et cela n'arrangera rien. Je lève les yeux sur Beck qui regarde fixement la fenêtre. «Je m'occuperai de vos filles comme si elles étaient miennes.» C'est ce qu'elle avait dit à nos mères. Eh bien... Je voudrais pouvoir trouver un mot vraiment méprisant pour elle.

Nous, le premier convoi de mille enfants berlinois à être envoyés prétendument en Prusse orientale. Un autre mensonge. Quelle affaire à la gare! Des guirlandes, des bannières, des orchestres de la jeunesse hitlérienne. Des dignitaires militaires du parti nazi et de la jeunesse hitlérienne. Même Baldur Von Schirach, le chef de la jeunesse du Reich, était là, serrant des mains le long du train. La mienne aussi.

Ainsi, je suis là. Piégée dans les régions sauvages de Tchécoslovaquie. Cela nous a pris vingt-quatre heures pitoyables pour y arriver. Les sandwiches et les chocolats donnés par nos mères n'ont pas duré aussi longtemps. Nous avons faim et soif. «On subviendra aux besoins des enfants.» Si c'est ça leur façon d'y subvenir!

Je plonge ma plume dans l'encrier pour la énième fois. «Cher Vati et chère Oma.» C'est tout ce que j'ai écrit pour l'instant. Voilà encore une chose: je serai la seule qui devrais faire *deux* lettres à chaque fois qu'on écrira chez nous.

Tout ce pitoyable voyage me revient à l'esprit maintenant. Nous avons quitté Berlin à dix heures, le matin, mais avons eu un arrêt une heure après; nous avons roulé un peu, changé de voie, puis avancé lentement jusqu'au soir, moment où le train a repris de la vitesse tout à coup. A minuit nous avons passé la frontière entre l'Allemagne et la Tchécoslovaquie. A ce moment-là tout le monde savait qu'on nous emmenait dans la mauvaise direction. Les cheveux de Beck, pour la première fois, étaient en désordre tandis qu'elle courait ici et là pour essayer de savoir où nous allions. Lenz avait perdu son sourire et Hoffmann avait l'air plus effrayée que nous. Quand nous atteignîmes Prague, le matin, elles sortirent du train mais nous dirent de rester où nous étions. Elles le regagnèrent tout juste à temps. Prague. C'est là que Rita et Hilde sont montées. Les deux responsables de la jeunesse hitlérienne qui allaient nous prendre en charge. Nous arrivâmes à Ricany à deux heures du matin. Les enfants restés dans le train devaient nous lancer nos bagages. Même mon accordéon neuf, cadeau de Vati en compensation des leçons de piano que j'allais manquer. Ricany. Il n'y avait même pas de quai de gare, seulement un signal et une cabane à la lisière des bois. Le centre de nulle part. C'est là que nous sommes restées debout à attendre pendant une heure que Rita et Hilde nous trouvent un moyen de transport. Un vilain mélange de pluie et de neige fondue tombait et couvrait la terre. Nous portions de légers vêtements d'été. Il faisait chaud à Berlin.

Elles revinrent enfin avec un vieil homme tirant une charrette à bras. Je sens mon visage s'empourprer de rage à cette seule pensée. Mes larmes tombent juste sur le mot «Vati». «Les enfants peuvent porter leur sac. Il n'y a que quarante-cinq minutes de marche», annonça Rita alors qu'elle tassait ses bagages, ceux d'Hilde et ceux des professeurs dans la charrette. *Seulement* quarante-cinq minutes! Il n'y avait même pas de route! Nous trébuchions et glissions en file indienne à travers une vraie forêt vierge. Pas une maison, pas un signe de civilisation. Je n'avais jamais vu d'endroit pareil. Au bout d'un moment je fus la dernière de la file, derrière toutes les autres. Ma valise était trop grosse, remplie de vêtements pour au moins six mois, comme on nous avait dit. Et j'avais aussi l'accordéon. Au début je portais l'un et poussais l'autre, alternativement. Par la suite, je poussais les deux avec les pieds. Mon accordéon neuf! Mais je me mis à avoir très peur. Celles qui étaient devant moi paraissaient de plus en plus petites et finalement disparurent. J'étais seule. Jamais je ne m'étais sentie si perdue, si abandonnée. Vati et Mutti ne sauraient même pas où me chercher. Ils croyaient que j'étais en

Prusse orientale. Il leur faudrait une éternité pour me retrouver. Ce serait trop tard. Cette pensée me fit avancer à nouveau. J'ai réussi à rattraper les autres à Radoczowitz. Quelques maisons au toit de chaume et un hôtel, c'était Radoczowitz. L'hôtel devait être notre camp. Ça n'avait pas été prévu comme cela. Les propriétaires, un vieux couple tchèque, avaient dû être tirés de leur sommeil. Ils ne voulaient pas qu'on reste. Ils nous laissaient debout dans la petite entrée, soutenant qu'on leur avait annoncé des garçons et non des filles. Et certainement pas aujourd'hui. Dimanche prochain.

Rita téléphona au Gauleiter, le gouverneur militaire de la région de Prague qui finalement arriva à midi. Un gros homme chauve en uniforme clinquant. Il embrassa Rita et Hilde mais ignora Beck et Lenz qui s'étaient pratiquement jetées sur lui. Il ordonna au couple tchèque de nous accueillir et de nous préparer à manger. Il s'en alla en marmonnant à l'adresse de Beck et Lenz: «Petite erreur d'organisation. Ces choses-là arrivent. Tout est arrangé maintenant.»

Ce furent Rita et Hilde, pas les professeurs, qui nous désignèrent nos chambres. Je partage la mienne avec Hanni, Ruth et Sigrun. Je ne les connais pas beaucoup mais je les aime bien. La chambre est petite. Quatre lits superposés avec des couvertures rêches de l'armée, une table, un placard et un lavabo. Au moment où nous y sommes entrées pour poser nos sacs, nous étions trop fatiguées et malheureuses pour avoir un quelconque sentiment. Mais c'est maintenant que tout cela s'impose à moi comme vrai, que je me rends compte que ce n'est pas un cauchemar auquel je vais échapper pour me réveiller dans un univers familier. C'est la réalité. C'est aussi vrai que les coups de feu que nous avons entendus la nuit dernière et aussi vrai que la voix de Lenz quand elle a crié: «Pas de lumière s'il vous plaît! Pas de lumière!» Mais ce matin, elles nient qu'il soit arrivé quelque chose.

«Ce n'était rien.» Beck regarde ailleurs. Je reste les yeux fixés sur son dos et ce chignon aux cheveux épars. Elle n'en sait pas beaucoup plus que nous, c'est sûr. Aussi sûr que le fait qu'*ils*, le pouvoir central de la jeunesse hitlérienne, n'ont jamais eu l'intention de nous envoyer en Prusse orientale mais avaient décidé depuis le début de nous envoyer ici en Tchécoslovaquie, pays qui a cessé d'exister quand nos troupes y sont entrées. Maintenant il s'appelle le Protectorat de Bohême et de Moravie. Peu de parents auraient consenti à y envoyer leurs enfants, sachant, ou à tout le moins suspectant, que la population locale serait hostile à tous les Allemands, même des enfants.

Les têtes sont penchées sur les lettres. A part le grattement des plumes, c'est totalement silencieux. J'ai à peu près tout mis sur le papier. Deux fois! Je suis certaine, pourtant, d'avoir terminé mes lettres de la même façon que toutes les autres: «S'il vous plaît, venez me chercher! S'il vous plaît, ramenez-moi à la maison.»

Beck, pâle et les lèvres serrées, ramasse les lettres. Elle les postera pour nous, dit-elle.

A table, nous sommes assises immobiles comme frappées par la foudre. La soupe refroidit. Rita tient avec autorité deux poignées de lettres et crie: «Elles ne sont pas bien! Comment osez-vous écrire une telle lavasse, de telles bêtises, de telles...» Les mots semblent lui manquer et son visage est rouge de colère. «Vous allez recommencer tout de suite. Vous écrirez que vous êtes bien arrivées dans une belle région de villégiature et que vous habitez dans un bel hôtel. Vous n'écrirez que des choses agréables!»

Beck, Hoffmann, Lenz, au bout de la longue table, près de Hilde et Rita, ne disent rien, regardent dans le vide, évitant nos regards.

«Il n'y a pas de raison pour que vous preniez l'air si triste!» Rita crie tellement que mes tympans me font mal. «Tout est bien. Vous ne savez pas quelle chance vous avez! Comment osez-vous inquiéter vos parents inutilement! Vous avez exactement une heure pour écrire de nouvelles lettres. Je vous assure que je ne laisserai passer *aucune ligne* qui puisse bouleverser vos parents!» Pause. Silence. Puis Rita continue d'une voix plus normale: «Ensuite nous ferons une promenade. Quand vous m'entendrez siffler, alignez-vous en face du camp. En uniforme, bien sûr. Quel groupe!» Elle secoue la tête, nous regarde l'une après l'autre. Un sanglot timide rompt le silence. Puis un autre. C'est contagieux. Je pleure, tout le monde pleure, comme si on avait ouvert les vannes.

Hilde se lève d'un bond, agite les bras frénétiquement: «Arrêtez! Arrêtez j'ai dit! Je ne supporterai pas cela! Vous êtes la jeunesse hitlérienne. Cette conduite est indigne de notre Führer! Quelle est la devise du Führer pour sa jeunesse?» Elle désigne quelqu'un à l'autre bout de la table. Epouvantée, la fille saute sur ses pieds, ouvre la bouche; aucun son ne sort.

«Solide comme le cuir, dur comme l'acier Krupp, rapide comme le lévrier!» crie Hilde avec impatience. «Si vous ne l'êtes pas déjà vous le serez bientôt, je vous le garantis. Ce qu'il faut ici c'est de l'ordre. Et de la discipline. Vous arriverez même à aimer cela et à m'aimer aussi.» Rire incertain. «Allez écrire vos lettres maintenant.»

Je ne peux m'imaginer capable de l'aimer, ni elle ni quoi que ce soit ici. Je la déteste, comme tout le reste ici. Je veux rentrer chez moi et ça m'est égal que ce soit à Hermsdorf ou à Lübars.

**Mai-juin 1941.** Des nuages déchiquetés passent rapidement devant la lune froide. Hanni Knaak ronfle. Ce n'est pas désagréable, juste un léger sifflement. Dans la couchette au-dessous d'elle, Ruth dort, toute tassée. Ruth Schubert, la sauvage, l'athlète. Au-dessous de moi Sigrun bouge.

« Sigrun ? Tu es réveillée ? Sigrun ? »

Pas de réponse. Sigrun Knust, douce, posée, fidèle. Nous sommes un bon groupe dans la chambre 18. Cela nous a pris du temps pour nous rendre pleinement compte que nous étions prisonnières ici. Dieu, tous les projets insensés d'évasion qu'on a pu concevoir ! Deux des filles les plus âgées se sont effectivement enfuies la première semaine. Je me demande où elles sont. Elles ont sans doute été reprises avant même d'avoir atteint Ricany et envoyées dans « un camp de travail spécial pour filles difficiles ». Cela doit être pire, bien que ce soit difficile à imaginer. Notre devise ici, la phrase qu'on entend cent fois par jour c'est : « On peut s'habituer à tout. » Quelles que soient les idioties ou tracasseries que Rita et Hilde inventent, nous haussons les épaules et disons : « On peut s'habituer à tout ! »

Notre chambre est l'objet d'envie du camp. Le minimum de punitions. Nettoyer les toilettes, brrr, qui veut faire cela ? Oui, nous avons compris *leur* jeu. Je suis décoratrice et experte pour faire les lits. Des coins au carré parfaits (j'utilise une équerre), absolument sans pli. Même les yeux de Rita s'arrondissent. Les dessins sur le mur sont de moi et c'est moi qui ai eu l'idée de peindre un drap pour l'utiliser comme nappe. Nous avons toujours des fleurs fraîches. Dix points de plus pour la chambre 18. Hanni est chargée du linge. Elle seule est capable de plier jusqu'à des robes de chambre en flanelle selon les normes réglementaires. Je hoche la tête. *Elles* contrôlent vraiment si tous les vêtements pliés ont la même épaisseur et la même largeur, avec une règle ! Sigrun nettoie. Elle ne laisse pas un grain de poussière sur la tringle à rideaux, ni même sur la plinthe derrière le lit. Ruth fait les chaussures et la semelle est aussi brillante que le dessus. Je n'aimerais pas faire cela. Mais elle dit qu'elle aime bien. Même après *leurs* stupides jeux de guerre, quand les chaussures sont boueuses. Cette horrible boue d'argile collante, typique de la région.

On peut s'habituer à tout, même à être réveillée à une heure trente du matin par *leur* sifflet. Inspection de l'uniforme et marche de nuit silencieuse parce que quelqu'un a parlé ou ri pendant l'audition des nouvelles. Cinq minutes après les nouvelles, la chambre 18 est alignée; aucun bouton mal cousu. *Elles* l'arracheraient aussitôt. Quatre de front, nous marchons en formation autour de la place du village. *Elles* n'osent pas nous emmener plus loin depuis la première fois où on nous a tiré dessus dans les bois. *Elles* couraient plus vite que n'importe laquelle d'entre nous! Maintenant nous n'avons pas du tout le droit de sortir du camp. Nous devons rester dans la cour ou dans les locaux. Une belle région de villégiature, quelle rigolade!

On peut s'habituer à tout, même à se jeter par terre quand *elles* hurlent: «Couché!» Ça ne fait rien s'il y a une flaque d'eau. Nous restons aplaties jusqu'à ce que nous entendions l'ordre: «Debout!» Si ce n'est pas de la folie, qu'est-ce que c'est? Si j'allais dire cela à Grossmutter elle se taperait le front avec l'index: «Stupide, tu sais!» Mutti ne le croirait même pas si elle le voyait. Vati les arrêterait immédiatement. Il les terroriserait pour le restant de leur vie. Il peut crier assez fort pour faire trembler les murs, sans se forcer. Mais à quoi bon? Ils ne sont pas là et je ne peux même pas leur en parler dans mes lettres.

Se demandent-ils pourquoi je réclame constamment de l'argent? De l'argent pour des lacets, des boutons, du fil, de l'argent pour du papier, de l'encre et du dentifrice. Je dois varier les raisons. Grossmutter est si pratique qu'elle m'enverrait directement les choses plutôt que l'argent. Et si je leur disais que je dépense tout en dentifrice ils penseraient que je suis folle. Mais le dentifrice Blendax c'est mon triomphe personnel sur les sacrées puces. Rien que d'y penser ça me fait me gratter encore. Dieu! Tout mon corps est couvert de morsures. Je jure que rien ne démange autant que des morsures de puces. Une nuit, alors que je pensais ne plus pouvoir en supporter davantage, je suis allée frapper à la porte de Beck. Je pensais qu'elle montrerait peut-être de la compassion. «Je veillerai sur vos filles comme si elles étaient miennes.» *Denk'ste, Pustekuchen,* c'est ce que nous disons pour signifier «c'est ce que tu crois!» Elle me ferma la porte au nez avec ces mots peu compatissants: «Qu'est-ce que je peux y faire, moi?» En cherchant autour de moi quelque chose pour me rafraîchir la peau, pour arrêter les démangeaisons, je découvris le dentifrice. Je me couvre de Blendax tous les soirs. Je parie que les Tchèques du petit magasin de la place ne comprennent pas cette soudaine ruée sur le dentifrice.

**Juillet-août 1941.** La nuit est le seul moment tranquille ici. Ça m'est égal d'être éveillée. Aujourd'hui c'était jour de ménage. Tout devait être frotté et tous les matelas sortis dans la cour pour être aérés. C'est moi qui eus l'idée de descendre en glissant avec les matelas au lieu de les transporter dans l'escalier. Tout le monde appréciait. On s'est bien amusées tant que ça a duré. Naturellement, Beck, Lenz et Hoffmann ont choisi ce jour-là pour nous surveiller. Pour une fois elles n'étaient pas «pas très bien» pour rester cantonnées dans leur chambre et elles n'avaient pas non plus «une affaire importante à Prague». Résultat: une semaine de marche de nuit. Et puis après? On peut s'habituer à tout. D'ailleurs j'ai de la chance. Les filles auraient pu me le reprocher, me battre. D'autres, ici, ont été battues par leurs pareilles pour moins que ça.

S'habituer à ne pas avoir classe semble facile. Mais ça ne l'est pas. Même les plus mauvaises élèves, ici, soupirent maintenant après les cours. *L'école continuera normalement.* N'est-ce pas ce qu'ils ont dit? Personne ici n'est assez stupide pour croire ce qui est écrit sur le tableau d'affichage. Géographie, allemand, musique et même latin et anglais. Tout est écrit, en cas d'inspection du camp, je suppose. Mais nous n'avons pas eu une leçon de quoi que ce soit depuis une éternité. Sauf en musique, si on peut appeler cours de musique le fait de chanter des airs populaires à la guimauve. Quand Lenz commence sa chanson préférée, celle qui parle de nuages rouges dans le ciel et du vent tiède dans les sapins, le pandémonium se déchaîne. C'est celle que nous détestons le plus; nous imitons la voix aiguë de Lenz mais elle continue, imperturbable. Elle est peut-être sourde. Le respect pour les professeurs? Pas nous. La seule fois où Beck a essayé de faire un cours d'allemand, j'ai certes dessiné autour de ma dictée mais au moins j'ai écrit quelque chose. La plupart des autres couraient un peu partout, s'empruntant des crayons, des gommes, et je ne sais quoi encore, en faisant beaucoup de bruit. Mais maintenant, nous voudrions toutes avoir de l'école. C'est à cela que les professeurs servent. Les nôtres ne font rien d'autre qu'aller à Prague. Nous nous demandons quelquefois quelle «importante affaire» elles ont là-bas.

Ce n'est peut-être pas gentil mais j'ai jubilé comme tout le monde quand elles aussi ont attrapé des poux. Et c'était drôle de nous voir toutes alignées dans la cour pour faire poudrer nos têtes de Cuprex, le remède utilisé. Beck, Lenz et Hoffmann, chacune avec une serviette sur le bras, puis nous autres. Rita et Hilde officiaient en riant beaucoup. Nos professeurs ne souriaient même pas.

Depuis combien de temps sommes-nous là? Une éternité. Combien de temps allons-nous rester? Personne ne sait. Un jour pousse l'autre. On s'ennuie. Hilde et Rita jouent dehors avec nous quand il fait beau. Au ballon ou à d'autres jeux. Quand il pleut, on s'assoit dans la grande salle à manger, on chante les chants de la jeunesse hitlérienne, on fait des charades. Nous avons fini le livre d'Hitler, *Mein Kampf*[1]! Dieu merci. Rita et Hilde sont vraiment très gentilles. Au moins elles sont jeunes, toutes les deux ont une vingtaine d'années, elles sont dynamiques et elles rient. Oui, à part les marches de nuit, les inspections d'uniformes et de chambres, elles sont très bien. Elles sont même restées toute une nuit avec Ruth quand celle-ci s'est tordu la cheville. Elles font de leur mieux pour soulager l'ennui. Cependant...

J'imagine que je suis Karlson, la petite domestique qui doit s'occuper de la maison du lutin Goinguae dans le livre d'Ossian Elgstrom: *Die Kleine Magd Karlson*[2]. Karlson est en fait Lillimor, le lutin Goinguae est son père et la grande montagne, son lit. J'aimerais que mon nom soit Lillimor et que le lutin Goinguae soit Vati; et il me dirait de lui apporter des pneus frits pour le petit déjeuner et un moteur d'automobile brûlant pour midi. J'ai envie d'allumer la lumière pour regarder les images du livre. Mais mes compagnes de chambre crieraient. Les «Coqs» m'ont envoyé ce livre pour mon douzième anniversaire. Je l'adore. Il me rend à la fois heureuse et triste et, oui, nostalgique.

**Septembre 1941**. La lumière du couloir rend la vitre ronde de la porte semblable à une orange démesurée. Des sanglots et des reniflements viennent de chacun des huit lits d'hôpital. Je n'ai jamais été malade, pas un seul jour de ma vie. Uniquement parce que ce minable Dr Kuehne pensait avoir vu des points rouges sur moi. Il n'y en avait aucun! Je le saurais! Mais que lui importe? Pour lui je ne suis qu'un numéro comme les autres. Impuissante, je veux crier, mais nous l'avons déjà fait, sans résultat. La porte est fermée à clé. On se fiche de nous.

Sauf Hardy. Hardy, Hardy. J'aime encore Hardy. Nous l'aimons toutes. Tout le monde aime Hardy. Je repense à sa première apparition au camp. Nous avons laissé Ruth aller le voir la première quand la nouvelle s'est répandue que nous avions un docteur pour le camp. Une aspirine pour son mal de tête inexistant et un foulard. C'est ce qu'elle rapporta de la visite. Il fit semblant de sortir de sa manche ce magnifique foulard et puis il le lui laissa. Après, tout le monde fit la queue devant chez lui pour des motifs incroyables.

[1] Mon combat
[2] Karlson, la petite bonne

Mais il s'occupa de tout sans se forcer. Il vit tout le monde, donna quelque chose à chacune. Comme j'étais embarrassée quand vint mon tour et qu'il me demanda «Qu'y-a-t-il?» au lieu d'utiliser l'une des cent raisons que j'avais inventées, je m'entendis répondre: «Je voulais simplement vous voir.» Et il rit, pas du tout fâché, et sortit un petit sifflet en argent de mon oreille. Je l'ai toujours. Hardy s'intéressait à chacune de nous individuellement. Du moins le faisait-il croire. Je pense que c'était vrai.

Je mets la main sous mon oreiller. Le sifflet est encore là. Le beau et jeune Hardy et tous les tours qu'il connaissait. Il prenait un paquet de cartes, les lançait en l'air, et quand il les rattrapait, elles étaient moitié plus petites qu'avant. Le tour que nous préférions, cependant, était celui de la boîte chinoise. Il pouvait ouvrir chaque côté, le dessus et le fond au point qu'on était sûres que ce n'était pas du tout une boîte. Je n'oublierai jamais Hardy, aussi longtemps que je vivrai, ni la soirée de divertissement pour tous et par tous qu'il avait imaginée.

Hardy s'assura qu'il y avait un rôle pour tout le monde. Il apprit un petit tour ou un petit rôle, même aux plus bouchées, aux moins malignes. Il trouva des vêtements pour Beck, Lenz et Hoffmann et en fit ses assistantes. Quels magnifiques décors nous avons construits sous sa direction! Et les costumes, avec rien! Il connaissait tout, même l'usage du mascara.

Le docteur Hardy avait seulement deux remèdes. L'aspirine pour tout, depuis les chevilles foulées jusqu'aux maux de tête, et la piqûre antitétanique pour les genoux et les coudes écorchés. Les boutons rouges et les têtes fiévreuses dont beaucoup de filles se plaignaient étaient dus, disait-il, aux particularités féminines. Mais Hardy n'avait fait que deux semestres de médecine et il n'était pas vraiment docteur. Quand on lui a proposé un travail dans sa vraie profession, animateur, il partit. Tout le monde a pleuré, même les professeurs.

Le Dr Kuehne, le lamentable, le minable Dr Kuehne, arriva une semaine plus tard. Il alla de chambre en chambre pour se présenter et, quand il eut terminé son inspection, il se précipita au téléphone et demanda sept ambulances. Il dut faire beaucoup d'appels. Apparemment ce n'était pas facile et nous espérions que ça s'avèrerait impossible mais, l'après-midi même, il en envoya soixante-huit d'entre nous à l'hôpital Bulovka, à Prague. Il a dit que nous avions la fièvre scarlatine, et seules deux d'entre nous se sentaient un peu malades. Les autres étaient très bien. Mais il fallait qu'il paraisse important. Des ambulances! Et en route pour quatre semaines de quarantaine. Tout à coup, Beck, Lenz et Hoffmann gardèrent leurs distances. Quand elles nous dirent au revoir, le soulagement d'être débarrassées de nous se lisait sur leur visage.

Kuehne avait protesté violemment mais il n'avait pas pu empêcher Rita et Hilde de s'approcher. Elles se serraient dans l'ambulance pour nous dire au revoir, pleuraient avec nous, nous prenaient dans leurs bras et nous embrassaient. Je n'oublierai pas cela non plus. Depuis cette fois-là, personne ne nous a parlé. Mon estomac grogne. Nous n'avons rien mangé depuis hier matin, au camp. Ce sera bientôt encore le matin. L'«orange» devient pâle au fur et à mesure que la chambre s'éclaire. Je m'assois et mon regard plonge directement dans celui de Ruth. Le premier rayon de soleil poignarde le sol couvert de linoléum. Sans un mot, nous nous regardons fixement. Puis tout à coup, comme deux marionnettes accrochées au même fil, nous nous retournons pour nous cacher sous les couvertures dans une nouvelle crise de larmes.

Les heures passent. Je suis sûre que tout le monde est réveillé mais personne ne bouge. Pas un mot. Vers midi, une clé tourne dans la porte ; huit paires d'yeux suivent l'infirmière qui pousse le chariot de nourriture. Soudain, nous parlons toutes en même temps, la bombardant de questions. Elle nous tend les plateaux, hoche la tête et sort. La porte est fermée à clé.

«Qu'est-ce que c'est? Une prison? Pourquoi diable ne dis-tu rien? N'importe quoi! Espèce de sale bique!» C'est la voix perçante de Ruth qui s'égosille. Il n'y a pas moyen d'exprimer notre colère et notre frustration. Nous regardons la nourriture. Un instant de silence et Hanni dit: «Peut-être qu'elle est sourde et muette!» Puis un cri, et un autre, et encore un autre: «Beurk!» «Pouah! Ce n'est pas possible! Ils n'espèrent pas qu'on va manger ça!» «Regardez-moi ça! Beurk! Je préférerais mourir de faim!» Des gros cafards noirs se promènent dans mon assiette parmi les petits pois. J'en compte huit. Ruth gagne, elle en a quatorze. Et la seule autre chose dans l'assiette ressemble à du pain trempé, mais c'est dur comme de la pierre vers l'intérieur. Nous manquons jeter nos assiettes à la figure de l'infirmière quand elle vient les chercher. Nous montrons les cafards, elle hausse les sourcils, les épaules, et s'en va. Les choses qui ressemblent à du pain, nous les gardons comme munitions.

Combien de jours ont passé? Enfermées. Prisonnières, punies de quoi? A cause de la fièvre scarlatine que nous n'avons pas? Ces porcs ne nous laissent même pas utiliser la salle de bains. J'ai horreur de cela. Elles ont pris nos vêtements pour les faire désinfecter.

Tout ce que nous avons ce sont ces stupides chemises d'hôpital. «Bulovka est l'un des plus modernes hôpitaux...» a dit Kuehne. Mais on nous a mises dans l'aile ancienne, bien entendu. A part nos lits et un lavabo il n'y a rien dans cette énorme pièce. Nous n'avons plus de livres, pas de jouets, rien pour nous amuser. De l'autre côté de la fenêtre, il y a Prague. Oui, nous avons une belle vue, spectaculaire, qui nous fait nous sentir encore plus prisonnières. Etre enfermée, n'avoir à regarder que le magnifique parc, les nombreuses flèches sculptées, les clochers des églises, les ponts et les bateaux sur la Moldau me rend si folle que je pourrais... je ne sais pas quoi justement! Pas de chance Ilse. «La vraie vie!» Eh bien c'est lamentable. Vati et Mutti n'auraient jamais dû me laisser partir.

Les faits marquants de nos journées? Quand nous dénichions un couple qui s'embrassait dans le parc! Je me demande ce que cela fait de ne pas exister du tout. N'importe quoi doit être mieux que *cela*. Ouais, nous avons trois repas par jour maintenant. Ni bons ni mauvais. Plus de cafards.

A force de crier et de réclamer, nous avons eu au moins du papier et des enveloppes par l'une des infirmières et nous pouvons écrire chez nous. On ne nous parle toujours pas. Espèrent-ils pouvoir nous rendre folles? En fait, ils auraient pu y parvenir s'il n'y avait pas eu Rita et Hilde. Elles sont venues nous voir deux fois avec des sacs pleins de provisions. Elles ne peuvent pas entrer, bien sûr, alors elles restent dehors, face à notre fenêtre, deux étages en dessous, et nous lancent des pommes et des oranges. Nous les attrapons. Heureusement, elles lancent bien toutes les deux. Elles ont aussi apporté du courrier et des paquets de chez nous. Nous avons trouvé le courrier il y a quelques jours seulement, quand on nous a permis d'utiliser la salle de bains. Il y avait toute une pile de colis dans le couloir, devant le bureau du docteur. Quand Ruth a vu les lettres, elle les a attrapées et distribuées en moins de temps qu'il n'en faut pour dire: «Ici!» Mais les infirmières ont défendu les colis en faisant un rempart de leur corps, criant en tchèque et la doctoresse est sortie et nous a fait rentrer à coups de pied. Elle est belle et nous pensons qu'elle parle ou, du moins, comprend l'allemand. En tout cas elle le garde pour elle, certainement. En trois semaines, elle est venue deux fois dans nos chambres! Elle et une douzaine d'autres docteurs et infirmières, toute une procession, sont entrés, sont passés devant les lits et, pendant qu'ils conversaient entre eux en tchèque, une infirmière prenait notre tension. Nous avons cessé de leur demander quoi que ce soit. Ils ne répondent pas, tout simplement. Nous pourrions être des pierres. Quand l'infirmière eut terminé, ils s'en allèrent. Ce fut là toute l'étendue de notre surveillance médicale. Et ils refusent de nous donner nos paquets. Ruth, – qui d'autre? – a essayé d'en attraper un. L'infirmière de service le lui a non seulement enlevé, mais elle l'a poussée. Toutes les deux crièrent à s'époumoner, l'une en tchèque, l'autre en allemand, jusqu'à ce que la doctoresse arrive. Maintenant, la porte de notre salle est de nouveau fermée à clé. Merde!

Tout est fini! Nous sommes libres! Même le camp, ce vieux camp moche et minable de Rodoczowitz nous paraît tout à coup agréable. Cela ressemble à la maison. Beck, Lenz et Hoffmann, rayonnantes, accueillent leurs «filles». Sigrun, la seule de nous quatre à qui l'hôpital Bulovka fut épargné, a fait un travail de lauréate en décorant la chambre 18. Nous parlons avec passion la moitié de la nuit.

«Je ne comprends pas, dit Sigrun. Je veux dire, pourquoi ne voulaient-ils pas vous donner vos paquets?»

«Je pourrais comprendre, interrompt Hanni, s'ils les avaient donnés aux pauvres enfants tchèques. Mais simplement tout laisser pourrir comme cela!»

Sigrun hoche encore la tête, dubitative, quand nous décrivons avec des détails réalistes la lente transformation des paquets entassés, en fourmilière. «On ne peut rien reprocher aux fourmis: ma mère fait des gâteaux fantastiques!»

«Vous n'avez pas goûté celui aux cerises et aux amandes que fait maman! C'est mon préféré et c'est celui qu'elle m'avait envoyé, elle le dit dans sa lettre», dis-je. En y pensant, l'eau me vient à la bouche. Je veux le décrire mais Hanni m'arrête. Nous nous interrompons constamment car il y a tant à dire! «Des milliers, des millions de fourmis... Vous ne le croiriez pas!»

«Au moins, on les a eus quand même un peu!» dit Ruth, non sans fierté. «En partant, je n'ai eu qu'à donner un coup de pied dans la pile.» Et Hanni continue: «Et ensuite nous avons toutes fait pareil jusqu'à ce que tout soit éparpillé sur le sol.»

«Ils ne vous les ont pas fait ramasser?» demande Sigrun.

«Non! Nous sommes parties. Des voitures nous attendaient. Mais je ne l'aurais pas fait, de toute façon. Je n'aurais pas touché à ces colis», dit Ruth en se rengorgeant. «Qu'ils le fassent. Qu'ils mangent du gâteau aux fourmis. Qu'ils s'étouffent même avec.»

**28 septembre 1941.** Tout est empaqueté. Le camp est fermé. Personne ne sait pourquoi. Demain nous rentrons à la maison. Je vais rentrer à la maison. A Lübars, je suppose. Oui, je suis heureuse, mais pas comme les autres. Ce serait différent si je pouvais rentrer chez Mutti et Vati dans *notre* maison. Mais je suis un peu inquiète, un peu effrayée par ce que je vais trouver. Je ne sais pas vraiment pourquoi.

## Chapitre Sept
# 1941-1942
# Berlin

Mutti! Mutti! Où est Mutti? Je ne la trouverai jamais dans ce chaos. Elle n'a peut-être pas eu ma lettre. Tout s'est passé si vite. On nous a divisées en petits groupes et chaque groupe a été renvoyé à Berlin par un itinéraire différent. Il n'y a pas de fanfare, pas de guirlandes, pas de chef de la jeunesse hitlérienne pour nous accueillir. Nous? Je suis la seule; les trois autres de mon groupe viennent de partir. J'aurais pu aller avec elles mais j'ai écrit à Mutti que je serais à la gare de Gesundbrunnen afin qu'elle n'ait pas toute la ville à traverser. Même d'ici, il faut une heure pour arriver à Lübars.

Comment aurais-je pu savoir qu'il y aurait tant de monde? Je ne peux voir ni les quais ni les trains, seulement des gens. Des gens qui poussent et bousculent. Très peu de civils. La plupart portent une sorte d'uniforme et tous portent des bagages, des paquets, des boîtes. Où vont-ils tous? J'ai même eu de la chance de pouvoir descendre du train ici. La foule poussait si brutalement pour monter que pendant un instant, croyant que je n'y arriverais pas, j'ai été prise de panique.

Le squelette carbonisé de ce qui avait été un grand théâtre perce le ciel sombre où de grands nuages épais se déplacent. J'ai trouvé un endroit, entre deux signaux, où je puis m'asseoir sur ma valise, l'accordéon serré dans mes bras. Une petite île dans ce tourbillon. Les haut-parleurs tonitruent: «Attention, attention! L'express pour Stettin sur la voie trois. Reculez, reculez!» Quelque chose me heurte le dos au moment où la foule se précipite. Et alors je la vois. Elle me voit aussi. Nous allons l'une vers l'autre en nous frayant un passage. Je la perds de vue, la retrouve. Ses bras m'entourent moi et l'accordéon. On nous donne des coups de pied, on nous bouscule de tous côtés et nous luttons pour savoir qui portera la valise. Parler est impossible.

«Direction Oranienbourg sur la voie quatre!» Notre train. «Reculez! Reculez!» Nous sommes emportées par le flot qui s'écoule par chaque porte. Quelque chose me heurte derrière les genoux mais je ne peux pas tomber, je tiens debout grâce à ceux qui m'entourent. Des gens sont coincés entre les portes. Une dernière poussée d'une force terrible donnée par ceux qui sont encore dehors et, dans un sifflement, les portes se referment automatiquement. Le train bouge. Nous sommes dedans. Mutti et moi sommes séparées; nous ne pouvons nous regarder que lorsque le train nous envoie tous dans une certaine direction. J'ai encore l'accordéon mais n'ai aucune idée de l'endroit où se trouve ma valise.

Wollankstrasse, Schoenholz, Reinickendorf, Wittenau, les gares défilent, la foule diminue. Enfin Waidmannlust. Nous sortons sans difficulté. Enfin ensemble.

«Ilse, je regrette, je ne sais pas ce qui s'est passé.»

«Tout va bien.»

«Oh Ilse, s'il te plaît, pardonne-moi!»

«Je suis si contente d'être revenue, Mutti. Nous sommes ensemble, c'est tout ce qui compte.»

Mutti est si nerveuse. Elle me serre dans ses bras, prend la valise, la relâche, remet une mèche de cheveux en place, me serre à nouveau. Elle a des larmes dans les yeux. «Ilse, je ne sais pas ce qui s'est passé. J'ai regardé partout.»

«Je n'ai pas attendu longtemps, Mutti, vraiment pas. Je savais que tu viendrais. Tout est parfait maintenant.»

«Oui, oui, mais... je ne sais pas comment te le dire...»

«Me dire quoi?» J'ai soudain très peur.

«Pour l'accordéon», dit-elle en se mettant à pleurer. Entre deux sanglots, elle parle, tout en passant nerveusement les doigts dans ses cheveux et en me serrant contre elle. Elle a laissé un accordéon neuf, cadeau de bienvenue de Vati pour mon retour, dans le train. Elle a essayé de le retrouver, elle a téléphoné, couru partout mais, bien sûr, il avait disparu.

«Ça ne fait rien, Mutti, celui que j'ai est bien.» Que pouvais-je dire d'autre? «Combien de basses avait-il?»

«Vingt-huit.»

Celui que j'ai n'en a que huit. On ne peut pas faire grand-chose avec. Encore que «je ne saurais sans doute pas en jouer de toute manière». J'essaie de la consoler. «Avait-il une vraie housse? Une qui épouse le clavier?»

«Oui», répond-elle en pleurant davantage.

«S'il te plaît, Mutti, arrête, ça ne fait rien», dis-je en pensant à la boîte carrée du mien. «S'il te plaît, Mutti! Etant donné la façon dont je joue, celui que j'ai est bien suffisant.»

«C'est toi qui le diras à Vati?»

«Oui, je le lui dirai. Ne t'inquiète pas pour ça, je t'en prie.»

Son visage s'éclaire. Elle semble plus belle que jamais. Sa peau est sans défauts et aussi douce qu'elle le paraît. Ce qu'on remarque dans son visage ce sont les yeux, de grands yeux couleur noisette. Vati chantait quelque chose sur une fille aux yeux couleur noisette en regardant Mutti et on savait que c'était elle. Mutti a un visage inhabituel, exotique, mystérieux. Je ne connais personne qui lui ressemble, même de loin. Pourquoi suis-je si laide? Je me contenterais de la moitié de sa beauté. L'uniforme des chemins de fer bleu foncé qu'elle porte, je viens juste de le remarquer, lui va très bien. Elle m'en parle et tout en l'écoutant je pense combien c'est agréable de simplement entendre sa voix et quelle joie d'entendre son rire! Hans Wagner disait qu'elle devrait le faire assurer, que c'était le plus beau rire du monde.

Mutti parle avec animation: «Tu te rends compte? Juste un jour! J'étais reçue à tout. Il ne me restait plus qu'un jour d'examen oral et ils ne me l'ont même pas laissé passer. J'étais reçue partout avec «excellent». Un jour de plus et j'aurais été première main. Au moins j'ai eu le choix entre travailler pour les chemins de fer ou pour une usine de munitions. C'est maintenant une loi: toute personne valide doit travailler. Je connais des femmes à qui on n'a rien demandé; elles ont été nommées d'office. Je ne me plains pas du travail au guichet, les gens sont très gentils, surtout mon chef. Il m'a permis de changer d'équipe aujourd'hui pour que je puisse venir te prendre. Oui, j'aime bien, même avec le travail de nuit de temps en temps.»

Nous sommes à la maison, à Lübars. Tout paraît inchangé bien qu'un peu plus petit. Grossmutter, ronde comme toujours, sans taille ou presque, porte le même vieux tablier rayé gris et blanc, rapiécé de nombreuses fois. Sa longue jupe laisse voir ses chevilles au-dessus de ce qui semble être une vieille paire de chaussures à Grossvater. Son visage est ridé, ses cheveux gris épinglés derrière. Elle a dû être jolie autrefois mais a-t-elle été mince un jour? J'en doute.

«Je ne peux pas rester, tu le sais», dit Mutti en voyant la table mise pour trois.

«Tu as sûrement le temps pour une tasse de café et un morceau de gâteau!»

«Maman!» Mutti semble exaspérée. «Tu sais que je dois prendre le train de deux heures quarante qui arrive à trois heures trente-cinq, déjà en retard de dix minutes pour Frau Schmid. Je dois la remplacer. Elle a déjà été assez gentille pour dire qu'elle attendrait. Elle n'est pas obligée de le faire, tu sais!»

Grossmutter hausse les épaules et se met à couper le gâteau pendant que Mutti monte mes affaires. Je ne savais pas que Mutti devait partir si tôt. Je suis étonnée. Elle vient juste de faire tout le trajet. D'abord, il a fallu qu'elle aille en ville en autobus et en train pour me prendre puis qu'elle refasse le même trajet de plus d'une heure, et maintenant il faut qu'elle y retourne tout de suite. La troisième fois en un seul jour!

«Est-ce qu'elles te plaisent?» Elle interrompt mes pensées. «Je les ai cueillies tôt ce matin; quelque chose de joli pour t'accueillir.»

Un bouquet coloré de calendulas, d'iris et d'asters trône sur la table près d'une grande jatte remplie de raisin, de pommes, de poires et de pêches.

«Tout vient de notre jardin», dit Mutti avec fierté. «Regarde ces pommes! Tu as vu comme elles sont belles? J'en ai même pris une du *Grand Duc,* l'arbre préféré de Grossvater. J'espère qu'il ne dira rien. Il les compte, tu sais.»

En plus des fleurs et des fruits il y a des chocolats, une boîte d'aquarelles toute neuve, un carnet à dessin et des livres.

«Oui, tout est pour toi, dit Mutti. Tu m'as tant manquée et, en plus, tu n'étais pas là pour ton anniversaire.»

Tout est présenté si joliment, comme seule Mutti sait le faire. Je n'ose même pas prendre quelque chose de crainte de déranger l'harmonie; en outre, plus important que les cadeaux, j'ai retrouvé ma mère. Je la serre, l'embrasse, ne veux plus jamais la laisser repartir. Et alors, ensemble et au même moment nous regardons le réveil. C'est l'heure!

Grossmutter, en marmonnant toute seule, enveloppe une part de gâteau pour Mutti. Mutti, ici il y a une minute, est partie.

«Mais tu es bien trop grande», proteste Grossmutter lorsque je me niche sans hésiter dans son ample giron, mais j'y reste pendant que je mange le gâteau et longtemps après. Il faut que je lui raconte tout sur-le-champ, ce que je voulais que Mutti entende. Enfin, se libérant de moi, elle dit: «Exactement ce que je pensais. Toute cette histoire d'évacuation ne signifiait rien. Tu aurais été bien mieux ici, en sécurité, et Dieu sait que j'aurais pu t'employer. Le jardin, la maison, les animaux. Cela fait trop pour moi. Il faut que je prépare le dîner maintenant. Tu peux t'occuper de la vaisselle et puis de tes affaires. Le panier à linge est à la cave.»

Elle va et vient en bas. J'entends les portes de la véranda puis: «Allez, petits, petits», quand elle nourrit les poulets. Je me sens perdue. Désemparée, je m'assieds sur le lit, regarde mes cadeaux sur la table et me mets à pleurer. Pourquoi suis-je si malheureuse? Je suis à la maison. Non, ce n'est pas à cause de l'accordéon neuf perdu. Je ne m'y attendais pas, je n'ai même pas eu le temps de m'en faire une joie.

Tout à coup je comprends. C'est parce qu'il n'y a pas de place pour moi ici. Le moindre espace que j'avais laissé a été rempli, exactement comme la pâte qui gonfle et remplit le creux laissé par une cuillère. Mon espace ici a été rempli. Mutti a son travail. Je peux dire que ça lui plaît. Grossmutter, Grossvater... tout le monde est occupé. Ils n'ont pas besoin de moi!

J'entends ses pas lourds en bas, puis sa grosse voix. «Est-ce qu'Ilse est arrivée?»

«Oui, elle est là», répond Grossmutter, puis elle appelle: «Ilse!»

Nous prenons le repas presque en silence. Il est fatigué, il a mal à la tête et va se coucher. «'nuit!» dit-il et «n'oubliez pas de baisser les stores avant d'allumer la lumière. Encore mieux, n'allumez rien. On n'a pas besoin de lumière pour se déshabiller. On n'en a jamais eu quand j'étais jeune.»

Les deux seules autres phrases qu'il m'a dites m'étaient familières: «Pâle et maigre comme toujours; ils ne vous donnaient rien à manger?» et «C'est bien que tu sois revenue: Grossmutter a besoin d'aide.»

«J'espère qu'ils ne viendront pas cette nuit», dit Grossmutter, puis elle a ajouté: «Je veux dire les avions. J'espère qu'il n'y aura pas de raid. Et rappelle-toi pour les lumières.»

J'avais oublié les raids aériens et la peur m'étreint tandis que je monte à tâtons, me déshabille dans le noir et me glisse dans ce qui avait été le lit de Vati. Tic-tac, tic-tac; les chiffres lumineux du réveil me fixent. Un rayon de lune s'infiltre par un espace étroit entre le store et le cadre de la fenêtre, et éclaire l'une de mes chaussettes en accordéon, comme un petit projecteur. Je ferme les yeux, rabats les couvertures sur ma tête et me roule en une toute petite boule esseulée.

«Mon enfant, mon enfant», dit Oma des quantités de fois en me serrant dans ses bras. «Mon enfant! Et dire que nous n'avons pas encore vu la fin de toute cette folie!»

Le visage d'Oma semble fatigué et il me semble que les soucis plus que l'âge ont courbé sa silhouette fière. Elle s'affaire dans la pièce, ramasse quelque chose ici ou là, pose des questions mais écoute à peine mes réponses. Finalement elle se retourne pour me regarder. Elle sourit mais c'est comme si cela lui avait demandé un gros effort de mettre cette expression sur son visage.

Une fois encore nous nous asseyons à sa table de couture près de la fenêtre, mangeons des gâteaux et buvons un café ersatz. La conversation est décousue parce que nous regardons plus souvent par la fenêtre que nous ne nous regardons. Nous attendons Vati. Vati savait que j'allais venir mais...

«Durant le dernier raid, ils ont touché l'un des principaux câbles, dit Oma. Il est parti maintenant depuis...», elle regarde l'horloge, compte, «... presque vingt-quatre heures. Ah, il doit tellement travailler ces temps-ci; il est à peine à la maison et quand il y est il est trop fatigué pour faire autre chose que dormir. Il devrait bientôt être là.»

C'est alors que je le vois, son manteau en loden ouvert, le vieux porte-documents usagé sous le bras. Il traverse la rue. Je suis au bas des escaliers et dans ses bras en un éclair.

Débordante d'histoires, je touche à peine à mon repas. Tous les événements, toutes les émotions contenues des six derniers mois. Mais je n'arrive pas à parler, pas avec tous les détails comme à l'accoutumée. Les questions se succèdent en ne me laissant que le temps de répondre oui ou non. On ne peut pas raconter de cette façon-là! Vati mange un dernier morceau, se lève et va s'allonger. Je sais qu'il est fatigué. Cependant je suis déçue. Je dois rentrer à Lübars: chaque minute est précieuse; une heure, c'est une éternité.

«Seulement pendant une heure, petit lapin. Non, j'ai décidé qu'il était temps que tu apprennes à te défendre seule, à te faire quelques piquants. C'est pourquoi je vais t'appeler hérisson à partir de maintenant. Je t'en ai envoyé un petit empaillé, à l'hôpital, tu sais.»

«Non, je ne sais pas. Je me rappelle que tu m'as parlé d'une surprise dans une lettre mais tu vois, nous n'avons jamais eu les paquets, ils...»

Vati est enveloppé dans sa couverture. Il n'y a que ses yeux fermés et son nez qui dépassent. Un léger grognement: il est profondément endormi.

Oma chuchote: «Oui, un hérisson de Steiff, très hérissé. On t'en donnera un autre», et elle s'installe dans son fauteuil avec un livre.

J'essaie de lire mais je ne parviens pas à me concentrer. A la place, je regarde les aiguilles de l'horloge. Elles semblent ne pas bouger. Je me demande ce qui a changé. Même ici, je ne me sens plus chez moi. Pas d'espace, pas de temps pour Ilse. A cet instant même, je souhaite être Ruth, Sigrun et Hanni. Si du moins je pouvais leur parler au téléphone. Mais seuls les gens riches et les magasins ont le téléphone.

Je réveille Vati à l'heure pile. De bonne humeur, il me bourre de coups de poing et nous nous poursuivons autour de la table, comme autrefois. C'est le Vati dont je me souviens ou presque. Et puis nous parlons des Tchèques et des paquets et il dit que «nous, Allemands», avons fait des choses terribles en Pologne et en Tchécoslovaquie. Il me parle du petit village tchèque, Lidice, où les surhommes aryens du Führer, ces nobles troupes, ont mis tous les hommes, les femmes et les enfants contre un mur et les ont fusillés de sang-froid pendant qu'ils brûlaient les maisons.

«Ernst! interrompt Oma. Est-ce bien nécessaire?»

«Oui, ça l'est», répond Vati en colère. «Ça l'est vraiment. Je veux qu'Ilse sache pourquoi tous les Allemands, tout ce qui est allemand, sera bientôt haï et méprisé par le reste du monde. Grâce au grand Adolf et à ses partisans.»

J'opine de la tête. Oma, c'est sûr, veut changer de sujet. Elle dit: «Les Waldmann sont arrivés. Sains et saufs!»

Je ne sais pas qui sont les Waldmann ni où ils sont arrivés. Vati regarde dans le vide, ne dit rien pendant un temps fou puis: «Ils ont de la chance n'est-ce pas? Recommencer là où on n'est rien, où personne ne vous connaît! Je ne sais pas. Pour nous, la question d'immigrer ne se pose même pas. Ils ont des relations, de l'argent, du savoir. Nous vivons au jour le jour, n'aurions même pas le prix d'un billet pour... Où irions-nous? Nous ne connaissons personne à l'étranger. Je ne parle qu'allemand...»

Oma joue avec ses mains, regarde par terre. Je ne vois pas son visage. Vati continue, presque avec défi: «Même si, par miracle, nous pouvions aller jusqu'à, disons, Paris, et après? Comment pourrais-je obtenir du travail? Où habiterions-nous? De quoi vivrait-on?» Il fait encore une longue pause avant de dire: «Non! Notre seule chance de survie est ici, chez nous. On est au moins en terrain connu.»

Je ne suis pas très sûre de savoir de quoi il parle. Aller à l'étranger? C'est déjà assez triste de ne pas avoir une famille comme les autres, ni une maison où je me sente chez moi. Vati parle comme si je ne pouvais même pas compter sur la maison d'Oma pour être en sécurité. Je veux l'entourer de mes bras, être tout près de lui, mais lui, et même Oma, semblent loin, très loin.

«Oh Ernst!» Oma soupire encore. «J'espère seulement que ton patron, le Petit, pourra te garder ici.»

«Maman! Nous savons tous les deux que les choses vont aller plus mal. Les raids vont continuer et plus probablement devenir plus sérieux. Ils ont besoin de nous pour que l'électricité continue à passer. Le Petit fera tout ce qu'il pourra, c'est tout ce que je peux lui demander et bien plus que ce que la plupart feraient.» Le visage de Vati s'éclaire, il se tourne vers moi. «Et pour le reste, petit hérisson, nous comptons sur un peu de chance, pas vrai? Qu'arrive-t-il sans elle?»

Consciencieusement, je termine ce stupide dicton berlinois: «Sans elle, on perd même l'eau de son panier.»

«Viens, rentrons.»

Nous allons jusqu'à Lübars en vélo et nous nous disons au revoir au coin.

«A samedi prochain, dit-il. Mais ne sois pas trop déçue si je ne suis pas là. Je ne sais jamais à l'avance et quand les Tommies touchent une de nos grandes lignes nous devons y aller, qu'il fasse jour ou pas, que ce soit samedi ou dimanche. Tu sais cela.»

Oui, je sais et j'essaie de paraître compréhensive malgré ma fureur interne. Rage que je ne parviens pas facilement à expliquer sinon qu'elle doit être contre ces horaires qui ne donnent même pas le temps aux parents d'être avec leur fille après six mois de séparation.

Je suis assise sur mon vélo, à moitié appuyée contre un arbre. Uschi Bohr est en retard, comme d'habitude. Elle n'était pas chez elle quand j'y suis allée pour savoir ce qui se passait à l'école. Sa mère m'a dit que la moitié de l'école était utilisée maintenant comme caserne par l'armée et donc que les cours étaient donnés par roulement. Les nôtres sont les derniers cette semaine.

«Excuse-moi, je sais que je suis en retard.» Uschi, les joues rouges, les nattes au vent, porte toujours les mêmes chaussettes reprisées qui ne lui cachent plus que les mollets maintenant.

Nous pédalons furieusement, pas le temps de parler. La voici, la bonne vieille école Hans Thoma. Il y a des soldats en tenue de combat et des lits de camp dans les couloirs. Quel désordre! Je me hâte derrière Uschi, heureuse qu'elle sache où aller. Elle réussit à me faire asseoir à côté d'elle.

«Je me suis arrangée pour te garder une place.» Son visage n'est qu'un large sourire. «Ce n'était pas facile.»

Je lui souris, essayant de traduire toute mon émotion dans un seul grand sourire. J'ai envie de la serrer dans mes bras et presque de pleurer tellement je me sens reconnaissante. Uschi m'a gardé une place. Il y a un coin pour moi quand même. Comment puis-je lui dire ce que cela signifie pour moi? Peut-être le sent-elle car elle dit: «Je suis contente que tu sois revenue», au moment où Beck entre.

«Bonjour.»

«Il est onze heures trente à ma montre», dit Ruth derrière moi.

Nous nous donnons un coup de pied sous la table et toutes deux cherchons Sigrun et Hanni du regard. Sigrun, au premier rang (typique), nous fait un signe.

Beck regarde partout. «Je suis heureuse de nous voir toutes réunies à nouveau.»

Hanni entre, sourit, fait un signe, prend son temps pour trouver une place et s'asseoir.

«Comme je disais, dit Beck, je suis heureuse qu'on soit toutes ici.»

«On devrait l'être», dis-je à voix basse pour Uschi.

«Silence, s'il vous plaît! dit Beck. Nous continuerons aujourd'hui par la ponctuation et l'utilisation correcte de la virgule.»

Approbations muettes de la part de celles qui sont restées chez elles; murmures, remarques et fou rire de la part des évacuées.

«J'ai dit *silence!*... La virgule! Quand utilisons-nous la virgule?»

Des mains se lèvent, dont celle d'Uschi.

«As-tu étudié ça?» je lui demande. Elle acquiesce. Questions de Beck, réponses... mais pas des évacuées. Je lève la main.

«Oui?»

«Mademoiselle Beck, nous n'avons pas étudié la ponctuation!» Echos des autres évacuées. Que va dire Beck?

«Eh bien...», un moment d'incertitude puis: «Mais vous devriez savoir. La ponctuation est quelque chose d'important. Vous devriez savoir!»

«Ouais, comment? En écoutant le Saint Esprit?» pouffe Ruth.

«Silence, ordonne Beck, ou je vous mets à la porte.»

«Ça ne ferait pas une grosse différence, n'est-ce pas?» persiste Ruth.

Ou Beck n'a pas entendu ou bien elle décide de ne pas faire attention. Elle continue avec les virgules, les tirets, les guillemets.

Est-ce possible? Je m'interroge. Peut-elle continuer ainsi comme si de rien n'était? Radoczowitz et l'hôpital de Bulovka déjà oubliés? Six mois de perdus?

La cloche sonne. Beck, sentant qu'on allait l'assiéger, se dirige rapidement vers la porte. «Votre cours d'histoire est à l'autre bout du bâtiment. Vite, pressez-vous, sinon vous serez en retard!»

Mais nous, les évacuées, nous l'entourons, la coinçons contre la porte et la bombardons de questions.

«Lisez le chapitre, lisez-le. Vous devriez réellement savoir cela maintenant!»

On pousse et on se bouscule à la porte.

«Rangez-vous! Rangez-vous!»

Quand je passe devant elle, elle me pousse un peu, puis me jette un regard expressif et me tapote la tête. Cette tape paternaliste est suffisante pour me faire partir. Je suis prête pour une Hoffmann vêtue de velours.

Mais Hoffmann a décidé de revenir en arrière, de répéter. «Ouvrez vos livres à... la guerre de Trente ans. Non, attendez, pas encore, quand a-t-elle commencé?»

Une plainte dans la classe. Quelqu'un crie: «Mais nous avons déjà fait ça!»

Hoffmann, sans lever les yeux, continue: «Alors nous le reverrons. Elle a commencé comment?»

Rien n'a changé sauf que la récréation est plus drôle car nous pouvons sauter sur les lits de camp. En même temps que la cloche, les sirènes démarrent. Nous courons toutes dans des directions différentes; nous nous heurtons, crions, rions. Les professeurs crient, agitent les bras. Les soldats mettent leur casque et réussissent enfin à nous faire mettre en file et à nous emmener dans la cave. Au moment où le dernier groupe s'entasse, le signal «fin d'alerte» est donné. Naturellement, nous prenons notre temps pour remonter. Personne n'est pressé. Il ne reste plus qu'un cours de toute façon: musique.

«Tu veux parier que Lenz chantera?» demande Ruth.

Hanni, Sigrun et moi roulons simplement des yeux.

«Est-elle encore avec ses nuages rouges?» demande Uschi et «la chambre 18» éclate de rire.

Lenz, la maigre Lenz avec son sourire sucré à la saccharine, sa longue jupe et ses chaussettes blanches dans ses chaussures de marche, s'adresse à nous: «Mes enfants!»

«Je ne suis pas ton enfant», dis-je entre mes dents.

«Tu ne penses pas que moi je le suis?» dit Ruth.

«N'est-ce pas beau de nous retrouver toutes chez nous?» dit Lenz.

On hausse les sourcils. Quelqu'un, au fond, lance «Les nuages rouges dans le ciel» en rajoutant un superbe trémolo. Rires. Est-ce que Lenz est blessée?

«C'est juste ce à quoi je pensais, pour commencer», dit-elle, le sourire ne quittant pas son visage une seconde.

La chambre 18 échange des regards de connivence, mais Lenz est déjà au piano, plaquant le premier accord, et sans lever les yeux, elle dit: «Vous savez que c'est ma chanson préférée.»

«Malheureusement!» (Ça vient du fond). Quelqu'un dit, avec un enthousiasme feint: «Oh oui, Frau Lenz, s'il vous plaît, chantons notre chanson.» «Ecoutons les nuages rouges.» «Ouais, et aussi le vent tiède, s'il vous plaît, Frau Lenz.»

Lenz se tourne sur le tabouret de piano, nous remercie par un sourire d'excuse. Sa voix aiguë monte tandis qu'elle lève son visage vers le ciel.

> «Nuages rouges dans le ciel
> Vent tiède dans les sapins
> Je me réjoui-i-s
> Dans la beauté du matin.»

La classe se joint à elle en chantant sur tous les tons possibles. On dirait un tas de gorets qu'on égorge. Nous nous arrêtons et la laissons chanter seule le refrain:

> «Je me réjoui-i-is
> Dans la beauté du matin.»

Il n'y a rien de réjouissant en ce froid et sombre hiver 1941. La guerre et les combats partout. Le Japon, qui a attaqué les bateaux américains à Pearl Harbor, est en guerre avec les Etats-Unis. Quatre jours après cette attaque, le 2 décembre, Hitler déclare aussi la guerre à l'Amérique. Hitler est mégalomane, dit Grossmutter. Grossvater acquiesce quand elle dit ça. Le Havre, Scapa Flow, Spitzberg, Tobrouk, Crète, Ploesti. Les troupes allemandes sont partout, de France en Norvège, d'Afrique du Nord en Grèce et en Russie. Dniepr, Ukraine, Crimée. Les noms russes font la une des actualités au fur et à mesure que les Allemands pénètrent cet immense pays, visant les portes de Moscou. Il fait froid en Russie; l'hiver russe est un ennemi aussi implacable que l'armée russe. Il fait froid ici aussi. Tous les lacs et même les rivières sont gelés. Je veux qu'Uschi vienne faire du patin avec moi. La semaine prochaine nous serons de l'équipe d'après-midi et il fera trop sombre en sortant. Cette équipe n'a gardé que trois cours mais quand nous sortons de l'école il fait complètement noir et nous avons peur de rentrer à la maison par les rues désertes. Les rares réverbères ont des ampoules bleues à cause des raids aériens. Elles pourraient aussi bien être éteintes vu le peu de lumière qu'elles donnent!

«J'espère pouvoir y aller, j'adore patiner, dit Uschi, mais tu sais...»

Je sais. Sa mère est toujours malade et Uschi doit s'occuper de ses deux petites sœurs, faire la queue dans les magasins et même faire la cuisine. «Peut-être que si je parle à ta mère...?»

La mère d'Uschi est dans la cuisine. Cette cuisine est si petite qu'il y a à peine la place de s'y tenir. Tout paraît gris, étriqué, même Frau Bohr qui est assise sur l'unique chaise. On dirait qu'elle va pleurer à tout moment. Mais elle est toujours comme ça.

«Je ne me sens pas très bien, soupire-t-elle, Uschi le sait bien, n'est-ce pas?»

Uschi regarde sa mère avec pitié. «Je sais, m'man», dit-elle doucement, «mais je pensais qu'aujourd'hui peut-être... juste une heure...»

Sa mère baisse les yeux, ne dit rien. Je plaide pour Uschi. Elle reste silencieuse. C'est difficile d'imaginer que quelqu'un d'aussi petit puisse se lever aussi lourdement. Comme si elle n'avait rien entendu, elle se dirige vers le fourneau, soulève une cuillère comme si elle était en plomb et s'en sert pour remuer ce qui mijote à feu doux dans un pot.

«Tiens, regarde!» Dans la cuillère il y a un os à moelle parfaitement net. «Trois soupes que je fais avec ça!» La façon dont elle le dit me donne à penser que c'est ma faute. Je sais qu'il y a distribution de viande aujourd'hui. «Moi je ne peux pas faire la queue!»

Les derniers mots ressemblent à une plainte. Sa voix s'évanouit. Lâchant la cuillère et l'os sur la table, elle se rassoit et couvre son visage de ses mains.

«J'y vais m'man.» Uschi passe la main sur l'épaule de sa mère et me regarde avec regret en ayant l'air de dire : tu vois! que puis-je faire? Et elle répète : «C'est d'accord, m'man, j'y vais.»

«Les cartes de rationnement sont sur le comptoir, n'oublie pas de prendre des journaux pour envelopper la viande», dit sa mère avec un peu d'énergie dans la voix. «Pas même de papier! Ils n'ont rien, rien!»

Elle ne lève toujours pas les yeux. Je ne suis pas sûre qu'elle sache que je suis là. Pleure-t-elle? Je jette un bonsoir rapide et m'en vais sur la pointe des pieds. «Même heure demain?»

Uschi répond tout bas : «Même heure demain.»

Gauche, droite, gauche, droite, mes pieds pédalent automatiquement. Grossmutter m'aurait laissée y aller. Je repense à l'os. Grossmutter garde les os mais ils ne ressemblent jamais à ça et de toute façon Grossvater les moud dans un appareil qu'il a fabriqué exprès. L'os moulu c'est pour les poulets. Mes grands-parents utilisent tout et ils ont de tout. «Nous avons ce qu'il faut parce que nous travaillons», me revient à l'esprit. Grossvater tanne même les peaux de lapins maintenant. Il y en a partout dans la cave, étalées sur des planches. Et Vati? et Oma? Ils ne parlent jamais de nourriture. Les soupes d'Oma, je l'ai remarqué, sont devenues plus légères, bonnes mais légères, et je préférerais n'y plus penser. oh! j'ai fait toutes sortes de plans comme celui de prendre de la nourriture ici et de l'apporter à Oma, mais je les ai tous abandonnés. Pour une bonne raison, c'est que Grossmutter sait exactement ce qu'il y a. Et aussi parce que j'aurais honte ; je ne saurais pas comment faire pour donner quelque chose de ce genre à Oma. Ce serait comme de lui dire : « Je n'aime pas ce que tu me donnes. » ou « Ta nourriture n'est pas assez bonne pour moi. » Je ne peux pas faire cela à Oma.

Mes pensées retournent vers Uschi. Ce qui me réconforte un peu c'est qu'Uschi mange mes sandwiches et moi les siens. Les miens sont deux fois plus gros que ceux des autres : les grosses tartines du pain fait par Grossmutter et ce qu'elle entasse dessus ! Il doit y avoir un quart de livre de beurre sur chacune. Elle insiste pour que j'en prenne deux. Je n'aime pas le beurre et je n'aime pas les saucisses grasses dessus. J'aime la margarine et les drôles de choses finement étalées que la mère d'Uschi utilise. Cela a pris du temps pour convaincre Uschi qu'elle me faisait une faveur. Je me fais gronder si je rapporte mon repas de l'école.

A la maison j'entends des voix et des rires. Grossmutter fait sa réunion aujourd'hui. Cela signifie que la salle sera chauffée. Elle l'est. Huit femmes, toutes des maisons voisines, sont assemblées. Il y a des montagnes de gâteaux sur la table et l'odeur d'un vrai café se répand dans la maison. Elles reprisent, tricotent, brodent, tout en parlant et en m'invitant à goûter aux gâteaux. Je sais que les gâteaux sont bons. Ces femmes-là aiment manger. D'ailleurs ça se voit. Je ne pense pas qu'il y en ait une qui pèse moins de quatre-vingts kilos. Elles font cuire des trucs fabuleux, essaient de se surpasser les unes les autres lors des rares fois où elles se retrouvent ensemble. En prenant délibérément mon temps, je me choisis des échantillons pendant que la conversation continue autour de moi. Quelqu'un a trouvé une usine où ils donnent du sucre contre des betteraves sucrières. Grossmutter projette aussitôt d'y emmener un chargement de ses betteraves. « Ilse et moi en aurons une pleine charrette. »

Je m'appuie contre le poêle en faïence. Nous n'avons pas de chauffage central, seulement un de ces poêles dans chaque pièce. Cependant mes grands-parents sont très regardants quant au charbon. C'est le seul poêle allumé. J'ai rarement assez chaud. Ni la chambre de Mutti ni la mienne ne sont chauffées. Puisque nous ne faisons qu'y dormir, chauffer serait comme jeter le charbon par les fenêtres, selon Grossvater. J'essaie parfois de rajouter en cachette un morceau ou deux dans ce poêle mais Grossmutter s'en aperçoit toujours. Elle me taquine maintenant.

«Ilse croit que le poêle va tomber si elle ne s'appuie pas contre. Il me semble bien qu'il fait assez chaud ici.» Tout le monde approuve. «Une petite nature, voilà ce qu'elle est!»

Je suis contente quand Trude Kort l'interrompt et qu'elles commencent à parler du jeune Schmid qui a encore une fois fait la quête pour le parti nazi. Les aiguilles à tricoter cliquètent, deux mailles à l'envers, une maille glissée. Il s'avère qu'elles ont toutes donné quelque chose. Personne ne veut d'ennuis. Puis elles parlent de cette «imbécile de nazie!» qui espionne tout le monde, et des abris qu'ils construisent dans la rue Platanen. Des abris pour les civils, les mères avec des enfants en bas âge, les personnes âgées.

«Ce n'est pas près d'être fini et... peuvent-ils construire assez grand pour nous tous? Je me le demande.»

«*Nous* tous? Ma chère Luise, qu'est-ce qui te fait croire que c'est pour *nous*? Ils seront assez grands pour l'état-major du parti, c'est tout.»

«C'est vrai», dit Grossmutter en versant encore du café, «ces héros sont les premiers à faire dans leur culotte.»

Des rires à la faveur desquels je m'esquive pour descendre discrètement à la cave car je viens de me rappeler quelque chose. Je chante doucement: «Nous ramassons les os, la ferraille, les chiffons, les fausses dents et les sacs en papier...» tout en m'orientant dans la cave obscure. C'est la chanson officielle pour la quête. Vite, Ilse, ne te préoccupe pas de la lumière. Je ne peux pas atteindre l'ampoule sans une caisse. Il n'y a pas d'interrupteur et j'oublie toujours, après coup, que l'ampoule est brûlante. Au-dessus de moi, j'entends leurs voix. Mes pommes contre tes conserves, des cigarettes contre du café, du café contre du beurre, le marché habituel. La voix de Luise domine les autres: «Alma, je ne sais pas comment tu arrives à tout! J'aimerais avoir ton énergie. Mais je ne vais pas bien. Pas bien du tout.» Et Grossmutter de répondre: «Je n'ai pas le temps de ne pas aller bien.»

«Nous ramassons les os, la ferraille, les chiffons, les fausses dents et les sacs en papier...» Le vieux sac de jute que je bourre de chiffons est presque plein quand j'entends les pas de Grossmutter. La lumière s'allume. Je suis prise.

«Que fais-tu là?» Elle m'arrache le sac des mains. «Tu sais ce que tu fais?» Maintenant elle ressort, tout en examinant chaque article avec grand soin. «La veste de Grossvater! s'écrie-t-elle. Mes tabliers! Et ça! C'est la toile pour les clapiers à lapins quand il fait trop froid! Qu'allais-tu faire avec tout ça?»

«Je... Je...»

«Va-t'en d'ici!» Elle est vraiment en colère maintenant. «Que voulais-tu faire?»

«Demain, il faut tout ramener à l'école. C'est le dernier jour et...»

«Cela! Tu allais emmener le bon pantalon de jardin de Grossvater à l'école comme chiffon?» Elle est en rage. «Es-tu folle? Et mes tabliers! Ma parole, tu les aurais pris comme chiffons aussi! Je suis arrivée juste à temps. Ciel! Penser que si je n'étais pas descendue... Qu'est-ce que tu as à dire?» Soigneusement, elle raccroche le «bon pantalon de jardin» à son clou, lisse les tabliers rapiécés qui, pour moi, ressemblent toujours à des chiffons. «Ne fais jamais, plus jamais cela, tu m'entends?»

«Mais», j'arrive finalement à dire, «qu'est-ce que je vais emporter à l'école? Je suis en retard pour ma quote-part et mes classements en dépendent. A qui puis-je demander? Les gens que je connais ont des enfants aussi. Ils ne vont rien me donner.»

«Je te trouverai quelque chose», dit-elle, un peu calmée. «Mais une autre fois, ne prends pas sur toi de «trouver» des choses. Promis?»

Je promets mais ne peux m'empêcher de penser combien ça lui est facile. Il y a assez de choses dans le grenier, la cave, le hangar, dans toute la maison, pour alimenter ma quote-part pendant des années. Ce n'est pas comme l'appartement d'Oma, si bien tenu, où il n'y a pas une seule chose qui puisse être qualifiée de rebut. Oma qui essaie de m'aider en conservant son journal, soigneusement plié, pour moi. Elle m'a déjà donné une grosse partie de ses étains comme ferraille et se serait même défait du plat à poisson qui se trouve être mon moule à dessert préféré. L'idée même m'a rendue à la fois furieuse et triste. Quelle différence entre mes deux grand-mères et leurs modes de vie.

«J'avais presque oublié pourquoi j'étais venue», dit Grossmutter, interrompant ainsi mes pensées, tandis qu'elle ramasse quelques pots de conserves de cerises. «Trude va nous donner une demi-livre de beurre contre ça, pour qu'on puisse faire des gâteaux de Noël. Des gâteaux pour toi, petite fille ingrate.»

Tout va bien de nouveau, je le sais, parce que «petite fille ingrate» est l'une de ses expressions de tendresse.

«Pssh!» fait-elle, comme si j'étais un de ses poulets. «Dehors maintenant. Allez! Ouste! Je te trouverai quelque chose plus tard.»

Le hululement des sirènes déchire la nuit. Le long avertissement sur une seule note pour un raid aérien. Dans le noir, je prends à tâtons mes vêtements, trouve le sac rempli de documents et de choses importantes qui descend à la cave avec nous. J'avance dans le couloir en longeant le mur. Aucun bruit dans la chambre de mes grands-parents. «Grossmutter?» Pas de réponse. «Grossmutter? Grossvater?» Le bruit d'un avion au loin. J'ai peur et commence à crier: «Grossmutter! Grossvater!»

«La paix! Laisse-nous dormir.» C'est sa grosse voix à lui. Quelqu'un se tourne dans le lit, puis sa voix à elle: «Retourne au lit, c'est seulement un avertissement.»

«J'ai peur.»

«Si tu as peur, va à la cave.» Il a l'air fâché. «Descends, pour l'amour du ciel, mais laisse-nous dormir. Je dois me lever dans deux heures.»

Je n'ai pas envie d'être seule dans cette sale cave. Ne sachant quoi faire, je reste là où je suis, figée dans le noir, à écouter tous les bruits. Mutti est encore d'équipe de nuit. Vati? Quand la fin d'alerte retentit je retourne dans ma chambre, doucement, à pas de loup, d'un air penaud, et je rampe dans mon lit désirant au moins y retrouver Peter, l'ours en peluche. Je regrette de l'avoir laissé chez Oma.

**Printemps 1942.** Le tas de terre près du gros trou que Grossvater a creusé est maintenant une montagne. Pas étonnant puisque le trou a deux mètres de profondeur et quatre mètres carrés. Des planches et des poutres en bois sont entassées partout dans le jardin. Il règne une activité frénétique. Notre «Splittergraben» ou abri souterrain contre les bombes est en construction. Tout le monde doit en avoir un et tous ceux qui n'ont pas de cave doivent construire un abri protecteur contre les bombes et les éclats de grenade. Notre cave peut officiellement contenir vingt-cinq personnes mais Grossvater et Grossmutter ont néanmoins décidé de construire, en plus, un abri.

Les voisins suivent avec grand intérêt la progression des fondations et en discutent longuement. Leurs avis vont de «Sûr qu'un abri c'est mieux. Qui veut se faire enterrer sous sa propre maison?» jusqu'à: «Qu'est-ce que ça fait l'endroit où on est? Si on doit être atteint, on l'est!»

Le raisonnement de mes grands-parents c'est que si la maison brûle, que Dieu nous garde, c'est bien d'avoir un autre abri. Et si elle tombe sous un bombardement, l'abri doit être assez loin pour que la maison ne s'écroule pas dessus. Ils ont soigneusement mesuré la distance et trouvé exactement l'endroit assez proche pour y courir.

«C'est ce que nous avons pensé, en tout cas, dit Grossmutter, mais qui sait ce qui arrivera?»

Elle et Mutti ont préparé de grandes quantités de nourriture, même un de nos poulets et un lapin. «Il faut les nourrir ces gars, dit Grossvater. C'est en partie pour cela qu'ils viennent nous aider: ils savent qu'ils mangent toujours bien dans cette maison.»

L'abri, cette petite pièce souterraine, est presque terminé. Les hommes viennent de poser des tuyaux d'aluminium, l'un pour l'air pur, en bas et l'autre pour l'air vicié en haut. Maintenant ils installent les gonds sur la porte. La terre a été ramenée sur le dessus et Grossmutter a déjà planté des pommes de terre.

«Faire d'une pierre deux coups», explique-t-elle à la foule de spectateurs, des voisins venus voir la fin des opérations. «Ça camoufle le monticule ici et, en plus, nous aurons quelque chose à manger. C'est au cas où nous en réchapperons, ha, ha. En tout cas, si ça nous tombe dessus, nous serons au moins enterrés dans notre propre terrain.» En ôtant l'œil de la pomme de terre suivante, elle rit. Les gens autour d'elle n'ont que des sourires forcés. Personne ne semble penser que c'est drôle.

«Mais où vas-tu toi?» Je demande cela à Vati, me sentant coupable de n'y voir jamais vraiment réfléchi. La maison de Hermsdorf n'a pas de cave, juste un cagibi au niveau du sol qu'Oma appelle la soute à charbon.

«Ne t'inquiète pas, Hérisson», dit Vati au bout d'un instant. «Nous prenons soin de nous, n'est-ce pas Oma?» Oma acquiesce. «Et tu dois nous promettre de faire de même. Garde les yeux et les oreilles ouverts. Sois vigilante.»

Tandis que je me demande comment la vigilance peut aider contre les bombes, Oma me dit: «Oui mon enfant, sois vigilante. Regarde partout et n'aie pas peur, quoi qu'il arrive.» Puis elle ajoute, l'air pensif: «Moi je suis vieille. Ça ne fait rien. Mais viens donc voir.» Elle veut de toute évidence changer de sujet. «As-tu vu la nouvelle radio que Vati a achetée?»

C'est une belle radio. La plus moderne et la plus belle que j'aie jamais vue.

«C'est quelque chose, n'est-ce pas?» demande Vati avec fierté.

«Tu veux dire que tu peux avoir toutes ces stations?»

Vati rit. «Tu ne sais même pas où se trouvent la plupart d'entre elles sur la carte, je parie.» Puis il m'explique, me montre l'œil magique vert qui nous dit si on est exactement sur la station. Tout à coup, en regardant l'horloge: «C'est presque l'heure!» Oma lui lance un de ces regards signifiant «Attention à la petite!» «Aucun problème maman, assure-t-il, Ilse n'est pas bête. Elle sait quand elle doit se taire.»

«Le mieux, ajoute Oma, c'est de ne parler à personne de la radio. N'en parle pas du tout.»

Tout d'abord il y a des craquements et des bips puis *boum, boum, boum,* un arrêt, puis la même séquence martelée, le dernier *boum* étant particulièrement bas et long. Puis une voix: «Ici Londres! Ici Londres! Voici Lindley Frazer de la BBC.» C'est émouvant. Je retiens ma respiration. Vati chuchote inutilement: «Tu entends cela?» au moment où le speaker continue en allemand.

«Baisse! Baisse davantage! Plus bas Ernst!» Oma semble inquiète. Elle tend une couverture à Vati. «Tiens, il vaut mieux utiliser ça!»

La couverture nous enveloppe comme une tente, nous et la radio et nous écoutons une émission comme je n'en ai jamais entendue. Cet homme, depuis un Londres lointain, parle des troupes allemandes qui se retirent de Moscou et Léningrad; du général Rommel qui est battu en Afrique du Nord. Il nomme avec précision les unités des armées, les chefs militaires, les lieux que nos «armées victorieuses» ont abandonnés. Je me demande comment il le sait et tout à coup je me rappelle les affiches partout dans Berlin. Elles montrent un homme tout en noir, au visage méchant, avec, en titre: «Chut! L'ennemi écoute!» Je comprends mieux maintenant ce que j'entends sans arrêt sur les stations allemandes: «Ceux qui écoutent les émissions étrangères et qui parlent de nos mouvements de troupes sont *les ennemis intérieurs.*» Dans ma tête, j'entends la voix hystérique du ministre de la Propagande, Goebbels: «Ces créatures méprisables poignardent le peuple allemand dans le dos. Elles doivent être éliminées de la surface de la terre. La mort par pendaison est trop bonne pour elles.»

Et maintenant j'ai plus peur qu'Oma et je souhaiterais que Vati baisse encore plus le son, mais je suis également fascinée et veux en entendre davantage.

«Le vent tourne. Finalement, ma fille, le vent tourne», me dit Vati. A mon grand soulagement il met de la musique. «Fais attention, observe bien, sois en éveil. Tu sais que j'aimerais te protéger, m'occuper de toi, mais je ne peux pas. Tu dois le faire toi-même. Nous nous en sortirons. Hein, Oma?»

Oma acquiesce mais ne dit rien.

Vati continue: «Nous passerons au travers, tant pis pour ce qui nous attend. Nous reverrons l'Allemagne libre.»

Quand je dis au revoir, Oma me prie: «S'il te plaît, souviens-t'en: ne parle à personne de la radio, Ilse!»

Je sais que c'est sérieux quand elle m'appelle Ilse. Je veux qu'elle sache que je comprends mais je ne sais pas comment le lui montrer. Peur des bombes, peur pour Oma qui n'a pas de refuge pendant les raids, pour Vati qui peut être dehors dans la rue ou peur que quelqu'un s'aperçoive qu'il écoute les ennemis. Je m'inquiète pour Mutti, toujours partie, et à cause de la cave où je ne me sens pas du tout en sécurité. L'abri... oublions-le, me dis-je. Si une bombe est lâchée dessus, bonsoir! Il n'y a plus d'endroit sûr pour personne.

Evidemment, pour corroborer toutes mes pensées tristes, nous avons un raid cette nuit-là. Au moins, Mutti est à la maison. Figées de peur, Mutti et moi sommes assises à la cave, nous tenant la main. Mais Grossmutter? Elle installe un panier de haricots sur ses genoux en disant ce que nous serinions au camp: «On peut s'habituer à tout. Qui aurait cru que nous passerions la moitié de nos nuits à la cave? Mais c'est comme ça!»

Au-dehors, un chœur bruyant de batteries antiaériennes. Grossmutter, impassible, écosse les haricots. Grossvater va et vient au rez-de-chaussée. Ses pas se pressent. Il descend en courant au moment où nous entendons les avions au-dessus de nous.

«On dirait qu'ils viennent en plein sur nous», dit-il, essoufflé.

Grossmutter, comme si de rien n'était, dit, tranquillement: «Allons, pourquoi ne me donnez-vous pas un coup de main, toutes les deux, au lieu de rester là à trembler? Autant faire quelque chose d'utile puisque de toute façon nous sommes éveillées.»

Au-dehors, le monde semble se couper en deux. Le bruit est assourdissant. La maison, même le sol de la cave, tremble. Le plâtre tombe du plafond. La voix de Mutti, étranglée par la peur, est à peine audible: «Je ne comprends pas comment on peut faire quelque chose en ce moment!»

«Grossmutter a raison!» crie Grossvater par-dessus le tintamarre. «Vous devriez faire quelque chose aussi toutes les deux au lieu de voler à Dieu le temps d'une journée... Ha! ha! je veux dire d'une nuit.» Il rit, pas trop fort, de ce qu'il considère comme une plaisanterie.

Mais Mutti et moi nous serrons les mains plus fort. Je sais qu'elle ressent la même chose que moi, que si nous faisons le moindre geste la prochaine bombe sera pour nous. Grossvater s'appuie contre la porte. Grossmutter jette les cosses vides dans le panier, les haricots dans un bol. Ils nous laissent seules.

Finalement, le bruit s'arrête et Grossvater part faire son tour d'inspection. «On peut voir de la fenêtre du grenier», dit-il en revenant. «On dirait que c'est Siemensstadt ou les environs. Quoi que ce soit, ça brûle. Tout le ciel est rouge! Eh bien, je parie que c'est tout pour la nuit.»

Grossmutter rassemble les haricots dans son tablier et se dirige vers l'escalier.

«On ne peut pas déjà monter!» disons-nous, terrifiées. «Le signal de fin d'alerte n'a pas encore été donné. Il peut y avoir encore un avion!»

«Eh bien je redescendrai.»

Grossvater ferme les fenêtres. Nous les ouvrons toujours pour qu'elles ne soient pas soufflées. Le verre est difficile à trouver. Il ferme les portes. Seules Mutti et moi restons dans la cave jusqu'à ce que les sirènes clament la fin d'alerte. A ce moment-là, les autres sont au lit depuis une demi-heure au moins.

Il y a rarement de nuit sans raid aérien désormais. Tout le monde est fatigué. Pendant la première et deuxième heure, à l'école, nous ne parlons de rien d'autre que du lieu où les bombes sont tombées la nuit précédente et de ce qu'elles ont atteint. Les professeurs aussi. Cent personnes tuées dans ce seul abri? Non, deux cents, cinq cents. Comment le sais-tu?

«Mon oncle y habite. Mais il ne descend jamais à la cave, se vante Ruth. Vous savez ce qui est arrivé? Tout le mur de sa maison a été emporté, comme ça.»

«A-t-il été blessé?»

«Non, pas du tout! Il y avait un verre sur sa table de nuit, eh bien il n'a pas été cassé. Il dit qu'il a entendu ce bruit fantastique et quand il a ressorti la tête de dessous ses couvertures, il voyait le ciel. Le mur n'était plus là.»

«Vous vous rendez compte! Tous les voisins qui vous voient dans votre lit?»

La classe pouffe de rire, même Beck qui fait une timide tentative pour commencer son cours, mais elle est aussitôt interrompue par encore une autre histoire de survivance miraculeuse. Ces histoires deviennent plus folles chaque jour et les meilleures sont racontées sans arrêt. La tentative suivante de Beck aboutit également à un échec. Nous insistons pour qu'elle discute avec nous des «camps de vacances d'été, tous frais payés». On nous a donné aujourd'hui des renseignements sur la façon dont la jeunesse allemande peut aider à l'effort de guerre en faisant la moisson. Grossmutter dira qu'il y a plein de choses à récolter sur place mais il y a un camp à Ruegen, une île de la Baltique, et je sais que c'est là que je veux aller. Pas seule, bien sûr. Uschi doit y aller aussi. Je commence ma campagne à la minute même, parle de dunes blanches, de plages magnifiques, de l'océan. Je m'y prends tellement bien que nous sommes convaincues qu'il faut absolument y aller. Nous nous voyons déjà nageant et ramassant des coquillages. Aucune de nous ne pense que la moisson fait partie du contrat. De toute manière, qu'y a-t-il à moissonner là-bas? Ruegen est une île sablonneuse, tout le monde le sait! Nous aurons quatre semaines de baignade, de soleil et de plage. C'est ce que nous croyons!

Chapitre Huit
# 1942
# Camp numéro deux

Les Américains se battent contre les Japonais, dans l'île de Guadalcanal. En Afrique, le général Rommel, le «renard du désert», prépare une grande offensive contre El Alamein. En Russie, le front allemand s'étend de Tallin, au nord, à Sébastopol, au sud, sur une distance de plus de trois mille kilomètres. «*Das kann nicht gut gehen*» (ça ne peut pas finir bien), chuchotent les Berlinois, hochant la tête. Comme pour confirmer ces mots, les Tommies, c'est ainsi que nous appelons les Britanniques, lâchent un chargement de bombes sur nous pendant la nuit. J'ai entendu dire qu'ils avaient lâché 175 000 bombes incendiaires sur Hambourg. Et ceci en moins d'une heure.

Nous sommes parties, Uschi et moi. Il n'y a pas de raid aérien sur l'île de Ruegen, pas même d'alertes. Sommes-nous heureuses? *Scheisse!* «Merde!» est notre mot favori, le pire que nous connaissons et celui qui exprime le mieux nos sentiments. Préférez-vous vivre dans la peur des bombes ou être en prison? Mais cela même est sujet à controverse. Nous sommes là et on nous a dit que personne, en appuyant sur *personne*, ne sort du camp. C'est comme ça. Le camp est entouré d'une clôture de fil de fer barbelé de trois mètres et il est à des kilomètres de toute plage. Nous n'avons même pas l'air marin parce que la puanteur du hangar à pommes de terre couvre tout. Nous travaillons par tranches de deux heures mais certaines ne peuvent même pas le supporter. On vient d'emporter la troisième fille. J'aimerais pouvoir m'évanouir.

Les pommes de terre, celles de l'an passé, font un tas énorme jusqu'au toit; le toit est appuyé sur un mur de bois de trois mètres soutenu par des pieux. C'est ce qu'ils appellent le hangar à pommes de terre. Les pommes de terre pourrissent dans la chaleur. Notre tâche consiste à trier les bonnes et à enlever les germes. Nous travaillons les mains nues. La plupart des pommes de terre sont complètement pourries, déchets puants qu'il faut enlever avec des seaux et enterrer dans des trous que l'autre équipe creuse. La moisson, mon œil! Mais cela, c'est une punition. La centaine de filles de notre baraquement est punie parce que quelqu'un a bougé pendant qu'on hissait le drapeau. Une semaine de tri dans le hangar à pommes de terre pour un seul mouvement.

Les baraquements entourent une cour nue, avec la grande hampe toute seule au milieu. Tous les matins, à six heures quinze, mille enfants en uniforme sortent en rangs serrés de ces baraques et se placent en carré autour de ce mât. Les mains tendues dans le salut nazi, nous devons rester immobiles pendant que joue la fanfare de la jeunesse hitlérienne, que la swastika monte, et que la devise quotidienne est lue et répétée par tout le monde. Sur commande, nous faisons demi-tour et rentrons au pas cadencé. « Personne ne bouge, personne ne parle pendant tout cela », c'est ce que Hanka, la femme commandant, nous a dit le premier jour. « Je dirige ce camp d'une main de fer. Il y aura de la discipline ici. » Il y en a. On pourrait tout aussi bien être en prison.

Je suis reconnaissante à Uschi de sa bonne humeur constante. Je n'arrive pas vraiment à comprendre pourquoi elle ne m'en veut pas de l'avoir fait venir ici.

« Il y a un bon côté à cela, dit-elle. Au moins on peut se parler dans le hangar. Les grosses vaches restent à distance de crainte que ne fût-ce que la puanteur salisse leurs beaux uniformes tout propres. »

Les grosses vaches sont Eva et Anita, nos conseillères, qui débordent de partout de leurs uniformes. Pas étonnant qu'elles soient si grosses à se bourrer comme elles le font de quantités énormes de petits pains beurrés, de jambon, d'œufs, de viande et de gâteaux tout ceci sous les yeux de cent pauvres filles affamées. Elles s'empiffrent de toutes ces merveilles pendant que nous n'avons qu'une tranche, une mince tranche de pain avec du jambon pour le petit déjeuner ; de la soupe à l'eau avec une autre tranche de pain pour midi, des vieilles pommes de terre détrempées avec du chou flasque et une boulette de viande le soir. Elles ont toujours un dessert, nous n'en avons jamais. Elles bavardent sans arrêt mais nous n'avons pas le droit de dire un seul mot. Nous devons rester assises, les mains sur la table nue, et attendre qu'elles aient terminé. *Scheisse!* tout est *Scheisse* ici! Les toilettes et les douches sont du type militaire, sans séparation. Il n'y a rien d'autre que cinquante lits dans chaque dortoir, même pas une chaise, et pas de portes. Eva et Anita, debout à l'entrée, nous commandent d'aller au lit. Et la dernière chose que nous entendons le soir c'est un ordre : « Yeux fermés! Tout le monde tourné vers la porte! » On obéit. Qui a envie de rester nu-pieds sur le ciment froid pendant une heure? Uschi et moi avons déjà fait l'expérience de cette punition pendant douze heures juste pour un fou rire ou un chuchotement.

Nous travaillons dans les champs environnants huit heures par jour… quand nous ne sommes pas au hangar à pommes de terre, évidemment. Nous y allons en formation, faisons un arrêt militaire devant la cabane à outils, prenons les paniers et les seaux, puis nous nous dispersons en éventail vers les navets à arracher et les baies à cueillir. Eva et Anita choisissent l'un des quatre arbres pour s'étaler à l'ombre pendant que nous travaillons sous le soleil brûlant. Quand elles éprouvent le besoin de se dégourdir les jambes, j'imagine, elles sifflent. C'est le signal pour nous mettre au garde-à-vous pendant qu'elles nous inspectent tour à tour, cherchant des indices qui prouvent que peut-être nous avons mangé du cassis ou des groseilles à maquereau. Celles qui en mangent sont des «saboteurs du peuple allemand».

«GAUCHE-deux-trois-quatre, GAUCHE-deux-trois-quatre. Ne traînez pas les pieds!» C'est facile, pour Anita, d'être fraîche et pimpante. La troupe qui marche derrière elle est tout, sauf ça. Nous portons nos plus vieilles robes et nous sommes éreintées et accablées par nos quatre heures de désherbage en plein soleil. Parler est bien sûr interdit par le règlement mais quand Eva et Anita sont hors de portée de voix, c'est possible, du moment qu'on regarde bien droit devant soi en parlant en coin.

«As-tu entendu? demande Uschi. C'était mon estomac. Il n'a pas arrêté de toute la matinée.»

«Je croyais que c'était le mien.»

«Ta ta ta! Je suis sûre que c'était le mien. Même que j'attends avec impatience ce bol d'eau qu'ils appellent soupe ici.»

«J'ai si faim que je mangerais un cheval.»

«Cesse de me parler de toutes ces friandises. Je ne peux pas le supporter. Dis, tu crois que nous serons capables de marcher à nouveau normalement... de flâner par exemple?»

«Je ne crois pas, parce que je fais même le pas de l'oie pour aller aux gogues.»

«Je sais. Moi aussi. Comme c'est amusant!» Uschi fait un sourire narquois. «Et penser que c'est grâce à *toi* tout cela!» Nos regards se déplacent. Se croisent. «Oh ne sois pas idiote, dit-elle, je ne le dis pas méchamment! Je serais venue même sans toi. J'avais besoin de changer de décor. Ne t'en fais pas. Il ne reste plus que deux semaines et demie.»

«Plus que!» Et je gémis involontairement. Des images de plages m'arrivent par bribes. Illusions stupides et stupidité de ma part. Je savais tout sur les camps... sûr! Ilse, celle-qui-sait-tout! *Scheisse! Scheisse! Scheisse!*

*Scheisse! Scheisse! Scheisse!* Moment de sieste. Je suis au lit, les yeux fermés, face à l'entrée. Je semble incapable de penser à autre chose qu'à ce seul mot. Lentement, je glisse ma main dans mon dos, bouge les doigts en espérant qu'Uschi, derrière moi, me verra et comprendra mon geste. Juste «coucou!» Mais la voix tonitruante d'Eva résonne contre les murs de la chambrée: «*Vous!*» Nous ouvrons toutes les yeux mais personne ne bouge. «*Vous deux!* Uschi et Ilse! C'est le moment du repos! Ça veut dire que vous êtes censées vous reposer, rester tranquilles! Une heure debout, dehors! Il est temps que vous sachiez votre leçon!»

Nous nous levons, debout contre le mur, dans le passage, face à face, sans expression. «Regardez-les toutes les deux! s'écrie Anita. Ratatinées comme des vieux sacs. Vous êtes la jeunesse hitlérienne, au garde-à-vous pour l'amour du Christ!» Elles disparaissent dans leur chambre, flanquent la porte, la rouvrent.

«Et pas de grimaces non plus! dit Eva. Peut-être que c'est le moment de leur faire une bonne semonce à ces deux-là?»

Anita acquiesce. «Oui, je pense que tu as raison. Venez ici. *Entrez!*» crie-t-elle comme nous hésitons. Elles nous poussent à l'intérieur où nous restons debout, pieds nus, en chemise de nuit et mal à l'aise. Elles s'asseoient.

Eva prend tout à coup une cigarette et l'allume. L'éminente Eva, de la jeunesse hitlérienne, avec une cigarette! Anita fume également. Elle s'allonge sur son lit et sourit. «Oh, asseyez-vous, pour l'amour de Dieu! Et n'ayez pas l'air si stupide! Vous êtes les deux seules qu'on remarque ici parmi toute cette bande d'idiotes. Vous le savez et nous le savons aussi. Sapristi, quelle bande d'imbéciles ils nous ont envoyée cette année! Incroyable!»

Elle pousse une chaise vers moi. Eva en pousse une vers Uschi. Nous nous asseyons mais tout au bord de la chaise, ne sachant pas ce qui nous attend après. Anita parle tout bas: «Vous êtes les deux seules, dans notre dort', à avoir de la cervelle. Vous le savez, n'est-ce pas?»

Nous opinons du chef. Uschi et moi pensons que c'est vrai mais à ce moment-là, je suis certaine que nous avons l'air très bête.

«Voyez-vous, nous avons besoin de vous», dit Anita avec empressement. Je ne vois pas, je ne comprends pas, mais je me tais. «Nous avons besoin de quelqu'un pour nous remplacer demain. Vous deux allez diriger l'affaire. Nous le dirons ce soir. Nous vous donnerons nos sifflets et c'est en fait tout ce dont vous avez besoin. Hanka ne sera pas là demain; elle va prendre le premier train ce soir… Elle ne sera même pas là pour la cérémonie au drapeau. Eva et moi allons partir aussi ce soir… pour une affaire différente.» Elles échangent un regard complice. «Eh bien nous vous en dirons davantage plus tard. Vous resterez debout tard pour qu'on vous explique votre travail et puis nous quatre irons faire une petite promenade.» Un autre regard entre elles et une sorte de sourire. «A propos, puisque vous êtes maintenant presque des chefs, vous devez avoir certains privilèges. C'est pour vous.» Anita montre, sur la table, deux bols de dessert et deux parts de gâteau. Ça fait longtemps que nous dévorions la nourriture des yeux ; nul besoin d'une seconde invite : tout est avalé avant qu'on ait le temps de dire «merci!» Et elles continuent à parler mais je ne comprends pas... ma tête bourdonne. Je suis encore dans le brouillard quand elles nous mettent dehors parce que la sieste est terminée.

Tout l'après-midi, j'ai l'esprit brouillé ; je laisse les mauvaises herbes et arrache les plants de salade puis essaie de les replanter sans qu'on me voit. A quoi ça rime tout ça? Qu'est-ce que ça veut dire? «N'en soufflez mot à quiconque!» Pourquoi, puisqu'elles vont annoncer officiellement que nous sommes responsables pour la journée? Qu'ont-elles dit à propos de la clôture? Et Hanka qui revient tard et faites attention de ne pas être vues, de ne pas êtres prises sinon nous finirons toutes dans la prison du camp. Pourquoi? Que vont-elles faire? Quelle sorte d'affaire?

Eva fait son discours après dîner. D'abord elle parle beaucoup des jeunesses hitlériennes, cite les devises-clichés du Führer : «Ce n'est pas honteux de tomber, mais seulement de rester à terre» et «Résistant comme le cuir, dur comme l'acier Krupp, rapide comme le lévrier.» Et sans sourciller, alors même que je m'y attendais secrètement : «La femme allemande ne boit pas, ne fume pas, ne se maquille pas.» Loyale et honnête, courageuse et franche, la jeunesse hitlérienne?

Dans ma tête, une petite voix dit «Scheisse!» Je n'entends que des fragments de la suite de son discours. «Seuls ceux qui ont appris à obéir pourront ensuite commander.» Ça je l'ai déjà entendu et je pourrais même faire ce genre de discours. «Les qualités de commandement» et... ah! elle y arrive! «Nous avons deux jeunes responsables dans notre groupe ici... bla bla bla...»

Finalement, alors que tout le monde applaudit, on nous demande de nous lever, Uschi et moi. Eva et Anita ôtent cérémonieusement le symbole de leur rang, le sifflet de métal avec son cordon rouge et blanc, et elles nous le mettent autour du cou.

Personne ne proteste quand nous restons debout tandis que les autres sont envoyées au lit.

«Les yeux fermés. Tout le monde tourné vers la porte!» Nous entendons mais n'avons pas à le faire. Uschi et moi nous nous regardons mais n'osons pas parler. Nous attendons dans la chambre d'Eva et d'Anita avec appréhension. Quelles seront les instructions ?

« Je suis sûre que vous savez ce qu'il faut faire, l'une comme l'autre ! » Elles parlent en même temps, rient et ferment la porte. « Vous les ferez marcher au pas pour la cérémonie au drapeau », dit Eva pendant qu'Anita allume une cigarette, « Ilse devant, Uschi derrière. Le petit déjeuner, la sortie au champ, comme d'habitude. Qu'y a-t-il d'autre à dire ? »

« Mieux vaut les laisser dire étape par étape », interrompt Anita entre deux bouffées. « Ilse ! Toi la première. »

Nous nous exécutons mais je remarque qu'elles ne nous écoutent pas vraiment. Elles se peignent, mettent du rouge à lèvres avec grand soin. Du rouge à lèvres !

Uschi explique comment nous ramasserons les outils quand soudain Anita lance : « Prête ? » et Eva répond : « Prête ! Venez jeunes responsables, c'est maintenant le plus drôle. Allons-y. Et souvenez-vous : pas de bruit ! Nous devons faire très attention. »

« Tu as la lampe ? »

« Oui, oui ! Viens, allons-y ! »

L'air de la nuit est frais et les étoiles sont claires et belles. J'ai peur. Nous nous faufilons dans l'ombre derrière les baraquements, rampons sous les buissons.

« Zut ! Je crois que j'ai déchiré mon corsage neuf », murmure Eva.

« Tant pis. Personne ne peut voir dans l'obscurité. »

« Mais demain ? »

« De toute façon, tu l'enlèveras. » Gloussements. Tout à coup nous sommes à la clôture. Eva me souffle au visage son haleine qui sent la cigarette en murmurant : « C'est là que nous reviendrons demain. Maintenant, écoutez bien. Si jamais Hanka revenait plus tôt, l'une de vous devrait venir ici et allumer la lampe trois fois. » Elle me tend la lampe. « Compris ? Seulement si elle revient tôt. Et faites attention à ce qu'on ne vous voit pas ! Nous ne le pensons pas mais... Bon ! vous savez quoi faire. Au revoir. Et n'oubliez pas, n'en dites rien à personne. »

« Mais où serez-vous ? Où allez-vous ? » je bafouille, me sentant stupide d'avoir si peur.

« Ça n'a pas d'importance. Une affaire très urgente. » Elles rient toutes les deux en escaladant la clôture qui, à cet endroit, a déjà été pliée pratiquement jusqu'au sol. « Retournez là-bas et que personne ne vous voie ! »

Nous nous faufilons par le même chemin. Quelque part, au loin, un bateau à moteur démarre. Des voix d'hommes et de femmes se mêlent à son pout... pout..., puis lentement disparaissent. «Ça doit être elles», dis-je à Uschi, et toutes les deux nous restons figées sur place au moment où la sentinelle des jeunesses hitlériennes postée devant nos baraquements tousse.

Une fois que nous sommes en sécurité à l'intérieur, nous parlons. «Où crois-tu qu'elles sont allées?»

«Ça ressemblait à un des bateaux de la base aérienne, de l'autre côté de la baie.»

«Evidemment! C'est ça!» J'ai presque crié à cette découverte. «Bien sûr. Elles ont un rendez-vous avec des types des forces aériennes.» Je me sens mieux et à la fois moins bien maintenant que je comprends. Mieux parce que je sais au moins pourquoi je dois me taire et moins bien parce que j'ai peur de toute la journée à venir et de ce qui pourrait arriver. Si quelqu'un pose des questions? Je ne sais pas mentir. Que dirons-nous?

Mais la matinée se passe bien et le jeune responsable des champs nous envoie cueillir des baies sans demander après elles. Quand nous rentrons, il ne compte pas les paniers, ce qui est aussi bien car on n'en ramène pas autant quand on cueille et mange à la fois. Nous essayons de distribuer les portions de nourriture d'Eva et d'Anita mais c'est impossible. D'un commun accord, nous prenons toute la viande, et seulement la viande. La purée et le dessert sont distribués à tout le monde. Cela donne moins d'une demi-bouchée à chacune. La sieste n'est pas aussi calme que d'habitude parce que nous oublions les ordres exacts. Comme l'après-midi s'avance, Uschi et moi devenons de plus en plus nerveuses. Tout ce qui ressemble de près ou de loin au sifflet d'un train ou au bruit des roues, nous fait échanger un regard chargé d'une interrogation implicite: «Est-ce que c'est Hanka qui revient déjà?»

Quand Eva et Anita rentrent, nous poussons un soupir de soulagement. Nous restons tard avec elles dans leur chambre, à dévorer la montagne de charcuterie et de gâteaux aux prunes qu'elles mettent devant nous. Mais leurs visages heureux et enluminés me font envie. J'aimerais que nous ayons aussi un jour libre. Un jour libre pour s'amuser.

Anita a dû deviner ma pensée. Elle m'étonne en disant: «Bientôt nous vous emmènerons une journée à la plage. Très bientôt. Mais demain matin, avant tout, visite à l'infirmerie. On vérifiera vos dents à toutes.»

Ma déveine. Demain c'est mon anniversaire. Mais personne ne le sait. Pas même Uschi.

«Gloire suprême! Hourrah! On nous fait même marcher au pas jusqu'à l'infirmerie. C'est étonnant qu'on ne nous ait pas fait mettre nos uniformes! Où est leur sens de l'ordre et de la discipline aujourd'hui?» dit Uschi, moqueuse.

Je suis si maussade que je ne lui réponds pas; j'opine seulement. C'est mon treizième anniversaire. Quelle façon de le fêter. Le ciel est bleu et sans nuage. Un jour parfait pour la plage! Mais nous voilà faisant la queue pour faire contrôler nos dents. Les miennes semblent en parfait état. J'espère que tout va bien.

Un homme assez âgé au regard dur, en blouse blanche par-dessus l'uniforme, apparaît. «Commençons par la plus petite», dit-il en me montrant du doigt. Je me retourne en espérant qu'il s'agit de quelqu'un d'autre. «C'est de toi que je parle!»

Je le suis à l'intérieur, m'assois sur le fauteuil, effrayée par tous les instruments brillants. Mais il me laisse en me disant: «Je pense que je vais te confier à mon neveu.»

Le neveu arrive et il me plaît aussitôt. Il est très jeune, pas plus de vingt ans, il a un large sourire et ne porte même pas de blouse blanche. Ça ne peut pas être méchant, me dis-je en ouvrant la bouche de bon gré. Et il me raconte des choses drôles. J'ai du mal à garder la bouche ouverte parce que j'ai envie de rire. Je ris et je ne fais pas attention à ce qu'il fait. Je ris jusqu'à ce que j'entende un craquement horrible qui semble me faire éclater la tête. Encore des craquements... ma tête et mes tympans se déchirent tandis que ma bouche s'emplit de bouts de dents. Des dents? C'est alors que je me rends compte qu'il est debout devant moi, l'air dépité, avec une paire de pinces sanglantes à la main. Je bondis hors du fauteuil en criant et me heurte à une infirmière. Tous deux me rassoient de force dans le fauteuil et me tiennent pendant qu'on me remet les pinces dans la bouche. Enfin je suis libre et je sors en courant, des larmes coulant sur mon visage et du sang sur ma robe, ma robe préférée.

Tout le monde recule à ma vue. Je cours, cours, cours jusqu'à notre baraquement et me jette sur mon lit. Je pleure, pleure sans m'arrêter. La tête cachée par mes bras, je reste allongée jusqu'à ce que les autres reviennent. Je reste ainsi pendant le repas et la sieste. Je suis encore dans la même position quand elles partent toutes au travail, l'après-midi. Tout le monde me laisse. Et je ne bouge pas jusqu'à l'heure approximative du dîner; et au moment où je sais qu'elles vont bientôt rentrer, je me lève enfin. J'écris deux lettres furieuses, l'une à Vati, l'autre à Mutti. Je vais dans la salle de bains et me regarde dans la glace. Ça suffit à déclencher une nouvelle crise de larmes mais je me lave, lave ma robe et découvre que quatre de mes très bonnes molaires ont été cassées juste à la limite de la gencive. Ma seule chance de sortir d'ici, ce sont les lettres, cachées maintenant sous le matelas. Comment puis-je les poster?

Jour de plage. Aujourd'hui c'est le jour de plage. J'ai les lettres cachées dans ma culotte. Uschi et moi avons comploté pendant des jours ce qu'il faudrait faire quand nous verrions une boîte aux lettres. Elle fera semblant de trébucher et s'appuiera sur la boîte aux lettres pour se retenir. Cachée derrière elle, je peux soulever ma robe, prendre les lettres et les poster pendant que tout le monde croira que je la soutiens.

Nous l'apercevons au même instant et traînons à l'arrière, ce qui est assez facile parce que pour une fois, nous ne marchons pas au pas. Tout se passe comme prévu. Au moment où Anita nous rejoint, elle jette un regard soupçonneux de la boîte aux lettres à nous et vice versa, mais les lettres sont en sécurité à l'intérieur.

Aujourd'hui, nous nous amusons; moi plus que tout le monde. Nous grimpons sur les dunes, sautons, nageons loin dans l'océan et nous nous roulons dans le sable doux et blanc. Une journée de bonheur. J'en oublie presque ma langue. Elle est râpeuse à force de frotter constamment contre les restes de mes dents ébréchées. Quelle belle journée! Et les lettres sont postées. Je suis convaincue que ce n'est plus qu'une question de jours avant que Vati et Mutti viennent nous chercher. Je sais qu'Uschi n'a pas tant d'espoir. Elle pense que ses parents ne croiront pas ce que j'ai écrit et voudront qu'elle reste jusqu'au bout de ce qu'ils croient être des vacances. Ils ont d'ailleurs moins d'argent que mes parents et ont dépensé tout ce qu'ils ont pu gratter pour lui acheter un maillot de bain, celui qu'elle porte aujourd'hui pour la première fois. Mais je sais que mes parents y arriveront coûte que coûte. J'ai écrit qu'ils devaient penser à un cas de «force majeure». La seule façon d'être relâchée, c'est un cas d'urgence.

Les jours passent. J'ai tout calculé. Le temps que le courrier peut mettre, le temps nécessaire pour obtenir la preuve du cas de «force majeure», le temps pour arriver jusqu'ici. Je commence à m'interroger. Peut-être que le courrier a brûlé lors d'un raid aérien. Alors?

Nous sommes en route vers les champs quand j'aperçois une silhouette isolée au milieu de la cour nue. «Ma mère!» Je crie et je cours comme je n'ai jamais couru avant. Uschi aussi. Nous l'atteignons ensemble... Et ma mère racontera pendant longtemps: soudain, avant qu'elle ait vu ce qui arrivait, deux filles s'étaient accrochées à elle comme en cas de sauve-qui-peut! Ma mère, blanche de fatigue, était partie juste après le travail et avait voyagé toute la nuit. A son arrivée, la sentinelle du camp l'avait emmenée dans le bureau d'Hanka où elle avait montré les certificats médicaux. L'un disait que Grossmutter s'était cassé la jambe et avait besoin de moi immédiatement à la maison pour poursuivre l'effort de guerre, c'est-à-dire cultiver les légumes et élever la volaille. L'autre document attestait l'état critique de la mère d'Uschi. La fille Ursula, disait-il, doit instamment assumer le rôle de la femme à la maison.

«Heureusement», dit Mutti, «que nous connaissons le docteur Wegner. C'est un vieil homme si gentil. Cependant je ne crois pas qu'il l'aurait fait si je n'avais pas pu lui donner une livre de sucre et une livre de beurre. Il est si maigre. Je pense que personne ne s'occupe de lui.» Je sais qu'elle s'en fait pour le Dr Wegner. C'est tout à fait Mutti, me dis-je.

Hanka avait eu des doutes. Deux cas de force majeure d'un seul coup! Concernant deux filles qui sont amies! Elle avait entraîné ma gentille maman fatiguée dans une joute oratoire violente de laquelle Mutti était sortie victorieuse avec nos papiers de libération. Mutti frissonne quand elle décrit Hanka. «Mais je ne serais jamais partie sans vous deux. Quand il est question de mon enfant», dit-elle avec fierté, «je peux même devenir une lionne!»

Nous avons tout juste le temps de prendre le train suivant. Et enfin nous sommes assises, nichées de chaque côté d'elle. Nous pleurons toutes les trois, de soulagement et de joie. Uschi est peut-être encore plus reconnaissante vis-à-vis de ma mère que moi. Mutti dit qu'elle a eu du mal à convaincre les parents d'Uschi mais elle a réussi également. Bien blotties comme deux poussins sous les ailes de leur mère poule, nous nous endormons, exténuées.

## Chapitre Neuf
# 1942
# Berlin

**Septembre-octobre.** Les troupes allemandes ont atteint la Volga et plantent le drapeau nazi sur Elborus, le pic le plus élevé des montagnes du Caucase. A Stalingrad, on en vient à un difficile combat de rue.

«Attends l'hiver!» intervient Grossmutter, maussade, au milieu des déclarations de victoire annoncées à la radio. «Hitler va tomber sur un bec avec l'hiver russe. Tu verras ce que je dis.»

«Ne dis pas des choses pareilles!» Mutti, comme d'habitude, a peur quand Grossmutter fait une telle remarque.

«Je dis ce que je pense, répond Grossmutter. Tu as bien trop peur pour ton propre bien. A quoi ça sert? Ce qui arrive arrive.»

Grossvater, déjà couché, crie de la chambre: «La paix! Laissez-moi dormir! Vous feriez mieux d'y aller aussi!»

Il fait encore nuit à quatre heures trente du matin. J'ai l'impression que je viens de fermer les yeux mais Grossvater est déjà en train d'aller et venir dans la maison et de crier pour qu'on se lève. Et c'est samedi, le premier jour de congé de Mutti depuis bien longtemps. Là où elle travaille, presque tous les hommes ont été rappelés et elle a fait beaucoup, beaucoup d'heures. Mais nous nous levons, obéissantes. Il ne nous laisserait pas dormir de toute façon. Quand nous descendons à la cuisine, il est parti et Grossmutter est prête. Elle porte de gros bas de laine, une vieille paire de chaussures à Grossvater, son tablier de jute rapiécé sur une longue jupe et un mouchoir sur la tête. C'est le portrait d'une pauvre et solide paysanne.

«Tu ne peux pas y aller comme ça! dit Mutti, choquée. Tes bas ont des trous et ne sont même pas pareils!»

«Qui y fera attention?» Grossmutter hausse les épaules. «Les moustiques et les baies s'en moquent. Tu préférerais me voir avec des bas de soie et des talons hauts?»

«Mais...» commence Mutti, doucement.

«Allons, viens!» conseille Grossmutter en prenant deux seaux. «Grossvater est déjà loin devant... Et ne fais pas une tête pareille! Tu seras bien contente de ne manquer de rien quand les autres n'auront rien. Les choses vont s'aggraver et que Dieu aide ceux qui seront dans le besoin. Nous, ça ira, j'y veillerai!»

Nous la suivons dans l'aube matinale. Grossvater, simple point noir sur la route, disparaît dans le village de Lübars. Il nous faudra deux heures pour le rattraper. A ce moment-là nous aurons atteint les bois épais, là-bas, où nous ramasserons des champignons et des framboises sauvages. Ça va être une longue journée. Il y aura des heures à passer dans les buissons épineux bourdonnants de moustiques; et ensuite, le long trajet de retour en portant les seaux lourds. Quand nous serons arrivés, Grossvater ne criera pas pour qu'on aille se coucher et nous passerons presque toute la nuit à nettoyer les baies, les faire cuire, en faire des confitures et les verser dans les bocaux préparés. De longues alignées de bocaux que j'ai lavés et posés sur des serviettes humides afin qu'ils ne cassent pas. Lorsque les bocaux auront été bouchés hermétiquement, ils seront mis à la cave en réserve pour les années à venir.

La journée et la nuit se déroulent exactement comme cela. La seule chose que je n'ai pas prévue ce sont les deux alertes pendant lesquelles Mutti et moi nous blottissons à la cave tandis que mes grands-parents continuent à travailler.

Ce matin, il y avait un soldat en tenue de combat avec Beck quand elle est entrée dans notre classe. Il nous a dit, comme si nous ne le savions pas, que le sud de Berlin avait été durement touché cette nuit-là. Il nous demanda de rentrer chez nous, de mettre nos uniformes des jeunesses hitlériennes et de nous rendre directement aux lieux désignés sur la liste afin d'aider les secours. Je dois aller à l'école Lilienthal à Lichterfelde. Je ne serai pas avec Uschi, malheureusement, mais avec une nouvelle.

«Complètement idiot! dit Grossmutter. Ils sont fous de demander un travail pareil à des enfants!»

«Mais Grossmutter», dis-je avec indignation, «nous ne ferons que des sandwiches et nous nous occuperons des petits enfants dont les maisons ont été bombardées. Et je ne suis plus une enfant.»

«Si! Tu es une enfant!» Elle hoche la tête. «Et je ne devrais pas te laisser y aller. Tout ce chemin jusqu'à Lichterfelde! Il te faudra deux heures pour aller là-bas!» En grognant, elle me fait des sandwiches et me donne de l'argent pour le train.

Quand je me retourne, je la vois debout à la porte, hochant encore la tête et disant: «Je ne devrais pas te laisser partir. Non, je ne devrais pas.»

De notre côté de la ville, les quartiers nord n'ont pas été touchés et je suis choquée par ce que je vois en me rendant à pied de la gare de Lichterfelde à l'école Lilienthal. Tous les bâtiments sont brûlés, tout est en ruine autour de moi. L'école est devenue un refuge temporaire pour les sans-abri. De longues files de gens essaient d'entrer. Leur visage est hagard, affolé, et ils serrent contre eux quelques affaires qui leur restent ou bien ils sont assis dessus.

La Croix-Rouge est là et des camions de l'armée apportent d'énormes récipients de soupe. Ils ne peuvent pas passer et moi non plus parce que la foule encombre les portes. Je trouve finalement un membre responsable des jeunesses hitlériennes et l'informe de ma tâche. Elle m'emmène alors par derrière, dans une grande cuisine. Une vingtaine de femmes, autour d'une table, préparent des sandwiches. On me dit d'aider. Quelqu'un s'en va et je prends sa place. Beurrer tartine après tartine et ainsi de suite. En beurrer une, la passer. Je ne sais pas si je suis là depuis des heures ou des jours. En prendre une, la beurrer, la passer. De nouvelles montagnes de pain et de beurre sont constamment apportées. On n'a pas le temps de regarder, pas le temps de penser. Plus vite, plus vite, beurrer, passer... Tout à coup: «Eh, toi! Nous avons besoin de quelqu'un à la soupe!» Et je me retrouve derrière une table à servir de la soupe avec une louche, ne voyant rien d'autre que des mains tendues avec des bols ou des tasses vides. De la soupe, encore de la soupe; un récipient remplace l'autre mais la file de gens est interminable. On me pousse, quelqu'un prend ma place. Retour à la cuisine pour beurrer des sandwiches. Je ne vois pas les visages, je ne sais pas quelle heure il est du jour ou de la nuit. Je ne fais attention à rien d'autre qu'aux tartines de pain qui apparaissent devant moi. Je les beurre mécaniquement et les pousse vers la paire de mains suivante.

Les sirènes! Alerte! La lumière s'éteint. Brouhaha et cris. «A l'abri! Tout le monde à l'abri! Dans la cave!» Des rayons de lumière éclairent de façon intermittente la foule humaine qui se bouscule, crie et hurle en se ruant dans une seule direction. Des voix isolées s'élèvent au-dessus des autres. «Paul! Paul! Où es-tu?» «Au secours! Au secours! Je vais être écrasé!» Des cris, des gémissements d'enfants, et puis le bruit des bombes qui tombent, noie tout le reste. Les murs tremblent et des cris aigus me transpercent les tympans tandis que la foule en délire se bouscule dans le noir, en direction de la cave. Je ne sais pas où je suis, je ne sais pas où l'on me pousse. Soudain, je me retrouve dans la cave. Des centaines d'autres y sont déjà et il y en a toujours davantage qui arrivent et qui veulent entrer. Des regards effrayés se tournent vers le plafond. Tiendra-t-il? Je crois que je suis maintenue debout par ceux qui m'entourent car je ne touche pas le sol avec mes pieds. Je suis frappée par le fait que je ne connais personne ici. Pour la première fois depuis des heures je pense à mes parents et à leur inquiétude. Mais

Vati ne sait même pas que je suis là. Mutti est au travail et a dû y rester encore cette nuit. Donc c'est la fin. Seule. Seule dans une tombe commune. Soudain, il y a un mouvement dans la foule. Fin d'alerte. Le raid est terminé et nous avons survécu. Quelqu'un me tend une pile de couvertures avant que je me rende compte que je suis sortie de la cave. Pas le temps de réfléchir car de nouveaux sans-abri arrivent en titubant. Le quartier voisin a encore été frappé. J'aide à faire des lits, verse du café, transporte des couvertures, fais des sandwiches, essaie de localiser les enfants égarés. J'ai perdu toute notion du temps lorsqu'on m'attrape par le bras et qu'on me tire de la table. C'est un jeune homme en uniforme des jeunesses hitlériennes. Il parle sévèrement, sèchement: «Es-tu là depuis hier?»

«Je... Je crois que oui», dis-je en balbutiant. Alors il veut savoir d'où je viens, pourquoi je suis là, etc. C'est comme un interrogatoire. Je me demande ce que j'ai fait de mal.

Il sourit tout à coup. «Sais-tu que tu es là depuis vingt-six heures? C'est de la folie! Tu vas rentrer chez toi immédiatement. C'est un ordre. Les enfants ne devraient même pas être admis ici.»

«Mais j'ai presque quatorze ans!» dis-je. Peut-être croit-il que je suis beaucoup plus jeune. «J'ai presque quatorze ans accomplis.»

«Ce n'est pas rien, en effet!» dit-il en hochant la tête. «Rentre chez toi. Promets-moi de rentrer tout de suite.» Il me donne gentiment une petite tape sur la tête.

Etourdie de fatigue, je prends le train qui m'éloigne des ruines qui brûlent encore, de l'horreur de la nuit passée, des cris, de la bousculade, des gens qui ont peur, des files ininterrompues de mains tendues. Des mains tendues vers le café, la soupe, les sandwiches, les couvertures et le café, le café, le café. Tout cela se brouille dans ma tête et alors mes yeux à demi fermés aperçoivent les maisons familières et intactes de Lübars. Le soleil brille sur les dernières roses pompons et les asters des jardins. Aucun signe de l'existence de la guerre. Puis je suis à la maison, en sécurité dans les bras de Mutti, et les vingt-huit dernières heures deviennent irréelles.

**Octobre 1942.** La guerre en Afrique tourne mal. Hitler a dit à Rommel de «se battre jusqu'à la victoire ou la mort». La victoire ou la mort, quel genre d'ordre est-ce là? Je fais la queue à la boulangerie Kulewski. La file avance lentement. La femme, derrière moi, tricote une chaussette pour son fils à Stalingrad. «Il a commencé à neiger là-bas, dit-elle. Je ferais bien de finir vite et de les envoyer. Dieu sait le temps qu'il faudra pour que ça arrive... et ces diables d'hivers russes! La victoire ou la mort!» Elle marmonne toute seule et continue à tricoter tandis que ses pieds avancent machinalement quand la file bouge. Parmi les quatre-vingts personnes environ qui attendent, il y a peu de jeunes femmes La plupart sont des enfants ou des vieilles personnes. Un très vieil homme, il doit avoir quatre-vingts ans ou plus, s'appuie lourdement sur un bâton. Tout le monde a l'air triste, fatigué. Nous sommes tous résignés à rester là un bon moment. Trois ou quatre femmes semblent bizarrement accroupies. Elles ont apporté des chaises pliantes, mais celles-ci ne sont visibles que lorsque la file bouge. Alors les mains plongent sous les larges derrières, avancent les chaises d'un mètre et les femmes se rasseoient, cachant de nouveau les chaises. Celle qui est devant moi lit, ne lève pas la tête. Celle qui tricote utilise ses aiguilles pour se gratter la tête de temps à autre et marmonne quelque chose à propos de son fils. Maintenant elle fait des mouvements de brasse sur le côté et en essayant de désentortiller la laine, ce qui, avec le tricot, les aiguilles et les deux sacs à provisions au bras, n'est pas chose facile. Une voisine l'aide et comme la file avance encore d'un mètre un espace leur est laissé pour qu'elles reprennent leur place quand leur bataille avec la laine sera gagnée.

La conversation est pauvre: le raid de la veille, la distribution de sucre attendue à l'épicerie. Des bâillements et des exclamations. «Je suis si fatiguée. Si seulement ils pouvaient nous laisser dormir une nuit! Juste une nuit! Mais non! Des alertes toutes les satanées nuits!» Tous les sujets habituels, y compris les enfants... à quel point ils deviennent nerveux, de plus en plus chaque jour, par manque de sommeil, et comme ce serait bien pour tout le monde de les éloigner d'ici. Un sujet d'inquiétude en moins. Ces réflexions ne provoquent rien de plus que des hochements de tête, davantage de bâillements et un «ach!»[1] de temps en temps. On a déjà parlé de tout, discuté sous tous les angles et tout le monde est tellement fait maintenant à cette idée qu'il n'y a rien de plus à dire jusqu'à ce que les choses arrivent, que la rumeur devienne réalité.

Quelques jours plus tard, l'évacuation de toutes les écoles de Berlin, du personnel enseignant et des élèves est annoncée et rendue obligatoire. Personne n'est surpris. Maintenant tout le monde sait ce que c'est et les préparatifs peuvent commencer. Certains essaient d'envoyer leurs enfants chez des amis ou dans de la famille, à la campagne, mais peu réussissent. Les chinoiseries administratives sont presque insurmontables et les derniers obstacles sont les amis et les familles eux-mêmes. Ce n'est pas le moment de prendre une charge supplémentaire. Personne n'a besoin d'une bouche supplé-

[1] Exclamation allemande

mentaire à nourrir. Et qui sait pour combien de temps!

La date de départ pour l'école Hans Thoma est le 21 octobre: destination Harrachsdorf, petit village du côté tchèque du Riesengebirge. Une région touristique populaire pour le ski, nous a-t-on dit. «Combien de temps y resterons-nous?» «Jusqu'à la victoire finale, bien sûr!» C'est la plaisanterie usuelle qui a cours. On nous a dit de faire nos bagages pour au moins un an et de prendre du linge, des duvets, des serviettes, des vêtements chauds. Grossmutter me tricote un pull-over après avoir défait l'un des siens, et Mutti prend un jour de congé pour m'emmener acheter une paire de chaussures ordinaires. Nous avons un coupon spécial me donnant droit à une paire de chaussures de ville avec semelles de caoutchouc. C'est ce qui est écrit dessus. Mais aucun des magasins que nous faisons n'a de chaussures, ou alors pas à ma taille. On ne peut même plus obtenir une gomme et je parle de gomme en caoutchouc artificiel. Les vraies? Je ne m'en souviens même plus. A l'insu de Grossvater, une de ses vieilles vestes est transformée pour moi. Tout, y compris de la vaisselle, est finalement tassé dans deux valises. Je suis prête.

«Tu aurais dû aller chez le dentiste. Oh, Ilse, dit Mutti, pourquoi ne t'y ai-je pas envoyée? Que va-t-il arriver à tes dents?»

«Il y aura sans doute un dentiste au camp», dit Grossmutter.

Mutti m'a souvent demandé de prendre un rendez-vous mais je ne l'ai pas fait. Comment voulez-vous... avec des alertes tous les soirs et la fatigue d'aller à l'école... du moins quand j'y allais au lieu de faire la queue quelque part. Et, dernière raison mais pas la moindre, je n'avais nulle envie de me rasseoir dans un fauteuil de dentiste.

«Je n'ai pas mal, Mutti. Vraiment pas. Grossmutter a raison. Je suis sûre qu'il y aura un dentiste au camp.» En fait, d'après ce que je sais des camps, il n'y en aura pas. Et c'est justement ce qui me va.

Vati et Oma, quand je leur dis au revoir, ne me parlent même pas de mes dents. Ils semblent distants... nous ne nous parlons plus autant qu'avant. Vati est demandé pour un travail supplémentaire. Nous n'avons que quinze minutes. Que peut-on dire? Ne te laisse pas abattre, sois vigilante, fais attention. Les mêmes choses qu'il dit toujours. Oma, quand je l'embrasse, est si fragile qu'elle semble n'être que peau et os. Ça me fait peur. Vati est trop maigre. Il a toujours été mince mais maintenant il est maigre et blême, il a l'air fatigué et hagard. Il vient avec moi jusqu'à la porte du jardin. «Petit hérisson, fais bien attention à toi. Une chose aussi... Oma peut ne plus être avec nous très longtemps. Si tu vois une petite croix dans le bas d'une de mes lettres, tu sauras qu'elle n'est plus.»

Chapitre Dix
# 1942-1944
# Camp numéro trois

Toutes les écoles de Berlin sont évacuées. Toutes sauf deux. Ces deux-là, dit-on, sont maintenues ouvertes pour les enfants des officiers du parti nazi, bien qu'officiellement elles soient censées être pour les cas difficiles. Je ne connais personne qui y soit. Les parents d'Uschi ont essayé, en vain, de l'y mettre; alors, à la dernière minute, ils l'ont changée d'école en croyant à tort que celle là ne serait pas évacuée. Maintenant Uschi est déjà en Prusse orientale. Elle me manque.

Le train serpente entre les montagnes et nous avons le nez collé à la fenêtre. Jamais auparavant je n'avais vu d'aussi grands pins. Nous descendons à Polaun, la gare la plus proche de Harrachsdorf. Nous, c'est l'école Hans Thoma: 176 filles et 5 professeurs. Ce sont les Dr Lauenstein, Hoffmann, Pfaffenberger, Lenz et Beck. Le Dr Pfaffenberger, professeur de mathématiques, est arrivé récemment dans notre école, après le bombardement de Lichterfelde. Frau Francke, la directrice, et le Dr Brand, ayant atteint l'âge de la retraite, ne viennent pas.

Les hôtels ont envoyé deux voitures tirées par des chevaux nous attendre à la gare. La gare en question n'est qu'une petite cabane en bois, presque invisible sous les grands arbres. Les professeurs femmes et les filles les plus jeunes iront dans les voitures jusqu'à Harrachsdorf, avec les bagages. Lauenstein ira à pied avec les plus grandes. Nous nous retrouverons à l'hôtel Babitz dans deux heures.

L'hôtel Babitz a quatre niveaux mais il est avenant et confortable. Il nous plaît tout de suite. Les prairies d'un vert tendre qui l'entourent font comme un tapis naturel jusqu'au bord d'un torrent rocailleux. Tout autour de nous se dressent vers le ciel les grands pins et les montagnes. C'est calme ici. Le seul bruit vient de l'eau bouillonnante, du vent et, bien sûr, de nous. La petite rivière s'appelle Mummel, nom amusant et approprié. Nous sautons de rocher en rocher en attendant que les professeurs nous désignent nos chambres. Ils nous appellent et nous disent que les plus jeunes, jusqu'à 15 ans, resteront ici, au Babitz. Les plus âgées iront à la pension Gertrud, un hôtel plus petit. Elles ne sont pas nombreuses car quiconque a plus de dix-sept ans doit aller travailler (Arbeitsdienst) ou est envoyé dans un autre camp comme conseiller des jeunesses hitlériennes. Le Dr Lauenstein s'occupera de la pension Gertrud, avec Beck comme adjointe. Pfaffi, c'est ainsi que nous appelons Madame Dr Pfaffenberger, s'occupera de nous, ici, avec Hoffmann. Lenz, bien que sans responsabilités, restera ici aussi. Le vieux peloton, notre chambre 18 de Tchécoslovaquie, se regroupe. A Sigrun et moi on donne une chambre mansardée à deux lits; Hanni et Ruth ont celle d'à côté. Je préférerais être avec Hanni ou Ruth.

Après avoir défait les valises, nous restons à la fenêtre, toutes les quatre, à regarder le ciel clair, étoilé, à respirer l'air pur qui sent si délicieusement le pin, et nous nous sentons soudain déprimées. Les montagnes deviennent des barrières qui nous enferment. Nous nous sentons prisonnières, ne sachant pas combien de temps nous resterons là, seules, et bien trop loin de chez nous. L'incertitude de l'avenir, de tout, n'arrange rien. Soo-y-ing, une nouvelle, nous rejoint. Je me demande ce qu'elle ressent. Sa mère est morte, il y a des rumeurs selon lesquelles elle était danseuse de cabaret. Son père est un homme d'affaires chinois. Il a laissé Soo-y-ing sous la responsabilité de Frau Francke, la directrice, et puisque Soo-y-ing était inscrite à l'école Hans Thoma, elle est ici avec nous maintenant. Elle me plaît aussitôt.

Nous nous rassemblons dans la salle à manger pour entendre le règlement. L'humeur est morose. Pfaffi et Hoffmann semblent aussi déprimées que nous, coincées ici dans un petit village de montagne loin de tout. La ville la plus proche est à six heures de train et d'ailleurs c'est un hameau par rapport à Berlin. Hoffmann a l'habitude d'aller au théâtre, à l'opéra; les camps, ce n'est pas pour elle! On le lui dit et l'ancienne chambre 18 le sait. Elle est contente que Pfaffi soit responsable à sa place.

Frau Dr Pfaffenberger, une femme petite et solidement bâtie, incite au respect. Elle n'hésite pas à donner une bourrade ici ou là quand elle va et vient entre les grandes tables où nous sommes assises. Quand elle dit «Silence!» on peut entendre une mouche voler. Nos deux conseillères des jeunesses hitlériennes par ordre de l'Etat tout camp doit en avoir, se présentent: Irène et Helga. Elles nous font le discours habituel qui se termine par: «Espérons que nous nous entendrons bien, et après le petit déjeuner, demain matin, il y aura une inspection d'uniformes et une marche dans le village.» Helga veut ajouter quelque chose mais Pfaffi, qui est restée assise, le visage de marbre, l'interrompt.

«Ce ne sera pas possible car j'ai programmé des cours à ce moment-là.»

Nous dressons l'oreille. On ne nous a rien dit à propos des cours. Fascinées et silencieuses, pour changer, nous écoutons la discussion qui s'ensuit. Il est clair que c'est une lutte de pouvoir. Sous le régime hitlérien, les conseillers des jeunesses hitlériennes ont plus d'autorité que les professeurs, spécialement les professeurs de lycée qui ont la réputation d'être apolitiques ou secrètement opposés au gouvernement nazi. Personne n'a allumé la radio depuis notre arrivée; personne n'a dit un seul «Heil Hitler». L'endoctrinement politique est la principale fonction des conseillers. Pfaffi perd son premier combat et s'en va, rouge de colère, sa chevelure tressautant au rythme de sa marche. Mais nous savons que ce n'est qu'un début. Frau Dr Margarete Pfaffenberger, mère d'un garçon et d'une fille de notre âge, est une femmes très intelligente et habile, une personnalité difficile à dominer. Irène, vingt ans et Helga, vingt-deux, ne sont pas de force à lutter contre elle. Elles le savent et Pfaffi le sait mieux que tout le monde.

A l'inspection d'uniforme, le lendemain matin, Lauenstein fait son apparition: un mètre quatre-vingts de splendeur en uniforme, médailles scintillant au soleil. Irène est magnifique et Helga encore plus belle. Toutes les deux ont un corps splendide. Lauenstein, après les avoir bien regardées, se montre des plus charmants quand il se présente. Il est évidemment content de nos conseillères et de cet alignement d'élèves de Hans Thoma, en uniforme. Il n'est pas chiche de louanges. Mais avant de partir chercher Pfaffi et Hoffmann, il exécute un parfait «Heil Hitler» de cinéma, avec main tendue et claquement des talons.

La vingtaine de bâtiments de Harrachsdorf est alignée le long d'une rue pavée. A l'exception du bureau de poste, de l'école, d'un magasin général, d'un café-boulangerie et de la maison du bourgmestre, ce ne sont que des hôtels ou des pensions. Herr Erlebach est le bourgmestre et il possède tout. L'hôtel Erlebach est le plus grand et le seul encore ouvert au public. Tous les autres, qui furent des hôtels, servent maintenant de camp d'évacuation pour les enfants ou de foyers d'accueil pour des soldats blessés ou convalescents. A part une vieille femme, les seules personnes qu'on voit pendant notre marche en ville sont des soldats et d'autres enfants allemands. La vieille femme ne répond pas à notre salut. Nous rompons les rangs pour la laisser passer, son gros panier sur le dos. Elle est tout habillée de noir, jupe longue, veste longue et grand châle bien serré autour de la tête. Elle garde les yeux au sol et nous croise comme si nous n'existions pas, sa main tourmentée appuyée sur un bâton noueux.

Je me rappelle ce que Vati m'a dit à propos de Lidice et je m'interroge sur les gens d'ici. Sont-ils tchèques? Tchèques-allemands? Qu'est-ce que ça leur fait de voir que tout est accaparé par nous? Mais on n'a pas beaucoup de temps pour penser. Quand nous rentrons, Irène et Helga nous rassemblent dans la salle à manger pour une leçon de chant. Elles veulent qu'on chante des chants des jeunesses hitlériennes que nous ne connaissons apparemment pas. On ne nous laisse que pour le repas.

L'après-midi, nous devons copier les paroles qu'Helga nous dicte pendant qu'Irène fredonne l'air:

«Un jeune peuple monte
Prêt à attaquer.»

«La seule chose à laquelle je veux m'attaquer, ce sont mes bagages, là-haut», me dit Ruth, derrière Sigrun.

«Levez haut vos drapeaux, camarades!»

«Je ne peux me concentrer et écrire quand vous parlez toutes les deux!»

Bonne Sigrun. Ruth et moi échangeons des regards derrière son dos. Ruth, désignant sa montre, continue comme si elle n'avait rien entendu: «Sais-tu qu'à cette minute même, nous sommes ici depuis exactement vingt-quatre heures? Vingt-quatre heures et nous n'avons même pas eu le temps de ranger nos affaires ou d'écrire chez nous!»

«Nous sentons venir l'ère nouvelle,
L'ère nouvelle des jeunes soldats.
Les héros du passé nous appellent...
Allemagne! Patrie! Nous voilà!»

«Allemagne! Patrie! Nous voilà!» encore et encore jusqu'au dîner. Les professeurs sont dans la salle à manger et quand Pfaffi annonce un temps libre jusqu'au coucher, l'acclamation est assourdissante et unanime.

Bruit et agitation, tout le monde court en tous sens. «Quelqu'un a-t-il du papier à lettres à me passer? Je ne trouve pas le mien.» «Quel était le nom de ce grand hôtel?» «Où avons-nous changé de train?» «Quelle hauteur font les arbres, ici?» Ça rentre et ça sort, les portes s'ouvrent, claquent. Notre chambre est comme le centre de Berlin aux heures de pointe.

«Silence! crie Pfaffi. Si je prends quelqu'un à claquer une porte, une semaine à l'épluchage des pommes de terre!»

«Voilà que ça recommence», dis-je, mais je suis finalement contente de pouvoir écrire sans être dérangée.

Sigrun chuchote soudain: «Crois-tu qu'elles vont censurer le courrier?»

Nous nous regardons. «Pfaffi?» Jamais. Si Helga et Irène en ont l'idée, Pfaffi s'interposera. Je ne sais pas pourquoi mais je sens que Pfaffi est de notre côté. Elle n'aime pas plus que nous être ici.

Le lendemain est froid et pluvieux. Le temps idéal pour ranger, nettoyer tout.

«De l'ordre! Il y aura de l'ordre!» dit Helga. Nous observons, amusées, quand, au petit déjeuner, elle se lève de table pour nous expliquer comment se présenter «au rapport»!

«Chaque fois qu'Irène ou moi entrerons dans vos chambres, vous vous mettrez au garde-à-vous.» Elle se redresse, bras tendus et commence: «Heil Hitler! Lagermaedelführerin (Commandant de camp féminin, son titre officiel)! Chambre numéro tant, au rapport: quatre filles en train de nettoyer... ou n'importe quoi d'autre qui se fait à ce moment-là.»

Tout le monde rit. Helga devient cramoisie et crie: «Il n'y a rien de drôle à cela! Rien du tout!»

Une voix, dans le fond, très lente, très surprise: «Vous voulez dire que nous devons faire cela à *chaque fois* que vous venez dans notre chambre?» Quelqu'un pouffe de rire: «Même quand nous nous brossons les dents?»

Eclat de rire général.

Mais Helga est sérieuse. «C'est cela! Même si vous êtes en train de vous brosser les dents. Peu importe ce que vous faites, vous devez en rendre compte à Irène ou à moi de la façon convenable; et, bien sûr, également à Frau Pfaffenberger et Frau Hoffmann.»

«Non, pas à nous, merci», c'est la voix froide de Pfaffi. «Cela ne sera pas nécessaire.»

Et comme sur un signal, Pfaffi et Hoffmann se lèvent d'un commun accord et quittent la pièce tandis qu'Helga crie: «Eh bien, ce *sera* nécessaire pour *nous!* Et vous feriez bien de vous préparer. Nous avons mis des balais et des éponges à chaque étage. Inspection après le repas.»

Il y a plein de remarques méchantes pendant qu'on monte, mais peu de balais. Sigrun, vieille habituée, met de côté une balayette et une pelle pour nous tandis que Ruth et Hanni obtiennent une éponge. Nous quatre pensons avoir un avantage sur la plupart. Nous savons tout des inspections, croyons-nous. Mais par où commencer? La pièce est si petite que lorsqu'on ouvre la porte et qu'on fait un pas, on est devant le lavabo. Pour aller à la vieille armoire, il faut fermer la porte. L'armoire en bois, divisée en deux, a de la place pour six portemanteaux, peut-être dix en serrant bien, et trois étagères. C'est tout. Il y a deux lits espacés de trente centimètres, juste assez pour atteindre la fenêtre et la petite table qui est coincée entre eux deux. C'est notre foyer maintenant.

Sigrun pousse sa valise sous le lit. Je fais de même avec la mienne et j'accomplis mon numéro consistant à faire les lits tandis que Sigrun plie, pousse, tasse et vient à bout de la montagne de nos affaires. Elle réussit à en entasser dans l'armoire plus qu'il paraissait possible. Le reste est remis dans les valises. Il n'y a tout simplement pas assez de place. Pourtant, quand le sifflet retentit, nous sommes plus ou moins contentes de nos efforts.

Le repas passe vite. A voix basse, nous essayons de nous dire, les unes les autres, ce que nous avons pu oublier. Ensuite, nous nous précipitons en haut pour mettre à profit les renseignements de dernière minute.

Aux étages inférieurs, les portes s'ouvrent et se ferment. L'inspection a commencé. « Elles ne peuvent pas regarder sous le lit, ici », dit Sigrun, et je la rassure: « Impossible, pas la place! » Je me concentre sur ce stupide rapport à faire. Nous avons pris des allumettes et j'ai tiré la plus courte; c'est donc moi qui dois parler. Les voilà!

La porte s'ouvre et, en file: Helga, Irène, suivies de Pfaffi; Hoffmann doit rester dehors. Il n'y a pas de place. Cinq personnes dans si peu d'espace! Nos nez se touchent presque. Il faut que je me tienne de profil pour réciter: « Lagermaedelführerin, chambre vingt-huit. Deux filles prêtes pour l'inspection. » J'essaie de ne pas regarder Sigrun, sachant que nous éclaterions de rire toutes les deux.

« Merci », dit Helga; mais elle n'ajoute pas: « Repos. » Nous restons droites, raides, clouées au sol.

« Vous appelez ça propre ? » Helga met un doigt noirci sous mon nez. Elle vient de le passer sur le dessus de l'armoire. La question est de pure forme. Sigrun et moi restons muettes. Nous la regardons se laver la main puis prendre une brosse à dents. Tonnerre!

« A qui est-ce ? Et l'autre aussi répugnante ! Vous devez utiliser beaucoup de dentifrice à en juger par ceci ! » Elle tient les verres à dents à contre-jour. « Dégoûtant ! » Maintenant, elle va vers la fenêtre en nous serrant pour passer, se noircit le doigt encore une fois sur la tringle à rideaux, grommelle: « Porcherie ! » voit l'armoire jusqu'alors cachée par la porte ouverte et par Sigrun. « Ouvre-la !... Pff... ! Pas des filles, des cochons ! Vous êtes des porcs ! » Elle tient une de mes chaussures qui, c'est entendu, a un peu de terre sous le talon mais qui autrement est aussi brillante qu'un miroir. Elle lâche la chaussure, s'agenouille entre les lits, tire les valises. Impuissantes et furieuses, nous voyons nos affaires personnelles étalées au vu et au su de quatre paires d'yeux curieux. Pfaffi montre soudain de l'intérêt et même Hoffmann s'approche pour mieux voir la vieille poupée de chiffon de Sigrun, sale et usée, les cheveux mités. Il y a mon petit ours en peluche, mes aquarelles, la nappe brodée main d'Oma, des livres, des photos de nos familles. Tout est là et le silence est embarrassant. Mal à l'aise, Helga se lève. En sortant, cependant, elle s'arrête pour passer le doigt au-dessus du miroir. Evidemment, son doigt revient noir et elle retrouve sa voix.

«Comment avez-vous été éduquées? Des lycéennes! Vous feriez mieux d'apprendre à nettoyer. *Nettoyer!* Et pendant que vous y êtes, vérifiez tous vos vêtements. Les boutons trop lâches, les trous dans les chaussettes et le reste sont inacceptables ici!» Elles sortent toutes. Elles ferment la porte derrière elles. «Il y aura une autre inspection ce soir!» entendons-nous crier dans le couloir.

Sigrun et moi, comme à la fin d'une scène de théâtre, nous nous asseyons par terre, dos à dos, devant nos valises. Nous nous entendons sangloter doucement, avec honte tout d'abord. Puis, comprenant que nous ressentons la même chose, nous nous retournons, serrant poupée et ours en peluche dans nos bras, et prononçant des jurons d'enfants. L'un après l'autre nous ramassons nos biens et les rangeons soigneusement, avec amour. Quand les valises retournent sous les lits, nos larmes ne coulent plus. D'un air de défi, nous recommençons le nettoyage.

A table, le soir, tout le monde est assis, la tête basse. Sigrun et moi ne sommes pas les seules à avoir les yeux rouges. Des filles pleurent ouvertement pendant qu'Helga nous invective copieusement. Elle a renvoyé le dessert à la cuisine. «Vous ne le méritez pas avant d'avoir appris à vivre comme des filles des jeunesses hitlériennes et non pas comme des bêtes.»

Les larmes sont contagieuses et une vague de sanglots déferle sur les tables jusqu'à ce qu'Irène se lève et dise, presque gentiment: «Pour l'amour du ciel, arrêtez! Vous apprendrez. Nous vous montrerons comment faire. Arrêtez de pleurer immédiatement!»

Pfaffi et Hoffmann se lèvent et sortent. Pas un mot de leur part.

Helga et Irène sont d'une humeur différente quand elles refont leur tour. Elles montrent comment on doit accrocher les serviettes avec les deux pans exactement identiques; elles plient et replient des vêtements pour montrer comment on fait. Les brosses à dents doivent être au garde-à-vous. C'est-à-dire qu'elles doivent être posées suivant un certain angle dans leurs verres. Le pire est passé. Nous obtenons la note 2. Considérant que 1 est la meilleure et 6 la plus mauvaise, 2 n'est pas mal. La note 6 vous rapporte une semaine d'épluchage de pommes de terre et/ou de travail à la cuisine. A la façon dont Helga et Irène inspectent, il n'y aura pas besoin de volontaires d'ici un bon moment.

Le troisième jour débute par un petit déjeuner silencieux. Nous ne devenons bruyantes que lorsque Helga se lève pour parler. Qu'a-t-elle inventé cette fois?

«Il y aura inspection en uniforme après le petit déjeuner, dit-elle. Inspection en uniforme et alignement dans vingt minutes à partir de maintenant, dehors, sur la pelouse.»

Helga s'assoit et se voit adresser la parole de façon inattendue par Pfaffi: «Fräulein Helga!» Le ton de Pfaffi est froid et d'une politesse sarcastique. «J'apprécie grandement vos efforts, à vous et à Fräulein Irène, pour m'aider à mettre un peu d'ordre ici. Vous devriez cependant me consulter avant d'annoncer un projet quelconque. Ce matin...»

«Mais Frau...» interrompt Helga en se levant.

Mais Pfaffi dit sèchement: «Je n'ai pas terminé Fräulein Helga. Voudriez-vous s'il vous plaît avoir la simple courtoisie de me laisser finir ma phrase? La politesse est une qualité sur laquelle on insiste beaucoup aux jeunesses hitlériennes, n'est-ce pas?»

Helga baisse la tête et rougit. Elle se rassoit et Pfaffi continue: «Après le petit déjeuner, les enfants se réuniront dans la salle de séjour et nous essayerons de mettre au point un système raisonnable pour assurer les cours. Cela prendra la matinée et probablement une bonne partie de l'après-midi aussi. Nous verrons. Bon! Avez-vous quelque chose à dire?»

Nous regardons Helga se mettre debout et rassembler son courage: «Frau Dr Pfaffenberger, nous pensions seulement...» Elle s'arrête, regarde avec déférence Pfaffi qui répond presque gentiment: «Penser, vous pouvez me le laisser faire. J'y suis entraînée et depuis plus longtemps que vous n'avez d'années, Fräulein Helga. Je suggère que vous et Fräulein Irène vous veniez me voir après le repas.»

«Frau Dr Pfaffenberger!» Pour la première fois, Irène ouvre la bouche. «Nous sommes déléguées ici, non seulement pour vous aider à faire régner l'ordre, comme vous l'avez dit, mais pour enseigner aussi à ces filles ce qui a trait à notre Führer et au Reich, pour leur apprendre les chants qu'elles devraient savoir mais ne savent pas et en outre...» Irène s'arrête un instant. Après avoir dit tout cela d'un trait elle veut une attention redoublée pour abattre son atout. «Et en outre, c'est Helga qui, en tant que Lagermaedelführerin est réellement responsable ici. C'est ce qu'on nous a dit. Le rang de Lagermaedelführerin est plus élevé que celui de n'importe quel professeur.» Irène redresse la tête dans un geste de défi et s'assoit.

Pfaffi la regarde avec intérêt, un sourire amusé aux lèvres. «Fräulein Irène, je suis responsable ici et ne me méprends nullement à ce propos. La responsabilité de tous ces enfants, et aussi, et ce n'est pas la moindre, la vôtre même, me revient. Complètement, je le regrette. Je serais contente d'en parler plus longuement, tout à l'heure, quand vous viendrez dans ma chambre. Bonne journée. Les enfants! Tout le monde dans la salle de séjour!»

Des petits agneaux tranquilles suivent Pfaffi et Hoffmann, jubilant en silence, mais nous savons qu'il vaut mieux ne pas le montrer ouvertement à Pfaffi. Pfaffi ne se permet que l'esquisse d'un vague sourire. Elle n'a pas besoin de crier pour rétablir le calme ou l'ordre. Pour l'instant, elle a les choses en main et nous commençons à croire que nous aurons peut-être classe.

«Huit-huit!» s'écrie Helga. «Bien joué!»

«Helga!» Sigrun s'est approchée d'elle et désigne sa montre. «C'est l'heure du dîner. Pfaffi va être furieuse.»

Helga ne fait pas attention, lance le ballon fort. «Attrape! Ooh, allez! Lance-le! Nous allons voir qui va gagner!»

Helga et Irène sont enragées, aussi enragées que nous et aussi peu décidées à interrompre la partie. Nous jouons dehors toute la journée. Qu'y a-t-il d'autre à faire? La tentative de Pfaffi pour faire classe est tombée à l'eau. Le vieux dicton selon lequel «il y a loin de la coupe aux lèvres» me vient à l'esprit. Bien sûr, il y a l'alignement du matin, la levée du drapeau, les inspections des chambres, mais Helga et Irène ne sont pas aussi zélées qu'avant. La plupart du temps nous sommes dehors, dans la prairie, notre terrain de jeu, ou bien dans les bois presque mystiques où les pins s'élèvent, immenses, au-dessus d'un tapis sombre d'aiguilles brunes. Nous baignons dans le frais parfum du bois des arbres récemment abattus. Les troncs de dix, quinze mètres de long, font des balançoires idéales. Il y a des petites pierres à ramasser et des grosses pour grimper dessus, des pistes de daims et autres animaux à suivre et il y a le Mummel. La rivière est juste derrière l'hôtel. Ici et là, ses eaux tourbillonnantes coulent sur des rochers et forment des cascades.

«D'accord, allons-y! Tout le monde... Et c'est nous qui avons gagné!»

Avec un appétit féroce, rouges et pleines de santé, nous prenons d'assaut la salle à manger derrière Helga et Irène. Pfaffi, de bonne humeur, accepte notre faux-semblant de ponctualité. Helga et Irène, presque comme si elles étaient ses grandes filles ayant charge des plus petites, lui racontent nos aventures. Si elles oublient quelque chose, les mains se lèvent et Pfaffi nous demande, à l'une ou l'autre, de donner des détails. Nous avons de la chance aujourd'hui. Quelquefois, et ça se voit sur son visage, Pfaffi est en colère. Alors nous nous asseyons toutes aussi vite et aussi silencieusement que possible, et nous plaignons nos deux conseillères qui doivent concocter quelque excuse pour justifier notre retard. Puis elles essuient la colère «maternelle». Hoffmann ne dit jamais rien. Personne ne regrette Lenz qui a décidé de rejoindre Beck à la pension Gertrud.

Les informations, comme d'habitude, après dîner. Pfaffi et Hoffmann s'en vont quand nous nous rassemblons autour de la radio. La seule chose qui nous intéresse c'est de savoir si oui ou non Berlin a été bombardée. Tout le reste semble loin, si loin... Même Berlin! Et les informations ne nous disent jamais ce que nous voulons savoir: quelle partie de la ville a été touchée. C'est toujours: «L'ennemi a attaqué la capitale de la nation, aujourd'hui, dirigeant surtout son attaque vers les secteurs résidentiels. L'ennemi a subi de lourdes pertes; trente-deux avions ont été abattus alors que nous n'en avons perdu aucun.» On peut cependant se faire une assez bonne idée de l'ampleur du raid au nombre d'avions abattus. Ce soir, il y a un changement dans les phrases habituelles. Pour la première fois, nous n'avons pas «pris victorieusement» une autre ville russe. En revanche, nos forces font une «retraite en ordre» afin de redresser notre ligne de front. Retraite? C'est la première fois que ce mot est employé officiellement. Est-ce que les Russes avanceraient? Un lourd combat fait rage autour de Tunis. Le «renard du désert» ne réussit pas si bien que ça! Nous entourons la radio en silence, le cœur lourd d'inquiétude pour nos familles, pour l'avenir. Une par une, nous sortons presque en cachette pour monter nous coucher. Personne ne parle.

La première tempête de l'hiver hurle autour de la maison, siffle par les moindres petits interstices des fenêtres, secoue les portes. Même les duvets ne sont pas assez chauds. Le ciel est gris et l'air sent la neige. Nous ressentons une bouffée de nostalgie intense. Nous savons que c'est pour cette raison que Pfaffi nous a annoncé un concours de décoration de chambre pour que «l'hôtel ressemble davantage à la maison». Elle et Hoffmann ont généreusement donné de l'argent. Helga et Irène sont allées à Hirschberg, la ville la plus proche, pour acheter de la colle, du papier de couleur, du contreplaqué et des scies à découper. «Faut donner une occupation aux sauvages!» dit Pfaffi. Nous, les sauvages, sommes heureuses, occupées par nos préparatifs. Les prix valent certainement la peine de faire un gros effort. Le premier consiste à s'occuper du courrier. C'est le plus convoité. On est la première à savoir qui a reçu des lettres et des colis de la maison. Le deuxième prix: quatre semaines d'exemption de travail à la cuisine. Le troisième: des portions supplémentaires de dessert, le dimanche. La compétition est serrée et tout le monde est si secret que même Hanni et Ruth ne veulent pas de nous dans leur chambre. Comme si nous allions voler leurs idées! Pfaffi et Hoffmann vont passer le week-end à Hirschberg. Quand elles reviennent, ça y est. La ligne d'arrivée est en vue: chaque minute est précieuse.

«Je ne sais pas! Je te jure que je ne sais pas! J'abîmerais tout!» Le ton de Sigrun est agressif. J'insiste: «Tu le peux! Je sais que tu le peux! Pourquoi ne me laisses-tu pas te montrer? C'est si facile!»

«Je ne veux pas!»

«Mais je ne peux pas tout faire seule! Nous n'aurons jamais fini à temps!»

«Oh si, et toi tu peux y arriver! Je sais que tu le peux.»

«Mais pourquoi ne veux-tu pas m'aider? C'est la chambre qui gagne, pas l'une de nous individuellement!»

«Je sais! Mais je ne peux pas faire ce genre de chose et je ne veux pas. Je ferai tout le nettoyage, toutes tes chaussures aussi, je tiendrai propre le placard, tout ça pendant trois mois si tu fais tout le truc et ne dis rien à personne.»

Je suis sidérée. «Tu es folle! Pourquoi voudrais-tu faire tous les trucs sales et cela pendant trois mois entiers? Et qu'est-ce que je suis censée faire pendant que tu nettoies?»

«T'asseoir et lire ou dessiner», voilà sa réponse. «C'est ce que tu préfères de toute façon.»

Y a-t-il une pointe d'amertume dans sa voix? Je suis en train de découper à la scie la dernière silhouette, une scène simple de filles jouant au ballon. Je m'interroge sur le marché de dupe de Sigrun, le serment solennel qu'elle m'a fait prêter. Je ne comprends toujours pas. Elles savent toutes que je fais les dessins; que peut-elle y gagner? Personne n'aurait eu de soupçons. Elles auraient présumé que nous avions fait le travail ensemble, même si j'avais fait les dessins originaux. Les filles viennent dans notre chambre et quand tout le reste paraît ennuyeux, elles me demandent de dessiner et d'inventer des histoires. Je dessine une fille et elles disent: «Elle n'a pas d'ami?» Alors je dois dessiner l'ami; et puis elles veulent connaître les frères, les familles, les amis. J'ai toute une population dans mon carnet d'esquisses.

Sigrun est allongée sur le lit. Dort-elle? Au moins elle pourrait m'aider à rester éveillée. C'est ce que je ferais si les rôles étaient inversés. Ou bien je lirais. Elle a raison, je ne m'ennuie jamais, pas comme elle. Tant que j'ai un livre ou que je peux dessiner.

Le jour J est arrivé. Notre chambre est jolie, les lits ressemblent à des divans. Sur la table, il y a la nappe brodée d'Oma et un arrangement d'herbes sèches et de pin, avec une grosse pomme de pin au centre. Sur les murs il y a six scènes du camp, silhouettes peintes en noir découpées dans du bois. Sigrun trouve que c'est magnifique. Je ne suis pas aussi optimiste. Je sais que Hanni et Ruth ont un tapis, un merveilleux petit tapis que la mère de Ruth a envoyé, et qu'elles ont des couvertures en laine écossaise identiques, sur leurs lits. Dieu sait ce qu'on a fait dans les autres chambres! Les colis ont pu apporter toutes sortes de choses. Notre chambre est jolie mais très modeste. Mais nous gagnons! Chambre 28, Sigrun et Ilse, parce que presque tout a été réalisé avec ce qu'elles avaient. Nous voilà préposées au courrier pour trois mois. Etrange... avant même que les acclamations s'arrêtent nous avions des offres de toutes sortes. Tout, depuis des gâteaux, du dessert, du chocolat jusqu'à des carnets de poche en cuir, des taies d'oreillers, celles en velours; tout cela contre la promesse de prévenir pour le courrier *avant* la distribution officielle qui a lieu après le petit déjeuner.

Sigrun et moi on s'est promis de ne jamais se laisser corrompre sous aucun prétexte. Hormis pour notre propre courrier, nous essaierons de ne pas regarder les noms sur les lettres ou paquets afin de ne pas être tentées.

**Hiver 1942-1943.** La neige est tombée et tombe encore, couvrant le village et la vallée d'une couche uniforme. Seulement ici et là, une tache sombre, le bois bien rangé en tas sous les avancées des toits. Ces taches et la fumée grise qui monte sont les seules preuves qu'il y a des maisons, des gens, de la chaleur, quelque part dans les montagnes. Le traîneau de l'hôtel Erlebach est en fonction. Quatre solides chevaux bruns, des clochettes tintant sur leurs rênes, se promènent dans le village pour le plaisir du personnel militaire. Les officiers portent des toques de fourrure et sont protégés par des couvertures; cependant on peut de temps à autre apercevoir l'éclat de leurs médailles. Toutes les autres personnes, hommes, femmes et enfants, se déplacent sur des skis. Les femmes du village, portant toujours de longues jupes noires et de gros paniers sur le dos, franchissent les collines rapidement avec une aisance étonnante. Leurs traces disparaissent rapidement sous la neige.

Le traîneau d'Erlebach va aussi à la gare de Polaun et rapporte des skis empaquetés en provenance de Berlin. Celles d'entre nous qui n'en ont pas assiègent le chantier où on les fabrique. Quand je reçois enfin l'argent de chez moi – Vati et Mutti m'en ont envoyé – le fabricant de skis n'en a plus qu'une seule paire. Une paire de gros skis en bois pour homme, avec des bâtons qui sont plus grands que moi. Pourtant j'ai de la chance de les avoir; on ne peut pas se déplacer sans. Déjà, la neige atteint presque les rebords des fenêtres du premier étage. Deux mètres cinquante de neige et elle tombe toujours! Nous nous entraînons tous les matins sur la colline la plus proche, avec un jeune que Pfaffi a engagé. Ils savent vraiment skier, ces villageois! Nous nous déplaçons avec aisance maintenant, mais pas forcément avec grâce. Certainement pas aussi gracieusement que ces vieilles femmes en noir. Hoffmann, à la surprise générale, skie superbement. Pfaffi se débrouille mais préfère rester dans sa chambre à lire, fumer... et écrire des lettres. Elle essaie de faire venir sa fille Renate. Les officiels nazis ont chaque fois refusé ses demandes: c'est préjudiciable au moral du camp qu'il y ait une mère et sa fille ensemble! Pfaffi est furieuse et dit qu'elle va remuer ciel et terre s'il le faut. Personne ici ne doute de son succès. Nous le lui souhaitons et cependant... chacune de nous aimerait avoir sa mère avec elle.

Je suis contente que Noël soit passé. Ce fut dur pour tout le monde en dépit des lettres et des colis, en dépit de la grande fête et du plus magnifique arbre que j'aie jamais vu; en dépit de la bonne nourriture. Frau Czoka et son personnel hôtelier savent certainement bien cuisiner. Ce sont de braves gens, gais, amusants et chaleureux. C'est agréable de se blottir contre la large poitrine de Frau Coka qui n'est pas avare de tendresse.

**Janvier 1943**. Nous avons perdu la bataille de Stalingrad. Roosevelt, le président des Etats-Unis, a rencontré le Premier ministre britannique, Churchill, à Casablanca, au Maroc français. C'étaient les nouvelles de ce soir, avec aussi une brève information inquiétante sur des combats sérieux à Tripoli. Plus tard, comme nous montons dans nos chambres, Ruth dit: «Ils se mettent ensemble maintenant. Ils cherchent comment ils pourraient faire pour nous mettre dedans!»

Juste à ce moment Gisela nous a dépassées en ajoutant: «Mais nous allons leur faire voir! Il n'y a pas de soldats supérieurs aux soldats allemands. Nous avons les meilleurs tanks, les meilleurs avions... tout est meilleur.»

«Bien sûr! Bien sûr!» C'est Hanni et on ne sait jamais si elle est sérieuse ou si elle plaisante. Dernière à rentrer dans notre chambre, elle ferme la porte.

«Mon Dieu! Ce que Gisela est bête!» dit Ruth en s'asseyant sur le lit de Sigrun, sa place habituelle pour nos bavardages du soir.

«Bête?» Sigrun semble indignée. «Pourquoi bête?»

Ruth ne s'attendait pas à cette réaction. Elle semble alarmée, mais seulement un quart de seconde, et se ressaisit. «Elle est bête, c'est tout. Tout ce qu'elle dit m'agace... parce que je ne l'aime pas.»

Sigrun, évidemment, se croit obligée d'insister: «Est-ce que tu ne crois pas, toi, que nous gagnerons?»

«Bien sûr que si», dit Ruth avec impatience. «Et tu es bête aussi de me demander une chose pareille!»

«Excuse-moi», reprend Sigrun, agressive. «Mais je ne peux pas supporter d'entendre des gens dire du mal de nos combattants. Je veux dire que ce sont nos pères, nos frères, nos oncles...»

«Et grands-pères!» Ce dernier mot vient d'Hanni. Ruth fait des grimaces dans le dos de Sigrun puis se lève. Hanni aussi. «Je suis fatiguée ce soir. Je pense que je vais aller causer avec mon pieu!» dit Ruth. Elle sait que Sigrun fait la grimace quand elle parle argot. Sigrun grimace effectivement mais ne dit rien.

Dehors, dans le couloir, j'entends Ruth et Hanni chuchoter avant que la porte soit refermée. Sigrun me regarde. «Qu'est-ce qui lui arrive? Depuis quand est-elle si susceptible? Pourquoi sont-elles parties? Si Ruth était fatiguée, pourquoi n'est-elle pas allée se coucher directement?»

«Je ne sais pas», dis-je en marmonnant, faisant semblant de lire et souhaitant pour la millionième fois être avec les deux autres.

Il neige encore. Cela s'arrêtera-t-il un jour? Même les plus grosses branches de ces pins seigneuriaux commencent à se courber. Tout le jour, depuis le réveil, chaque minute que nous ne passons pas à manger, nous la passons sur les skis. Nous aimons skier, nous aimons le plein air et la neige. Les garçons du pays font un concours de saut à skis. Nous les regardons de loin, envieuses, quand ils sautent à cinquante, soixante mètres en l'air. Nous grimpons à mi-pente de la montagne puis descendons à toute vitesse, faisons du slalom entre les traîneaux des bûcherons chargés de troncs d'arbres, zigzaguons entre les arbres. La ligne droite, ce n'est pas pour nous! Cela se termine parfois par une étreinte brutale avec de l'écorce qui s'effrite.

Comme j'aimerais avoir de vraies chaussures de ski au lieu des vieilles bottes de Mutti, et des lanières au lieu de ficelles. Bien que je fasse les nœuds les plus compliqués, les skis se dessèrent toujours. Enfin, il faut faire avec!

«Quand même!» Ruth vient d'arriver près de moi. «Je peux enfin être seule avec toi... Je voulais te demander quelque chose.»

«On fonce!» Nous skions avec aisance, l'une à côté de l'autre. Ruth continue sans hésiter, sachant que je sais de quoi elle va parler: «Depuis quand Sigrun est-elle une de ces super-nazis?»

«Depuis toujours! Tu ne le savais pas? Tu ne crois quand même pas qu'elle est à moi la photo d'Hitler qu'il y a au-dessus de mon lit! Elle est là parce que c'est la seule place que je puisse ne pas regarder!»

«Je n'avais pas vu cela sous cet angle.»

«J'ai été invitée une fois chez elle, dis-je à Ruth, eh bien leur portrait d'Hitler était aussi grand que la table de leur salle à manger, je te jure! Sa mère servait le dîner en uniforme complet, y compris la croix des mères du Führer!»

«Tu plaisantes?»

«Non, pas du tout! Demande le-lui. Son père est un des rouages du parti... bottes cirées et tout. Même leur nappe porte des dessins aryens! Ils sont très *Sang et Patrie!*»

«Tu en sais des choses!» Ruth paraît vraiment surprise: Sang et Patrie?... et elle est jalouse aussi! Ça m'agace. On ne peut jamais parler seule avec toi: elle s'amène toujours! Qu'est-ce que je te disais! La voilà!»

Sigrun, en essayant de faire un bel arrêt, manque de tomber. «Eh vous deux! Pourquoi ne m'avez-vous pas attendue?»

«Personne n'attend personne. Tu n'as qu'à skier plus vite. Regarde où Hanni est déjà rendue!» Et Ruth pousse fortement sur ses bâtons et descend à toute vitesse; je la suis. Ruth ralentit juste le temps de dire: «Elle a besoin d'une babysitter!» Et la neige de voler alors que nous dévalons à une vitesse folle pour nous arrêter devant Hanni qui bâille comme si elle attendait depuis longtemps.

**23 janvier 1943.** Tripoli est tombé aux mains des Alliés. A la radio, ce soir, le journaliste a l'air particulièrement grandiloquent quand il parle du «combat héroïque de l'Afrika Korps». Helga, détournant les yeux, quitte la pièce. Son père est, ou plutôt était, membre de l'Afrika Korps. Nous l'avons su ce matin en voyant la lettre officielle bordée de noir. Son père est mort pour la Patrie. Tant de lettres semblables sont arrivées! Quand nous étions encore à Berlin, la fille dont le père ou le frère était tué portait un brassard noir. Personne, ici, ne le fait. On n'en parle presque pas. Les larmes sont versées dans l'intimité des chambres. Il y a déjà bien trop de chagrin! Nous préférons aller skier, essayer de ne pas penser. A quoi cela servirait-il? On n'y peut rien.

**Février 1943.** A Munich, un groupe d'étudiants a été arrêté. Des étudiants antifascistes qui essayaient d'organiser la résistance contre Hitler. Ils s'appelaient «La Rose Blanche». Le journaliste annonce que c'est abominable, que c'est un cancer sur le corps du peuple allemand et qu'il faut l'éliminer, le détruire par le feu. Ruth et moi échangeons des regards. Tout à coup je pense «Boergermoor» et j'entends Vera Hahn dire à Vati: «Nous devons nous organiser, Ernst! Nous ne pouvons pas rester comme cela à ne rien faire et laisser le champ libre aux nazis.» Et je me rappelle Vati disant à Axel: «Ce que tu proposes, c'est le suicide.» Et Vati et moi sous la couverture, écoutant Lindley Frazer. Le nom est resté dans ma mémoire. Vati dans son vieux manteau. Vati avec son manteau ouvert alors que tous les autres, dans la rue, portaient un uniforme. Qu'est-ce qu'il m'a pris de parler tant? Puis-je faire confiance à Ruth? Qui peut faire confiance à quelqu'un? A y bien réfléchir, Ruth n'a presque rien dit, mais moi, Ilse-je-sais-tout, il a fallu que je me laisse emporter, que je lui raconte tout sur le portrait d'Hitler, la mère de Sigrun... Ilse, me dis-je, dorénavant tu fermeras ta grande bouche. Et ne pense pas tant! Nous sommes tous dans la même galère ici. Le courrier est lent. A l'heure actuelle personne ne sait si nos parents sont morts ou vivants, s'ils ont encore un toit. Ne pas penser!

**Mars 1943.** Une lettre de Vati. Il y a une croix au bas. Oma était devenue très lointaine mais tout à coup elle me manque énormément; j'ai l'impression d'un grand vide... et quelque chose d'autre. Quelque chose qui fait comme une boule dans mon estomac. Je ne dis à personne que ma grand-mère est morte. J'ai peur.

Je ne pouvais pas savoir que le ministre de la Propagande, Joseph Goebbels, avait écrit dans son journal, le 27 mars 1943: «Maintenant nous chassons complètement les Juifs de Berlin. On les a cernés par surprise samedi dernier et ils vont être envoyés dans l'Est aussi vite que possible. Malheureusement, les meilleurs de notre société, et particulièrement les intellectuels, une fois encore, n'ont pas compris notre politique vis-à-vis des Juifs et, dans certains cas, ont même pris leur parti. En conséquence, nos plans furent dévoilés prématurément et beaucoup de Juifs nous ont glissé entre les mains. Mais nous les prendrons quand même.»[1]

Oma ne leur avait pas échappé. Six SS vinrent la chercher au milieu de la nuit. Oma s'y attendait. Elle était très calme. «Ne vous gênez-pas, messieurs, servez-vous!» leur dit-elle quand ils commencèrent à regarder ses affaires. Elle refusa vaillamment de partir avant le matin. «Je sais ce qui m'attend! Dites-moi simplement où et quand c'est le départ et j'y serai.» Finalement ils consentirent à partir mais l'un d'entre eux resta en arrière. Incapable de résister à la tentation, il empocha une broche avec un rubis. «Vous avez bon goût, jeune homme, lui dit Oma, c'était la seule pièce de valeur qu'il me restait.»

A l'aube, le matin suivant, Vati l'accompagna à la gare. Des centaines de vieilles gens, ainsi que des ouvriers juifs employés aux munitions et jusque-là épargnés, étaient déjà là, tremblants de froid. Vati pleurait, mais pas Oma. «A quatre-vingt-quatre ans, Ernst, j'ai vécu ma vie.»

Les SS ont essayé de pousser Oma dans l'un des wagons de l'armée, mais Oma a demandé, et obtenu, une chaise pour y monter toute seule. Elle ne s'est pas retournée.

Elle est morte peu de temps après son arrivée au camp de concentration de Theresienstadt.

Un matin, de bonne heure, cinq d'entre nous se faufilent en cachette dans la cuisine chaude, un petit groupe de conspirateurs, tôt levés, alors que tous les autres dorment encore. Regrettable d'être obligé de prévenir Sigrun! Heureusement, elle n'a pas voulu venir et m'a promis de ne rien dire à personne. Typique, me dis-je, aucun cran! Helga poussa un soupir de soulagement et dit: «Je ne l'aurais pas emmenée, de toute façon; elle ne skie pas assez bien.»

Helga, Ruth, Hanni, Soo-y-ing et moi entourons Frau Czoka et avalons notre petit déjeuner, impatientes de partir. Frau Czoka, béni soit son bon cœur, a préparé pour nous des paquets bien faits: un second petit déjeuner et le repas de midi, plus des pommes et du gâteau. Nous avons dû la mettre dans le secret et elle n'aime pas du tout notre idée. Elle n'y va pas par quatre chemins: «C'est dangereux! Vous, les enfants, vous ne savez même pas combien la montagne peut être dangereuse.» Elle hoche la tête à maintes reprises.

---

[1] *The American Heritage Picture of World Warr,* par C.L. Sulzberger, 1966, page 322

«Ce n'est pas bien! Ce n'est pas juste que Frau Dr Pfaffenberger ne le sache pas. Je prie seulement pour que le temps se maintienne.»

Elle sait aussi bien que nous que Pfaffi ne nous aurait jamais donné la permission de monter sur la plus haute crête. Mais Pfaffi et Hoffmann sont à Hirschberg et ne rentreront pas avant le soir; à ce moment-là nous serons revenues. Nous avons décidé cette randonnée depuis longtemps. Nous étions toutes d'avis que monter au Schneegruben Hutte, le refuge sur la plus haute montagne, et ensuite redescendre à skis, serait vraiment quelque chose. Nous attendions que Pfaffi soit partie.

Sacs à dos et skis sur l'épaule, nous passons devant le village, prenons un raccourci d'où partent les pistes. Nous avons la piste et la montagne pour nous seules et tout est si beau que nous crions, chantons et ioulons[1]. Comme la vie peut être magnifique!

Nous ne sommes même pas à la moitié du trajet quand, à dix heures moins le quart, une tempête de neige s'abat sur nous. La neige aveuglante nous empêche de voir quoi que ce soit. Helga grimpe à un arbre pour dégager la neige d'un poteau de signalisation. Fausse piste! Nos traces, que nous essayons de suivre à rebours, sont déjà recouvertes. Tout est blanc; la tempête fait rage et des grosses branches nous lâchent des paquets de neige supplémentaires sur le chemin. Où est le sommet? Où est la vallée?

Helga nous guide et nous la suivons de près, cinq silhouettes couvertes de neige qui piétinent courageusement l'étendue déserte. Nous ne pouvons pas nous permettre un arrêt pour manger. La tempête est mauvaise et, nous le savons, dangereuse.

A quatre heures de l'après-midi surgit tout à coup de nulle part, à quelques mètres seulement, Schneegruben Hutte. Soupirs de soulagement.

Les quelques personnes qui sont à l'intérieur nous regardent, étonnées et incrédules et se hâtent de nous faire de la place contre la faïence du poêle rond pour nous laisser nous réchauffer. Quelqu'un nous offre un thé une fois que notre cagnotte s'est révélée insuffisante.

«Allez, on y va!» Helga ne veut pas qu'on se repose, insiste pour qu'on s'en aille. Cela provoque une discussion animée qui s'achève par un commun accord: c'est de la folie d'essayer de descendre à skis!

«Elles ne sont même pas de la montagne!» dit un vieil homme. «J'ai grandi dans le coin et je ne descendrais pas aujourd'hui pour tout l'or du monde.»

[1] Chanter à la manière tyrolienne

« Moi non plus ! dit un autre. Si elles ne tombent pas dans le vide, elles se perdront et mourront gelées. Je ne sais pas ce qui vaut le mieux... non, monsieur. » Son regard nous enveloppe l'une après l'autre ; il hoche la tête. « La piste ? La piste n'est plus que deux sillons de glace tracés par les traîneaux à bois. Essayez d'y rester. N'oubliez pas : essayez de les suivre sinon... » Il ne termine pas, se retourne et s'en va.

D'autres hôtes prient Helga de rester, offrant de nous aider à payer la nuit. « Pourquoi ne téléphonez-vous pas en bas ? »

Nous nous tournons vers le téléphone avec espoir. Mais la ligne est coupée. Cela arrive souvent lors de tempêtes comme celle-ci, nous dit-on. Helga, sans plus de façons, nous entraîne dehors, nous fait mettre nos skis, ne nous donne pas le temps de réfléchir.

« Je passerai la première, Ruth la dernière. Laissez environ dix mètres entre vous. Cassez-vous une jambe ! (C'est l'adage porte-bonheur chez les skieurs !) J'y vais ! »

Essayer de rester dans les sillons ; essayer d'y rester... me martèle dans la tête. La première partie est la pire. Une fois arrivées aux arbres, tout ira bien. Mon tour ! Bas, rester très bas et dans les sillons, sinon tu tombes dans l'abîme. Juste alors la neige s'arrête : je vois la vallée en dessous. Ne regarde pas, Ilse ! A cet endroit qui me paraît tout proche, la montagne descend à pic et, de l'autre côté, monte plus à pic encore. Oh mon Dieu ! c'est comme si on m'avait propulsée avec un canon et la piste est si étroite, juste une ligne mince, qu'il est impossible que ce soit celle d'un traîneau. Mon derrière est aussi bas que je l'ose sans augmenter cette folle vitesse et sans tomber et...

Le sol semble se dérober sous moi au moment où quelque chose de sombre me fonce dessus. Les arbres ! La lisière de la forêt ! J'y suis ! Apercevant quelque chose du coin de l'œil, je fais un brusque écart à gauche et vais grossir le tas, sac, skis et tout... dans l'amoncellement de neige. Nous nous démêlons et constatons que tous nos membres sont intacts et dansons en rond de joie. Tout à coup, une lumière étrange.

La lune ! La lune illumine la piste que nous avons suivie, éclaire le pont étroit sur lequel la neige amoncelée monte beaucoup plus haut que les parapets. Le pont sur le Mummel. Impressionnées, nous regardons en bas ; trente mètres plus bas, la rivière bouillonne toujours sur son lit rocailleux. Lentement et respectueusement, nous reculons. Nous avons toutes descendu ce trajet à toute allure. Un nuage recouvre la lune comme un rideau. Nous repartons, restant le plus possible groupées parce qu'il fait de nouveau sombre.

Nos yeux doivent s'habituer à découvrir les passages entre les arbres quand ils se dessinent contre le ciel. Nous skions toujours à grande vitesse, et nous nous interpellons pour nous donner du courage et des conseils. Tourner et descendre, un autre virage, le genre de toutes les pistes de montagne. Et puis un autre entassement dans un énorme amoncellement de neige. Près de nous il y a quelque chose de gros et noir avec une petite lanterne rouge.

«Dieu! Vous ne pouvez pas regarder où vous allez!» dit une grosse voix masculine. «Vous avez fait peur à mes chevaux!»

«Excusez-nous, dit Helga, mais certainement pas aussi peur qu'à nous!... Et pourriez-vous nous dire, s'il vous plaît, à quelle distance nous sommes d'Harrachsdorf?»

«Une demi heure environ!» telle est la réponse de l'homme qui mène, on peut le voir maintenant, un attelage de chevaux qui tire un traîneau transportant une énorme charge de longs troncs d'arbres. «Certainement pas plus d'une demi-heure! Elbfall Hutte n'est qu'à dix minutes d'ici dans la direction où vous allez. Mais faites attention, il y a trois autres traîneaux derrière moi.»

Elbfall Hutte, la maison la plus proche du camp. Pratiquement arrivées. Hourrah! Et l'on repart!

«Prenez de la vitesse! Prenez de la vitesse! crie Helga. Ce trajet, nous pouvons le faire sans nous arrêter, d'une seule traite jusqu'à l'hôtel!»

Elle n'avait pas besoin de le dire. Nous le savons toutes. Si on s'y prend bien, en allant aussi vite que possible, on doit finir juste devant la porte sans s'arrêter une seule fois. Une demi-heure de ski et de joie de vivre...

Quatre semaines d'épluchage de pommes de terre et pas de dessert. Pfaffi était si furieuse qu'elle en perdait la voix. Nous savons qu'elle a raison. Et pourtant que sont quatre semaines d'épluchage de pommes de terre en comparaison de cette expérience? Pfaffi était contente qu'on soit toutes revenues entières même si elle ne l'a pas dit; et cela aussi nous fait du bien. L'épluchage de pommes de terre n'est rien. Assises dans la cuisine, nous rions et revivons tout cela. Helga nous a rejointes et épluche des pommes de terre bien que Pfaffi ne le lui ait pas dit.

«Vous vous rappelez le pont? J'ai cru que j'en mourrais quand la lune s'est montrée et que j'ai vu ce que je vous avais fait faire.»

«Oui! Et rappelle-toi le traîneau de bois avec la lanterne rouge. Ça aurait pu être un autre désastre!»

«Oui, mais heureusement l'homme a arrêté les chevaux à temps. Ces hommes savent vraiment ce qu'ils font.»

«Tu parles! Mais dis-moi, as-tu déjà vécu quelque chose d'aussi formidable?»

«Jamais! Donne-moi une autre pomme de terre! Quoi? Il n'y en a plus? C'est presque dommage. Maintenant il faut retourner avec les autres.»

**7 mars 1943**. A Essen, il y a eu le plus gros raid aérien de la guerre, jusqu'à maintenant. Essen, c'est là que sont les aciéries Krupp. Les raids aériens, les raids aériens... il n'y a rien d'autre à la radio? «Les hordes bolcheviques, à peine humaines, sont repoussées par les forces allemandes supérieures... Notre aviation bombarde l'Angleterre.» Et ensuite, de la musique martiale. «Car nous nous battons contre l'Angleterre.»

**13 mai 1943**. Tunis et Bizerte sont aux mains des Alliés. Nous avons perdu l'Afrique. Des milliers de soldats ont été faits prisonniers. Le «renard du désert» est vaincu. Encore un navire jaugeant quinze mille tonneaux coulé par les sous-marins allemands. Jour après jour, les mêmes histoires.

«Que diable signifie *jaugeant quinze mille tonneaux*?»

«C'est ce que pèse un navire. C'est comme ça qu'on les mesure.»

«Ils doivent avoir de grosses balances! Et comment peut-on faire ça dans l'eau?»

«Va-t'en! Tu es stupide!»

«La nuit dernière l'ennemi a encore bombardé la capitale allemande.»

Tout le monde se rassemble autour de la radio. Des visages inquiets. Mais le journaliste ne dit pas quelle part de Berlin a été touchée, juste: «L'ennemi a subi de lourdes pertes. Les avions de combat allemands et les canons antiaériens ont abattu quarante-sept avions ennemis. Malgré ces attaques hideuses contre les quartiers résidentiels, les hôpitaux et autres cibles non militaires, le moral de notre peuple ne peut pas être brisé.»

Quarante-sept avions abattus! Le groupe, si bruyant habituellement, monte les escaliers bien silencieusement. Quarante-sept! Cela a dû être un terrible raid aérien.

«Ilse! Dessine quelque chose.»

«Je n'en ai pas envie.»

«Bah! d'ailleurs je n'ai envie de rien voir!»

«Tu veux jouer?»

«Non!»

Personne ne parle de ce que tout le monde pense On ne vient

pas dire : je me demande si ma maison est toujours debout ou si ma mère et mon père sont encore en vie. C'est tabou ! Personne cependant ne pense à autre chose.

**Mai-juin-juillet 1943.** Même les taches de neige les plus têtues ont enfin fondu et la splendeur des prairies est à vous couper le souffle. Des primevères, des orchidées sauvages, des grandes clochettes, des violettes, des potentilles, de l'oseille des bois, des gentianes, des coucous et des boutons d'or. Impossible de tout nommer. Impossible de faire une brèche dans ce tapis multicolore. Nous en avons rapporté par brassées. Mais maintenant elles sont parties, tondues avec l'herbe.

Les Alliés ont débarqué en Sicile. Pfaffi et Hoffmann ont l'air triste. Nous sentons que les choses vont mal. Cependant tout semble loin. Ici, à Harrachsdorf, on n'a pas besoin d'entendre parler de guerre. Il n'y en a pas trace. Pas un avion n'a survolé cette vallée, pas même l'un des nôtres. Normalement, on serait maintenant en train d'attendre les vacances. Normalement ? Est-ce que quelqu'un ici se souvient de ce que cela veut dire ? Nous sommes en vacances depuis notre arrivée ici. Les visites de parents sont strictement interdites et personne n'a le droit de quitter le camp. Nous sommes coincées ici. Ce fait s'impose lentement. L'humeur générale est morne. Zéro. Nous sommes fatiguées de tous les jeux. Nous sommes fatiguées des fêtes, des réjouissances, et Helga et Irène sont fatiguées de chercher des idées pour nous divertir. Voilà. Je veux dire : combien de fois peut-on me regarder apprivoiser des puces imaginaires, un chapeau de papier sur la tête et en pyjama ? Nous nous sommes trop souvent données en spectacle les unes aux autres. Pfaffi et Hoffmann, allongées dans des chaises longues, dehors, s'ennuient aussi. Mais elles, au moins, peuvent aller quelquefois voir un film à Hirschberg. Que faire ? Que faire ?

Je ne sais pas comment mais, tout à coup, je sais ce qu'il nous faut. Le journal du camp. Quand je lui en parle, Sigrun est vivement intéressée et désireuse de m'aider. Après une longue discussion, nous nous arrêtons sur un nom : *Le Mummel*. Nous dessinons la page de titre, écrivons un éditorial sur le grand nettoyage et même un premier chapitre de ce qui veut être un roman-feuilleton. Ça parle d'un vieux gardien de phare. Je ne sais pas encore comment l'histoire évoluera. Je m'occuperai de cela la semaine prochaine. Il y a un poème qui nous a pris pas mal de temps. Il est à la gloire de notre plat favori : de la farine avec du beurre roux, du sucre et de la cannelle. Et tant pis si certaines rimes sont un peu forcées. J'ai dessiné quelques caricatures et nous avons une colonne de cancans. Rien de méchant, juste pour faire rire un peu. Tout cela est fait et nous aimons le résultat mais un vrai journal a des petites annonces. Que faire pour les petites annonces? Et si on faisait une rubrique achat-vente-échange? Bien sûr, c'est cela! Les paquets arrivent sans cesse de chez nous. Pour l'instant, nous avons plus de trucs que nous pouvons en utiliser. Sous un prétexte ou un autre, Sigrun et moi allons de chambre en chambre et demandons si les occupants n'ont pas quelque chose à vendre ou à échanger. Nous sortons avant qu'elles aient le temps de nous questionner. «Si vous pensez à quelque chose, apportez-le simplement chez nous» sont nos derniers mots.

Des sous-mains en cuir, des nappes damassées, des articles en argent avec initiales gravées, des oreillers recouverts de velours, des livres... il n'y a plus de fin. Notre chambre ressemble à un magasin et la foule qui est dehors empêche les autres de sortir. Sigrun et moi rédigeons les étiquettes aussi vite que possible. Il y en a partout, sur le plancher, sur les lits, en haut de l'armoire et même dans le lavabo. Tout le monde crie. Mon Dieu, qui aurait pu prévoir cela?

«Que se passe-t-il ici? Chacune dans sa chambre! Tout de suite!» gronde Pfaffi en regardant la scène, les sourcils froncés. «Que diable est-ce cela?»

Nous attendons que tout le monde soit parti puis nous le lui expliquons en montrant notre exemplaire unique.

«C'est formidable! Merveilleux!» voilà sa réaction. «Que je vous dise: je vais vous exempter de tout, tous les travaux sauf les repas, pour que vous puissiez terminer. Vous dites que vous allez faire quatre exemplaires, un pour chaque niveau? Je regrette mais il en faut six. Le Dr Hoffmann et moi voulons le nôtre. Vous pourrez les finir pour dimanche j'en suis certaine. Jusque là je promets de garder le secret. Je l'annoncerai officiellement dimanche, après le petit déjeuner.» Elle regarde autour d'elle, surprise: «C'est plus qu'assez pour votre premier numéro! Je veillerai à ce que personne ne vous dérange.»

Cela paraît assez facile mais il s'avère que six exemplaires, c'est beaucoup! La partie la plus difficile, c'est l'étiquetage et le stockage de la montagne de marchandises.

Quelle matinée! Il y a de vifs applaudissements lorsque Pfaffi annonce que nous avons un journal. Des mains avides se passent les exemplaires. Il y a des petits rires et des éclats devant les cancans et les caricatures; même le poème a droit aux éloges. Le vieux gardien du phare, cependant, ne suscite guère l'intérêt. C'est la page des petites annonces qui remporte le plus grand succès, et de loin. Pfaffi a organisé tout fort bien. Elle a fait installer une grande table ronde pour étaler toutes les marchandises. La vente est animée. Argent et articles changent de main à une vitesse presque inquiétante. J'ai quelques craintes parce que la nappe damassée que Pfaffi a achetée appartient à Mutti. D'ici que je rentre chez moi, elle aura peut-être oublié. Je me demande ce que les autres mères diraient si elles savaient que leur fille vend l'argenterie de la famille! Mais nos parents sont loin et, à la demande générale, Sigrun et moi devons continuer à rédiger *Le Mummel*.

Ce n'est pas une mauvaise affaire. Nous deux restons au camp alors que tous les autres font une marche en uniforme. Nous n'avons pas de corvée de cuisine, rien à faire, sauf préparer le numéro suivant.

**Août 1943.** Les troupes allemandes ont organisé une grande offensive en Russie mais les Russes ont repris Orel. Néanmoins nous gagnerons! Sigrun commence à me taper sur les nerfs avec ses propos imbéciles. À l'entendre, on croirait que son frère se bat tout seul contre les Russes.

Hier, Ruth a murmuré à mon oreille: «Nous gagnerons pourvu que nous survivions.» Que voulait-elle dire? Si elle voulait dire ce que je pense qu'elle a voulu dire, j'aurais pu répondre. Mais je suis contente d'avoir retenu ma langue. Vati m'a dit que le vent tournait. Il veut la défaite d'Hitler. Moi aussi. Je veux rentrer à la maison. Je pense que si Hitler est vaincu, Vati et Mutti seront de nouveau ensemble. Nous formerons une famille et habiterons notre maison de Waidmannslust. Si nous survivons... la question est là.

Les avions américains ont attaqué Ploesti. Ploesti est en Bulgarie. Il y a de grands gisements de pétrole. Je me souviens du ton réjoui, à la radio, et de la colère de Vati, quand les Allemands l'ont occupé. «Malheureusement, cela va prolonger la guerre!» avait-il dit. La RAF a lancé sa plus grosse attaque sur Berlin, pour marquer le coup. La plupart des nouvelles sont mauvaises maintenant et s'aggravent mais, selon le communiqué: «Nous n'avons subi que des pertes légères.»

Sigrun et moi travaillons au n° 12 du *Mummel* qui sera, j'espère, le dernier. Je ne pense pas qu'il y aura d'objections. Nous avons à parler d'autre chose.

Il va y avoir un défilé. Nous devons en faire partie. Tous les camps d'Harrachsdorf y participeront ainsi que les soldats en convalescence. Cela sera le plus grand événement qu'Harrachsdorf ait jamais vu. On attend une personne très importante. Un nouveau Lagermannschaftsführer. C'est à peu près le plus haut grade des jeunesses hitlériennes et il sera responsable de tous les camps ici. Apparemment, le précédent est parti. Nous ne l'avons jamais vu mais nous avons entendu dire qu'il avait la quarantaine, qu'il aimait que ses uniformes soient impeccables, qu'il restait assis à boire à l'hôtel Erlebach et qu'il ne pouvait pas s'occuper moins de ce qui se passait dans les camps d'enfants. Le nouveau serait peut-être différent! Si c'était quelque chose dans le genre Hanka, bonsoir!

Bannières et trompettes. On dirait que tous les camps de garçons ont leur orchestre. Je n'avais pas compris qu'on était si nombreux ici. Les enfants allemands, je veux dire. Les formations d'enfants s'étendent d'un bout à l'autre du village; comme nous sommes tirés à quatre épingles aujourd'hui! En avant! Le vent vif de la montagne transmet les ordres. Ils sont répercutés, en écho, dans la vallée. Nous marchons sans but. Ruth et moi rions comme des folles jusqu'à ce qu'Helga nous arrête et commence à chanter. Tout en chantant, nous marchons jusqu'à l'extrémité du bourg, là où les pavés s'arrêtent, puis tournons et revenons au point de départ. Il y a une estrade devant l'un des hôtels, avec beaucoup de drapeaux et d'hommes en uniforme des jeunesses hitlériennes. Mais nous sommes trop loin, nous ne voyons pas grand-chose et nous n'entendons rien. Nous restons au garde-à-vous. Helga dit que quelqu'un fait un discours. Puis l'orchestre joue à nouveau. En avant! Retour par le chemin. Midi, repas.

«Lequel c'était? Qui c'était le Lagermannschaftsführer? Aucune idée. Je n'ai rien pu voir.»

Mais ce matin, alors que nous paressions devant l'hôtel, il s'est passé quelque chose d'absolument extravagant. Un nuage de poussière est arrivé en rugissant jusqu'à notre habitation. Quand le bruit a cessé et que la poussière est retombée, nous avons vu un jeune couple sur une moto. C'était un jeune et bel officier des forces aériennes et une jeune fille blonde portant un pantalon et un chandail bleu.

«Hello, vous tous!» dit-elle en riant. «Je suis Erika Ostermann, la nouvelle Lagermannschaftsführer.»

Nous étions trop surprises pour dire quoi que ce soit. Elle regarda autour d'elle, s'attardant sur chaque visage, et dit: «Je pense que je vous aimerai. Toutes.»

Puis elle embrassa l'officier sur la bouche avant d'entrer.

L'officier et nous toutes gardions les yeux fixés sur elle. Alors, se tournant vers nous avec un grand sourire, il dit: «C'est une chance fabuleuse que vous avez là. Si vous êtes sous sa responsabilité, je vous envie.»

Nous étions encore là, tout ébahies, quand elle revint et qu'ils repartirent d'où ils étaient venus dans un tourbillon vrombissant.

Erika a un appartement privé dans le village mais son quartier général, comme elle dit, est ici, dans notre maison. Tout le monde adore Erika. C'est une de ces rares personnes rayonnantes, un soleil. Elle et Pfaffi prennent le petit déjeuner ensemble tous les matins, vers dix ou onze heures. Erika n'aime pas se lever de bonne heure et cet horaire semble convenir à Pfaffi. Toutes deux restent assises pendant des heures à parler et fumer ensemble. Elles semblent non seulement bien s'aimer mais aussi se respecter malgré la différence d'âge. Erika, après tout, n'a que vingt-quatre ans. Cependant, comme Pfaffi, elle appelle le respect. Elles commandent ensemble, ne se contredisent jamais. Helga et Irène montrent à Erika le même respect qu'à Pfaffi.

Il y a trois jours, Erika nous a rassemblées et puisque c'était la première fois qu'elle portait l'uniforme, nous attendions le discours officiel: «Me-voici-maintenant-je-commande.» Au lieu de cela, elle a envoyé les filles qui ont un instrument le chercher. A toutes les autres, elle a demandé de chanter la note *la*. En une demi-heure, elle nous avait divisées en cinq groupes, en fonction des tonalités de voix, et puis elle nous donna notre première leçon de chant. Trois heures plus tard, nous pouvions chanter l'accord parfait en chœur, ou presque.

«Abominable! dit Erika. Mais il y a des possibilités. Avec beaucoup d'entraînement c'est-à-dire!»

**Septembre 1943.** Les Alliés ont envahi l'Italie. Nous faisons toujours des exercices de respiration et la gamme avant le petit déjeuner. Après le petit déjeuner, exercices vocaux. Erika insiste pour qu'une note soit tenue sans trembler. Nous travaillons trois heures tous les matins, deux autres l'après-midi. Nos autres cours, de rares et espacés qu'ils étaient, sont maintenant complètement abandonnés. Nous n'avons pas encore chanté un seul chant. Seulement la gamme, des notes isolées et, quelquefois, un accord, pour changer. La plupart d'entre nous adorent ça. Les quelques-unes qui n'aiment pas ça ou qui disent n'être pas musiciennes (terme qu'Erika déteste car, à son avis, un être humain non musicien ça n'existe pas!) sont autorisées à faire d'autres activités sous la surveillance d'Irène. Helga est indispensable à la chorale. Erika dit qu'elle ne peut pas se passer de la belle voix d'Helga. Erika a quelque chose à enseigner et nous adorons apprendre. Elle nous transmet son amour, sa passion de la musique. Elle nous fait sentir que nous réalisons quelque chose.

Finalement nous apprenons un chant et sommes capables de le chanter entièrement sans nous arrêter et sans nous tromper. Grande joie. Erika commande un dîner spécial à la cuisine et dit à Pfaffi qu'une surprise l'attend.

Nous nous sommes «produites» pour la première fois. Grand succès. Nous mêmes étions étonnées de la qualité de notre interprétation de ce chant du quatorzième siècle. Notre auditoire, Pfaffi, Hoffmann, Irène et les quelques autres, fut généreux en applaudissements et cria même: «Encore!» Mais nous n'avions pas de quoi. Pas encore, comme s'empressa de le dire Erika; mais maintenant que la chorale était montée, un travail sérieux pouvait commencer. Un travail sérieux? Qu'avait-on fait jusqu'à maintenant?

**Octobre-novembre-décembre 1943.** Retrait régulier des troupes afin de renforcer la ligne de front, c'est maintenant le communiqué passe-partout aux informations. La ville de Kiev est à nouveau aux mains des Russes. Un autre hiver à passer ici, un autre hiver avec trois mètres de neige. Il n'y en a pas encore tout à fait autant. «Ce qui n'est pas encore vrai peut le devenir!» Le vieux dicton sonne juste. Il neige diablement!

Notre grand cuirassé, le *Scharnhorst,* a été coulé. Après dîner nous nous levons toutes... une minute de silence pour tous les disparus dans la bataille.

Nuit silencieuse, nuit sacrée. Tout le monde était anormalement silencieux à Noël. La peur s'installe. Que va-t-il arriver? Janvier 1944.

Cinquième année de guerre. Pfaffi a accroché une carte au mur de la salle à manger. Elle met des épingles aux lieux qu'on mentionne dans les informations, sans commentaire, le visage totalement dépourvu d'expression. Il est évident que nos armées sont repoussées... «retrait régulier?» Elles sont repoussées presque jusqu'aux frontières de Pologne et les Alliés semblent tenir fermement le bas de la botte italienne.

**Février 1944.** Les Russes sont en Estonie. Combien de divisions allemandes sont-elles prisonnières dans la courbe de la rivière Dniepr?

Nous sommes allées voir un film. Un film allemand, *Prague... ville dorée,* qui était projeté dans une ferme, pour les villageois. Nous avons tellement ennuyé Pfaffi qu'elle nous a finalemnt autorisées à y aller mais seulement en groupes de dix, et après qu'on ait promis de se montrer d'une politesse exemplaire à l'égard des villageois. Pfaffi avait raison et nous n'aurions pas dû y aller. Quand nous sommes arrivées, c'était déjà éteint et on avait bouclé. Le mur, à l'extérieur de la grange, était recouvert de skis. D'où venaient-ils tous. Peu importe ce que nous faisions, les villageois nous heurtaient à plaisir et ne répondaient jamais à nos excuses bredouillées autrement que par des regards odieux. Il a fallu rester debout, comme beaucoup d'autres. Ça nous était égal, mais on ne voyait rien à cause de la fumée. On aurait dit que tous les hommes fumaient la pipe. Tout le monde, hommes, femmes et enfants, mâchaient de l'ail. L'odeur était si forte que nous devions sortir toutes les cinq minutes.

Et par la suite, tous nos skis ont disparu. Nous les avions mis ensemble, bien à part, en forme de jolie hutte indienne. Frénétiquement, nous avons cherché dans le noir et les avons retrouvés un par un, ici et là. Il nous fallut presque deux heures pour retrouver tout notre équipement et quand nous fûmes prêtes à partir, un groupe de garçons surgit de l'ombre. Ils skièrent autour de nous, en rond, passèrent sur nos skis, nous bousculèrent. Finalement, ils disparurent dans les bois.

Un autre événement: la mère de Ruth est venue. Tandis que Ruth se blottissait et embrassait cette femme élégante, nous autres les observions fascinées, en silence. Puis, lentement, une par une, nous nous sommes détournées et montées dans nos chambres. Nous sommes restées assises, engourdies, quelque temps, puis les larmes sont venues. Torrents de larmes parce qu'on n'est pas à la maison, qu'on n'a pas nos mères à nous; larmes de colère et de frustration devant de mesquines injustices. Et dernière chose, mais pas la moindre, des larmes parce que nous avons compris que c'était pour éviter de tels débordements d'émotion que les visites de parents ont été formellement interdites.

Ruth a dû manger avec nous pendant que sa mère mangeait seule à l'hôtel Erlebach. Ruth pleurait à table et fut lentement mais sûrement accompagnée par nous toutes. Une Pfaffi en colère nous ordonna d'aller dans nos chambres.

La mère de Ruth marchait de long en large devant l'hôtel en attendant que le petit déjeuner soit fini.

Quand Ruth fut partie avec sa mère, Pfaffi nous fit un discours enflammé nous interdisant d'écrire chez nous pour demander à nos parents de venir. «Vous savez toutes que la mère de Ruth a eu l'autorisation de venir uniquement parce que le frère de Ruth a été tué au front.»

«Le mien aussi», murmura Hanni.

Tant de frères et de pères avaient été tués! Pfaffi le savait aussi. Elle se hâta de finir.

«Vous êtes ici pour votre sécurité, souvenez-vous en! Vous êtes en lieu sûr et en de bonnes mains. Vous ne seriez pas en sécurité à Berlin à l'heure actuelle, de la façon dont les choses se présentent. Je suis sûre que vos parents sont reconnaissants de vous savoir ici. Vous devriez l'être aussi. Je ne veux plus voir de larmes! Vous m'entendez?»

Comment ne pas entendre? Elle crie assez fort pour être entendue à Hirschberg.

«Et maintenant, dans la salle de séjour pour une leçon d'allemand! Le Dr Hoffmann vous fera une dictée.»

Elle en dit davantage mais personne n'écoute vraiment. Pas plus que nous n'écoutons Hoffmann qui nous fait écrire et ré-écrire sa dictée pendant que nous regardons la neige dehors. Trois mètres de neige blanche. Neige odieuse, montagnes odieuses, odieuses prairies blanches, tout est odieux, détestable.

**Mars-avril 1944.** Maintenant, ils bombardent Berlin en plein jour aussi bien que la nuit. Les lettres de chez nous essaient d'être rassurantes mais nous savons lire entre les lignes. C'est affolant. Et les Russes continuent d'avancer vers l'ouest. Ils ont traversé le Dniepr. Odessa est à nouveau entre leurs mains et ils pénètrent en Roumanie.

**Mai 1944.** Sébastopol tombe. Chaque jour nous devons déplacer les épingles, les rapprocher de la frontière allemande. Cela nous paraît faux parce qu'ici, à Harachsdorf, les prairies brunes et détrempées sont redevenues un gai tapis. Des fleurs sauvages aux formes exotiques et aux couleurs enchanteresses fleurissent à nouveau dans une profusion brouillonne. La touche finale à cette vallée splendide, la chose qui à elle seule rend tout parfait: Mutti. Mutti est ici.

On m'a permis d'aller la chercher à la gare de Polaun. Mutti a cinq jours de congé. Il lui en faut deux pour le voyage. Restent trois jours avec moi.

«Tu veux dire que tu ne peux pas manger avec moi?» Mutti est accablée mais, aussitôt, reprend courage. «D'accord. Tu as ton repas au camp. Je viendrai te prendre après et me présenter au Dr Pfaffenberger. Cela se passera très bien. Me voici, une mère qui travaille et qui vient de Berlin bombardé, avec trois jours seulement à passer avec ma fille que je n'ai pas vue depuis un an et demi. Comment peut-elle refuser?»

Il me faut pratiquement tirer sur la jupe de Pfaffi pour l'arrêter: elle est très pressée de monter. Elle lance à Mutti un regard froid et critique et je sais qu'elle ne va pas être aimable. Ces deux femmes sont si différentes, l'une énergique, l'autre timide, craintive. Mutti, féminine, très attirante; Pfaffi trapue, attirante par sa personnalité mais pas physiquement.

«Puisque c'est dimanche, dit Pfaffi, Ilse peut passer l'après-midi avec vous, mais elle doit être revenue pour le dîner.» Pfaffi monte, laisse Mutti là à demander: «Ilse ne peut-elle pas au moins prendre son dîner avec moi?»

Pfaffi, arrivée au tournant de l'escalier, lance un «non» glacial par-dessus son épaule avant de disparaître.

Mutti pleure tout le long du chemin jusqu'à l'hôtel Erlebach. «Pourquoi? Pourquoi? Comment peut-elle être si inhumaine?»

Je lui dis toutes les raisons, mais comment puis-je la convaincre alors que je ne suis pas convaincue moi-même? Le comportement de Pfaffi est imprévisible dans ce domaine. Quand le père de Soo-y-ing est venu, Soo-y-ing a eu le droit de passer toute une semaine avec lui à Erlebach.

«Pourquoi? Pourquoi? Pourquoi? répète Mutti. Qu'a-t-elle contre moi? Une femme qui a elle-même des enfants et qui ne veut pas qu'une autre mère soit avec les siens!»

Mutti et moi sommes malheureuses ensemble et séparément quand elle mange à Erlebach et moi au camp. Après dîner nous avons une heure pendant laquelle je dois lui dire que je ne passerai qu'une heure le matin et une heure l'après-midi avec elle, les deux jours suivants. Des larmes encore.

Chorale le lundi matin. C'est la première fois que je vois Erika depuis l'arrivée de Mutti. Je chante, mais des larmes coulent sur mon visage. J'espère qu'Erika va les voir. Effectivement... rien n'échappe à Erika.

«Pas de chant pour toi aujourd'hui ni demain! Va-t'en vite; mes amitiés à ta mère... Oh, ne t'inquiète pas pour Pfaffi, je m'en charge.»

«Cette Erika, dit Mutti, ne peut-on pas faire quelque chose de gentil pour elle?»

Je dois cependant prendre tous mes repas au camp, et qu'est-ce que c'est que trois jours? Au bout d'un an et demi il faut bien trois jours pour être de nouveau au diapason! Notre conversation est fragmentaire; des indications et des bribes de renseignements. Alors Mutti prépare sa valise et je lui demande enfin: «As-tu vu Vati?» Son «non» est si bref et si définitif que cela coupe court à toute autre question. C'est à nouveau l'heure de se dire au revoir. Je ne peux même pas la voir partir.

**4 juin 1944.** Le Führer a été généreux en déclarant Rome ville ouverte. Les Alliés sont à Rome. Nos épingles montent vers le nord de l'Italie. Vers l'Allemagne.

**6 juin 1944.** Les Alliés ont débarqué sur les côtes de France. Pourrons-nous les repousser à la mer? comme dit le journaliste, à la radio. Des raids de plus en plus terribles sur Berlin; pour nous, le plus étonnant, c'est qu'il y ait encore quelque chose debout!

**12 juin 1944.** La radio claironne à propos de notre arme secrète. Une arme qui va changer la guerre, raser les villes de l'ennemi. Mais le 25 juin, nous perdons la dernière grande ville russe, Minsk. Cependant, ici, au camp, le travail de la chorale a priorité sur tout le reste. C'est aussi le seul moment où l'on voit Erika. Maintenant, les différents groupes de voix travaillent séparément; tous ensemble, seulement deux heures. Exercices de respiration, élocution. Erika a une patience infinie. Quel bonheur quand elle est contente. Nous commençons à échafauder des rêves de chanteuses professionnelles. Nous ne sommes donc pas surprises quand Erika nous déclare que nous sommes prêtes à démarrer l'étude d'un programme. Nous devons chanter pour les soldats en convalescence et dans d'autres camps d'enfants. Pendant que les Alliés conquièrent Cherbourg et Caen, et les Russes, Vilna et Bialystok, nous, nous répétons. Tellement, en fait, que les visites parentales passent maintenant pratiquement inaperçues.

Soudain, sans prévenir, Vati arrive, et je ne peux même pas l'embrasser, devant attendre qu'il aille voir Pfaffi et Erika. Enfin, je suis dans ses bras et nous quittons l'hôtel main dans la main.

«Après ce que ta mère m'a raconté», dit-il en souriant, «il fallait que je vienne me rendre compte de ce qui se passe ici. Je me suis dit: peu importe ce qui arrivera, on ne me fera pas subir le même traitement, à moi! Je n'ai qu'un jour et demi, tu vas donc rester avec moi à Erlebach. N'aie pas l'air si effrayée! C'est arrangé, j'ai la permission.»

Comment le temps a-t-il passé? Une heure encore et il doit partir. Gentiment mais fermement, il me pousse dans le fauteuil en face de lui. «Je dois te parler», dit-il en regardant mon uniforme avec indifférence. «Tu sais combien je déteste les uniformes, n'est-ce pas?»

Je le sais et aussitôt je me sens mal à l'aise, coupable.

Il continue: «Bon, on n'y peut rien. Tu es encore une enfant et tout le monde le porte au camp, donc il le faut bien! Mais tu dois me promettre une chose.» Il attend que j'acquiesce. «Ne deviens jamais, *jamais,* chef. N'accepte aucun statut officiel.»

J'acquiesce et lui serre la main mais je suis inquiète. Inquiète parce que, d'une certaine façon, je suis déjà officieusement chef. Je suis responsable de notre étage et remplace Helga et Irène, quelquefois, au lever du drapeau; pour l'alignement, les activités de groupes, toutes ces petites choses qui reviennent quotidiennement. Il me tient toujours la main. Je rassemble mon courage.

«Vati! Je suis déjà sur la liste. A la prochaine grande cérémonie, ils vont me nommer chef.»

«Tu dois l'éviter à tout prix. Je ne sais pas comment mais tu dois le faire. Promets-le moi.»

Nous nous regardons dans les yeux. Je sais qu'il sait que ça ne va pas être facile.

«La guerre tourne mal. Personne ne sait ce qui va arriver.» Il parle maintenant tout bas. «Tu ne sais pas qu'on est tous contre Hitler, moi et la famille. Evidemment, tu ne dois le dire à personne. Je dis bien *personne,* même pas à ta meilleure amie.» Puis sa voix s'adoucit. «Rappelle-toi, petit hérisson, sois sur tes gardes! Laisse tes yeux et tes oreilles ouverts!»

Tant de questions me viennent à l'esprit, mais pas le temps, pas le temps. J'agite la main jusqu'à ce que je ne voie plus le train. Vati retourne à Berlin, sous les bombardements. Des milliers meurent tous les jours au front, dans les villes, et mon seul souci est: comment ne pas devenir chef des jeunesses hitlériennes? Ilse, tu devrais avoir honte. J'ai honte, effectivement. Vati retourne vers des horreurs inimaginables et moi je marche dans cette vallée idyllique aux millions de fleurs, éloignée de tous.

«Qu'a-t-il dit sur la guerre? Que va-t-il arriver d'après lui?» Pfaffi et Erika me bombardent de questions auxquelles je ne pourrais pas répondre même si j'étais moins troublée que je le suis. «Quand tu lui écriras, envoie-lui nos amitiés. Dis lui que nous nous occuperons de toi.»

Je le crois d'Erika. Pour Pfaffi, cela semble quelque peu étrange à dire. Je l'admire et même, parfois, je l'aime bien. Mais s'occuperait-elle de moi particulièrement? Je n'ai jamais cru qu'elle me considérait autrement que comme l'une de ses nombreuses charges. En cela, peut-être que je me trompe!

**21 juillet 1944.** On a essayé d'attenter à la vie du Führer. Le Führer lui-même parle à la radio, affirmant au peuple allemand qu'il est vivant et en bonne santé, qu'il n'a souffert que de quelques blessures et contusions. La Providence est intervenue en sa faveur, dit-il. Le complot, fomenté par des généraux allemands, a été complètement étouffé. Tous les conspirateurs ont été exécutés ou se sont suicidés.

En dehors d'un soupir ou d'un «Oh! mon Dieu!», ce communiqué spécial est accueilli par un silence accablé. Il n'y a presque pas de commentaires, sauf venant des super-nazies comme Sigrun qui pousse un profond soupir et dit: «Dieu merci, le Führer est vivant!»

Ruth cherche mon regard mais je regarde ailleurs. Pourtant, quand elle passe à côté de moi, dans l'escalier, elle chuchote quelque chose à mon oreille. A-t-elle dit «Dommage!»? Je le crois mais je n'en suis pas sûre.

**Août 1944.** L'armée rouge a atteint la mer Baltique. La huitième armée américaine est entrée dans Florence et les Russes traversent la frontière vers la Prusse orientale. C'est là qu'Uschi avait été envoyée. Uschi Bohr. J'avais écrit à ses parents pour avoir son adresse, – comme cela semblait loin! – , mais je n'avais jamais eu de réponse. Que se passerait-il? Il faudrait sans doute qu'ils déménagent les camps... Pensées inimaginables!

«Guerre totale» et «mobilisation générale» déclarées en Allemagne. «Avec les ennemis aux portes, les chefs nazis s'activaient maintenant. Les garçons de quinze à dix-huit ans et les hommes de cinquante à soixante ans étaient appelés sous les drapeaux. Les universités et les lycées, les bureaux et les usines furent passés au peigne fin»[1]... et les SS commencèrent à arrêter les «Juifs-partiels», les Mischlinge du premier degré. Le patron de Vati, le Petit, avait pu protéger Vati en tant qu'«indispensable à l'effort de guerre» jusqu'à ce moment-là. Maintenant, il ne pouvait plus rien faire. Vati, sans que je le sache, fut arrêté. Lui et cinq autres de Hermsdorf, – le plus jeune, quinze ans et le plus vieux, vingt-deux ans – , furent envoyés dans un camp de travail de OT (Organisation

---

[1] *The Rise and Fall of the Third Reich, A History of Nazi Germany,* William L. Schirer, Simon end Schuster, 1960, page 1087

Todt) à Zerbst, petite ville à environ quatre-vingts kilomètres au sud de Berlin, où on construisait un aéroport.

Nous avons diverti les soldats avec succès en apparence ; on nous a offert du café et du gâteau et nous sommes rentrées bien après minuit. Pfaffi était furieuse, peut-être parce qu'Erika était restée et nous avait laissées rentrer seules. Mais le lendemain matin, heureusement, elles sont assises ensemble au petit déjeuner et projettent d'autres soirées semblables. Pfaffi semble avoir oublié que, la nuit précédente, elle n'allait «plus jamais nous laisser sortir».

Il y a des combats violents autour du port français de Brest. Rennes, Le Mans, Chartres, Nantes. Les Américains traversent la Marne et la Seine. Comme des pinces géantes, l'ennemi nous enserre, se rapprochant de plus en plus. Quand j'y pense, j'ai mal comme si ce cercle de fer me comprimait tout le corps.

Les visites de Lauenstein étaient rares et lorsqu'il vint au camp, on sut que quelque chose de spécial se préparait. Effectivement, on nous demandait d'aider les fermiers du pays. Il avait tout fait mettre sur listes. Sigrun et moi devons aider pour les foins. Les habitants d'Harrachsdorf sont pauvres. Ils plantent des pommes de terre et quelques autres légumes près de leur maison et c'est à peu près tout. Pas grand-chose ne pousse pendant les courts étés ; le foin est donc à peu près la seule récolte à faire.

Notre fermier est une vieille femme frêle. Son visage : un millier de rides. Une silhouette penchée tout enveloppée de lainages noirs. Chaque matin elle est debout devant sa masure blanchie à la chaux, muette, sans expression. Elle ne répond même pas à notre salut mais disparaît dans sa masure pour revenir avec deux verres de lait glacé. Il nous faut une heure pour atteindre sa maison, et après ce trajet, nous attendons avec joie le lait froid. Elle peut monter la pente raide sans s'essouffler et elle nous a montré comment manier un lourd râteau en bois. Dans ses mains, on dirait une paille, dans les nôtres, il semble horriblement lourd. Les meules de foin doivent être régulièrement espacées puis étalées au râteau pour sécher, puis le foin remis en tas bien proprement. Le premier jour elle l'a passé à nous regarder en silence. Toutes les fois qu'on ne faisait pas correctement, elle venait, prenait le râteau et nous montrait comment elle voulait que ce soit fait. Quand elle le faisait, cela paraissait facile. Maintenant nous savons combien c'est dur.

Nous travaillons en altitude, loin au-dessus de sa maison, en plein soleil. Je suis stupéfaite qu'on n'ait pas eu d'insolation. Chaque jour, nous sommes prêtes à abandonner mais alors, juste au bon moment, elle nous fait signe de descendre. Nous courons. Il faut avoir eu chaud et connu une extrême fatigue pour comprendre pleinement ce que veut dire du lait glacé et une jatte de myrtilles fraîches qui ont tout l'arôme des bois de pins. Nous avons aussi deux tartines de pain chacune, bien beurrées avec un beurre doré et si froid que de petites gouttelettes apparaissent. Le plaisir de ce repas exclut tout sentiment, toute pensée, tout sauf le repas en lui-même et nous ne laissons pas le plus petit morceau.

Nous n'avons jamais la possibilité de dire merci. La vieille femme silencieuse rentre dans la maison sombre aussi vite qu'elle en sort. Un instant elle est là, l'instant suivant elle est partie.

Lentement, nous repartons sur la montagne. Le râteau semble plus lourd tandis que l'après-midi s'allonge. Comme nous regardons souvent nos montres, heureuses qu'il soit cinq heures pour pouvoir rentrer!

**25 août 1944.** Les Alliés sont à Paris. La Roumanie a cédé. On leur a rendu leurs gisements pétroliers. Les «hordes bolchéviques» font rage en Lettonie, en Estonie, et elles sont aux portes de Varsovie. L'armée de Patton a pris Verdun.

Nous sommes trop fatiguées pour nous inquiéter, trop fatiguées pour avoir peur. Nous nous endormons presque à table. Tous les os et muscles de nos corps nous font mal. Nos mains étaient à vif au bout d'une semaine, si bien que nous pouvions à peine tenir notre tasse à café. Les ampoules sont maintenant des callosités et le matin nous sommes trop endormies pour nous rappeler notre intention de jouer les malades. Ainsi chaque jour nous retrouve en route vers la montagne.

Et chaque matin elle est là cette silhouette fragile, vêtue de noir, avec deux verres de lait. Au moment où on arrive à la maison, elle a disparu et les verres nous attendent sur un tabouret. Quand nous travaillons au soleil, les râteaux deviennent des instruments de torture et chaque brin d'herbe une masse de plomb. Rassembler, soulever, lancer, étaler, deux pas, rassembler. Qu'est-ce qui nous empêche d'arrêter? Pourquoi ne pas aller sous les arbres, nous asseoir à l'ombre? Non. Nous travaillons et espérons avec plaisir le repas, les myrtilles et le pain beurré. Ensuite, nous pouvons rafraîchir nos mains douloureuses dans la rivière, près de la maison.

Au milieu des protestations étouffées, Pfaffi a déclaré que samedi est le jour du courrier. Pfaffi s'assure que nous écrivons chez nous régulièrement. Nous n'avons pas le droit de sortir avant de lui avoir montré une lettre achevée. Le samedi après-midi, nous devons raccommoder et faire la lessive. Les déclarations selon lesquelles nos tâches quotidiennes ont été toutes accomplies doivent être suivies de preuves, ce qui n'est pas facile. Il y a toujours quelque chose d'autre! Nous faisons ce qu'on nous dit, en grognant. Mais demain dimanche, nous avons l'intention d'aller à Elbfall Hutte, la chute d'eau sur le Mummel, pour nous y baigner. Qu'est-ce qu'on y peut si le monde part en lambeaux? Que peut-on y faire? Nous avons travaillé assez dur. Allons nous baigner! Notre groupe de skieuses folles est décidé. Les autres disent: «Se baigner? Où ça? Dans les aiguilles de pin?» Le Mummel est peu profond, rocailleux, mais plus haut, au Hutte, c'est un véritable spectacle touristique ces dix mètres de chute à pic. «Nager sous la chute d'eau? Vous êtes folles!»

Alignement du dimanche soir. Tout le monde est en uniforme, au garde-à-vous, comme un soir sur deux. Ruth et moi, nous nous tenons de chaque côté du drapeau, prêtes à amener la croix gammée. Nos dignitaires apparaissent, Erika la première, Helga et Irène derrière elle, puis Pfaffi. Pfaffi? Elle ne prend jamais part à cette cérémonie. Je soupçonne la raison pour laquelle elle est là ce soir. Elles s'arrêtent en face de nous.

«Qui a eu cette idée stupide?» tonne Pfaffi. Comme si vous ne le saviez pas, me dis-je en levant la main.

«Ilse! Ilse Koehn, bien sûr. Bon! ou plutôt, je regrette de le dire, mal!»

«Ilse Koehn, un pas en avant!» Erika se donne une voix dure, officielle. «Toi, censée être un chef! Tu t'en es montrée indigne! Incapable d'assurer une responsabilité!»

«Qu'en dis-tu?» murmure une petite voix diabolique dans ma tête. Voilà, servie sur un plat d'argent... et je ne l'ai même pas fait exprès. Au-dessus de moi, le drapeau s'enroule bruyamment autour du poteau. Pour le faire descendre, ça va être du sport.

«Tu es dorénavant relevée de toutes tes responsabilités de commandement» (Si tu savais comme je m'en moque! me traverse l'esprit) «et dépouillée du symbole de l'honneur.» (J'ai envie de crier «Hourrah» quand elle attrape mon foulard noir, symbole de l'honneur des jeunesses hitlériennes, et me le retire du cou.) «Il te faudra les mériter de nouveau par une conduite exemplaire. Comprends-tu?» J'acquiesce. «Entraîner inconsidérément celles qui te font confiance dans ce qui aurait pu être une catastrophe est indigne d'un chef des jeunesses hitlériennes... c'est impardonnable!»

(Exactement comme à Stalingrad... et cependant je n'étais pas responsable. Responsable! Depuis quand est-on responsable quand nous jouons toutes ensemble? Mais tant pis, vous ne savez pas quelle faveur vous me faites. Oh! si seulement vous saviez! Je souris presque. Presque, mais pas complètement.)

«Ilse, un pas en arrière. Sigrun va prendre ta place au drapeau.»

(Bonne chance, Sigrun. Tu vas l'emmêler de plus en plus parce que tu ne l'as jamais fait. Ruth et moi en avons l'expérience... et ma chère Sigrun, si tu crois que tu vas me remplacer partout, tu as du pain sur la planche!)

«C'était mérité, n'est-ce pas?» demande Ruth, et le groupe, mon groupe, me regarde avec inquiétude. Soo-y-ing, en se roulant dans les aiguilles de pin, dit: «Si j'avais l'un de ces foulards d'honneur, je l'abandonnerais volontiers juste pour me trouver encore une fois derrière cette eau verte.» Soo-y-ing, parce qu'à demi-Chinoise, a le droit de porter l'uniforme des jeunesses hitlériennes, mais pas le foulard ni l'anneau de cuir.

«Tu veux dire marcher dans l'eau!» dit Hanni avec passion.

Puis nous parlons toutes en même temps de cette magnifique grotte que nous avons découverte derrière la chute d'eau. Ruth, après avoir plongé dans le petit bassin, avait disparu. Ce que nous avons eu peur jusqu'à ce qu'on aperçoive sa main à travers les tonnes d'eau qui tombaient en rugissant sur les rochers aux arêtes vives. Ruth avait découvert la grotte et comment y aller sous l'eau. Nous y sommes toutes allées, séparément, car il n'y avait de la place que pour une personne. A l'intérieur, il fallait marcher dans l'eau mais on pouvait respirer parce qu'il y avait un certain espace au-dessus du niveau de l'eau. Nous essayons de revivre notre expérience fantastique en décrivant les unes aux autres, inlassablement, le bleu-vert mystérieux de cette grotte de contes de fées. C'est certain que cela avait été dangereux... dangereux et merveilleux. Mais, vers la fin de la journée, juste comme nous devenions expertes, il a fallu qu'Hoffmann et Lenz apparaissent! Hoffmann et Lenz faisaient leur promenade dominicale.

«Ce bout de tissu honorable», dit Ruth en rentrant à la maison, «c'est surtout une histoire de m'as-tu-vu!»

Hanni ajoute: «Soo-y-ing est honorable et elle n'a pas de foulard. D'ailleurs un foulard... un sale foulard comme symbole d'honneur! Bah!»

Je sais qu'elles cherchent à me consoler. Après tout c'est presque la pire chose qui puisse nous arriver aux jeunesses hitlériennes! A deux doigts de l'exclusion. Mais je suis vraiment contente. Je voudrais pouvoir leur dire pourquoi et je le fais presque. Mais seulement presque.

Du foin et encore du foin. Je vois du foin, touche le foin, respire le foin, rêve de foin. Est-ce que cela finira un jour? Et puis un matin, tout est parti en charrette, afin d'être mis à l'abri pour l'hiver.

Nous allons dire au revoir à la vieille dame gracieuse et silencieuse, au visage ridé. Elle nous emmène jusqu'au ruisseau, derrière sa maison. Quand elle tire une branche vers elle, une cruche en terre, accrochée à une ficelle, sort de l'eau. Dans cette cruche, il y en a une autre qui contient le délicieux beurre doré. Pour la première fois, nous la voyons sourire, sourire parce que nous sommes surprises. Nous nous sommes tout le temps demandé comment elle pouvait faire pour garder son beurre si froid par cette chaleur.

De retour chez elle, elle sort un gros pain rond, celui qu'on aime tant. Nous sommes sûres qu'elle le fait elle-même. Elle le tient contre sa poitrine. Aussi facilement et gracieusement qu'elle manie les énormes râteaux, elle plonge son grand couteau dans le pain et le tire à elle. Elle coupe autant de tartines qu'on peut en manger et nous la remercions du mieux que nous le pouvons.

«Vous avez fait du bon travail. Je ne pensais pas que vous le feriez ou plutôt que vous pourriez le faire, mais si! Merci beaucoup. Que Dieu vous bénisse.»

Elle parle! Et dans un allemand courant en plus!

Silhouette fragile habillée de noir et maintenant familière, elle se tient devant sa maison et se découpe contre le mur blanc. Nous faisons signe de la main aussi longtemps que nous la voyons, pendant une heure entière, tout au long de la descente de la montagne nue.

**Fin septembre 1944.** Les épingles qui marquent le front ouest se rapprochent d'une façon inquiétante de la frontière allemande mais celles qui indiquent le front est, également. En même temps que «la retraite honorable» et «le retrait dans l'ordre» dont il est question aux informations, nous entendons maintenant de plus en plus souvent ce que nous appelions «propagande macabre» quand c'était l'ennemi qui le diffusait. Des récits d'atrocités incroyables commises par les «hordes bolcheviques bestiales». Des comptes rendus de viols, de meurtres, de tortures et d'incendies à vous faire dresser les cheveux sur la tête. Ils se terminent toujours par une phrase qui sonne comme une menace: «Aucun Allemand intègre ne permettra jamais que ces bêtes brutales le prennent vivant.»

Et les Russes sont près de la frontière tchécoslovaque! Et s'ils viennent ici? Que se passera-t-il? Qu'adviendra-t-il de nous?

C'est un dîner calme. J'imagine que toutes nous avons plus ou moins les mêmes pensées. Je fais très peu attention à Pfaffi qui s'est levée et qui est au milieu d'un discours sur le choix d'une candidate à envoyer dans un camp de formation de chefs. Elle emploie des mots comme intelligent, travailleur, doué, digne de confiance, interessé par le dessin et les travaux manuels. Qu'arrivera-t-il si les Russes viennent ici? Mon cœur se contracte quand j'y pense. Tout à coup, j'entends qu'on me nomme et il y a un tonnerre d'applaudissements.

«Ilse! Ilse Koehn! dit Pfaffi. Je ne pense pas que quelqu'un, ici, sera en désaccord avec mon choix.»

Est-ce que tous ces applaudissements me sont réellement destinés? Je dois me lever, rougissante, quand Pfaffi, Erika, Helga, Irène et même Hoffmann me serrent la main. Sorti de nulle part, mon foulard noir apparaît, lavé et repassé et, avant que je m'en rende compte, il est à nouveau autour de mon cou. Je suis fière et, en même temps, très troublée. La vérité se fait jour: je vais dans un camp pour les *chefs* des jeunesses hitlériennes. Il y a deux jours pour se préparer. Deux jours pour trouver comment ne *pas* devenir chef en allant au camp! C'est d'une telle difficulté que je ne peux en venir à bout. J'ai peur et il n'y a personne à qui je puisse demander conseil. Ilse, la meilleure fille du camp! Ilse, tu as recommencé! Oh, merde! Et elles croient que je pleure de bonheur...

Vingt filles, de camps différents; nous sommes accueillies à Hirschberg par Helen et Irmchen qui dirigent le camp de formation. Elles paraissent gentilles. Nous devons prendre le train pour Tetschen Bodenbach où est situé le camp. Les autres disparaissent dans les petits compartiments mais moi je reste dans le couloir pour essayer de mettre de l'ordre dans mes sentiments mêlés. Je me dis que Pfaffi devait choisir quelqu'un et puisque l'accent était mis sur le dessin et les travaux manuels, j'étais le choix logique. Notre journal avait trompé l'ennui et j'avais écrit beaucoup de sketches pour les veillées. Il n'y avait rien eu de spécial dans ce que je faisais sauf que j'étais la seule à le faire. J'essaie fermement de me raisonner pour ne pas ressentir l'orgueil d'avoir été choisie. Je me dis qu'au pays des aveugles les borgnes sont rois. Je le dis presque à haute voix. Et tandis que le paysage défile, je me revois debout près du drapeau quand on m'a arraché le foulard du cou. Cela m'avait fait un coup, même si je ne voulais pas me l'avouer. Je vois Mutti en pleurs à Erlebach et Vati dans son vieux manteau, et je peux presque sentir sa main forte et sèche. Vati, je t'ai promis de ne jamais devenir chef des jeunesses hitlériennes. Mon visage devient brûlant. La joie d'échapper à la monotonie d'Harrachsdorf s'en est allée. C'est le pire moment pour moi. Comment puis-je respecter cette promesse sans que ça me rende la vie dure ? Je fixe le paysage sans rien voir. Je voudrais être chez moi mais à la réflexion, je ne veux pas être non plus dans Berlin bombardé. Vati et Mutti y sont et ce n'est pas juste non plus. Toujours parti, toujours au travail. Et Oma ? Oma : disparue ; mais il reste ce quelque chose d'inconnu autour de sa mort. Debout à la fenêtre du train, je me sens complètement perdue. Je peux regarder dans les compartiments où les autres plaisantent et rient. Je me sens exclue. Différente.

Helen sort, met son bras autour de mes épaules, ne dit rien. Il y a soudain un sentiment de sympathie mutuelle telle que j'en suis déconcertée. Quand elle parle enfin, elle dit : « Tu n'as pas envie d'aller au camp ? » Et je sais qu'elle n'attend pas de réponse. Mais comment cette jeune femme que je n'ai jamais vue avant peut-elle être aussi compréhensive ? Au rythme du cliquetis des roues, Helen continue. Sa voix est basse, à peine audible et cependant claire. Mécontente, ne peux supporter les uniformes, idiot d'interdire le rouge à lèvres et les cigarettes, l'honneur, la peur, ce que c'est que l'héroïsme. Il est parti... mort au combat... nous étions si unis... enrégimentement. Elle garde une voix monotone. Mon esprit chancelle. Je ne comprends pas, j'entends seulement des mots. Je suis ahurie par sa confiance, stupéfaite, je n'arrive pas à comprendre. Et pourtant, quelque part en moi, je comprends tout. Je compatis avec elle, pour moi, pour le monde en général et bientôt nous pleurons toutes les deux jusqu'à ce qu'Helen trouve un mouchoir... et de rire.

« Je ne devrais pas agir ainsi avec toi, petite amie. Ce n'est pas juste que je te charge avec mes chagrins. Oublie ce que je t'ai dit. »

Comme à la fin d'un spectacle, la porte du compartiment s'ouvre et des filles énervées se répandent dans le couloir, nous entourent et nous implorent de venir de toute urgence nous faire dire la bonne aventure par une vieille femme. Celle avec une robe imprimée. Le charme est rompu.

Le camp est une belle demeure à un étage avec une vue magnifique sur la vallée et sur la ville. Il n'y a pas de travail de cuisine ni de tâches domestiques. Des servantes tchèques font tout. Elles préparent aussi les repas et nous les servent dans une salle à manger conventionnelle, sur une table en acajou parfaitement cirée et assez grande pour les vingt-deux que nous sommes.

Les grandes doubles portes de la salle de musique sont fermées mais j'entends la voix d'Helen, forte et claire : « Jouons le Divertimento, Koechel 136, au début. »

J'aime ce morceau. Dans ma tête, je vois Helen derrière son violoncelle, Eva, Inge et Gudrun avec leur flûte bec, et Luise au piano. Luise qui veut être pianiste ; Luise d'Aix dont la mère a été tuée lors d'un raid aérien et le père, à la guerre.

Mozart, l'harmonie, la joie nous enveloppent. Comme elles jouent bien, toutes musiciennes accomplies. Nous aimons bien, ici, surtout les soirées. Dîner aux chandelles, chandelles dans des chandeliers d'argent astiqués, argenterie sur nappe damassée brillante et sans tache. Les soirées sont juste assez fraîches pour faire un feu dans l'immense cheminée. Nous nous asseyons autour, sur le beau tapis oriental, entourées des bibliothèques en chêne ouvragé, pleines de livres ; nous pensons, rêvons, pendant que nos musiciennes jouent. Elles jouent des airs médiévaux pour flûte à bec, du Praetorius, des madrigaux. Elles jouent Mozart, Haydn, Beethoven et, bien sûr, Bach. Elfie chante des cantates. La cantate de Bach n° 82 est la préférée de toutes. C'est devenu notre berceuse, celle qu'Elfie chante tous les soirs avant que nous montions.

« Doux sommeil, mes yeux fatigués se ferment
Doucement pour un repos béni.
Monde, je ne puis rester,
Je ne trouve rien ici
Pour apaiser mon âme.
Ici tout est malheur,
Et là je peux profiter
D'une paix qui console, d'un doux repos. »

Je l'entendrai pour la dernière fois ce soir. Je voudrais rester ici dans cette belle demeure, dans cette joyeuse atmosphère. Mais nous partons demain. Les semaines merveilleuses sont terminées. Nous avons écouté et joué une pièce et monté un spectacle de marionnettes pour lequel nous avons fabriqué les marionnettes en papier mâché. Chacune de nous a parlé d'un livre de son choix et pas un qui fût de la littérature nazie. Nous avons écrit et dit des poèmes et nous fûmes responsables à tour de rôle une partie de la journée. Et nous avons toutes fabriqué des jouets. Toutes sortes de jouets. Pour une fois on disposait de tout le matériel, tous les outils nécessaires. Nous avons fait aussi des exercices de concentration. La concentration est considérée comme essentielle pour commander. Notre exercice consistait à écouter vingt-cinq minutes d'informations sur Berlin. C'était diffusé à un rythme lent pour celles qui voulaient écrire. Je ne pouvais imaginer qu'on puisse avoir envie de le faire.

Eh bien Irmchen écrivait pendant que nous, assises en rond, essayions de mémoriser. Le premier soir, personne ne put se rappeler plus que les cinq premières minutes. Maintenant, la moyenne est de huit minutes environ. Une seule fois j'ai retenu l'ensemble.

Toutes nos activités sont évaluées individuellement. Aujourd'hui tout le monde est en train d'achever fiévreusement sa tâche assignée. Je fais une maison de poupée. Je suis encore en train de la sabler mais suis presque prête à la polir avec du papier d'emballage froissé. Je sais que je serai bien classée. Trop bien. «Promets-moi de ne jamais devenir chef aux jeunesses hitlériennes.» Mais nos activités ici sont tellement inoffensives. Complètement apolitiques, excepté les informations. Nos chants, pièces de théâtre, poèmes et certainement les jouets que nous avons faits ne feront de mal à personne. Et puis j'entends Vati dire: «C'est peut-être vrai que tout ce qu'on y fait c'est chanter et jouer mais ces chants et ces jeux-mêmes sont conçus pour vous enseigner la philosophie nazie.»

Je reviens à la réalité en me secouant. Ce soir, nous présentons notre travail. Demain on nous dira si nous sommes reçues et si nous sommes désormais des chefs. Me voici de nouveau au point de départ. Comment vais-je m'en sortir?

Une par une, nous sommes appelées dans la pièce d'Helen et Irmchen. A part les deux premières qui ne sont pas reçues, toutes ressortent triomphantes, agitant le symbole de leur statut, un cordon rouge et blanc avec un sifflet qui doit être porté avec le foulard et l'anneau de cuir. Je suis la dernière appelée.

«Nous t'appelons en dernier parce que tu es la meilleure du groupe.» Helen me tire à elle, me prend contre elle puis se tourne vers Irmchen.

«Oh, elle le sait.»

Elles sourient toutes deux et je ne sais pas quoi dire ou faire.

«Ça ne te dérange pas si nous fumons?» demande Helen.

Je fais non de la tête.

«Peut-être qu'elle en voudrait une?» dit Irmchen mais Helen l'interrompt:

«Oh, ne sois pas sotte. C'est encore une enfant.»

«Oui, dit Ermchen, mais fort brillante.»

«Assieds-toi, petite amie. Parlons.»

Elles me posent des questions sur Harrachsdorf, Berlin, mes parents. Je commence à perdre ma timidité, et réussis à retenir mes larmes. Nous parlons de livres jusqu'à ce que la cloche sonne, annonçant le repas. Je voudrais rester ici, ne pas avoir à retourner là-bas. Je viens de trouver deux amies.

« Nous avons aimé t'avoir ici. Tu sais que tu es reçue haut la main... et voici ton diplôme et ton cordon, les symboles de ton nouveau statut de chef aux jeunesses hitlériennes. »

Silence.

« Peut-être qu'elle ne veut pas devenir chef. Lui as-tu demandé ? » dit Helen.

Elles me regardent toutes les deux. Et je trouve très facile de dire : « Non, je ne le veux pas. »

Elles éclatent de rire toutes deux. Un rire franc, la dernière réaction que j'aurais attendue. Elles rient de si bon cœur que c'est contagieux, même si je ne comprends pas ce qui est amusant. Je réussis finalement à m'excuser en disant : « Mais je me suis tellement plu ici. Et... eh bien... »

« Ça ne fait rien, m'assure Helen. Ne t'inquiète pas. Nous allons arranger ça. Tu n'es pas obligée de devenir chef. Tu l'es déjà, que tu portes ce stupide cordon ou pas. Nous comprenons. Nous écrirons un rapport au Dr Pfaffenberger et au commandant des jeunesses hitlériennes en disant que tu as tellement bien réussi que tu dois continuer ta formation pour le rang supérieur. » J'ai l'air effrayée parce qu'elles ajoutent : « Qui sait où et quand ce sera... et si ça sera ! »

Dans l'humeur joyeuse et bruyante générale, on m'a posé peu de questions. Ce fut exactement comme Helen l'avait prévu. Tout le monde semblait trouver parfaitement normal que je poursuive une formation supérieure. Tout le monde m'a félicitée et quelques-unes m'ont dit qu'elles m'enviaient. Et plus rien à dire.

Je suis seule dans le train, serrant un livre d'Edgar Allan Poe, cadeau d'Helen et Ermchen dédicacé par elles deux. Je pleure. J'ai trouvé deux amies et je les ai perdues. Je pleure parce que je ne me suis jamais sentie aussi déracinée de toute ma vie. Où sont Vati et Mutti ? A Berlin où les bombes tombent. Des trains dépassent le nôtre, trop lent. Des trains transportant des soldats au visage gris, hagard, des trains avec des canons recouverts d'une bâche et portant le vieux slogan : « Les roues doivent rouler vers la victoire. » Un bref instant, la campagne apparaît dans des couleurs d'automne étincelantes, puis elle est de nouveau masquée par un autre train militaire.

Gare de Hirschberg. Je suis prise dans une mer grouillante de soldats et de gens de la Croix-Rouge courant dans toutes les directions, qui montent et descendent les escaliers. Il y a un train sur chaque voie et les soldats traversent les voies, se glissent entre les wagons, et même dessous. Bousculée dans tous les sens, je suis contente quand je vois Pfaffi et Hoffmann qui sont venues me chercher.

«Nous pensions t'emmener dans un petit café», dit Pfaffi en prenant ma valise. «Nous avons trois heures entre les trains.»

«Si nous pouvons trouver une place!» dit Hoffmann. «On dirait que toutes les armées se sont rassemblées à Hirschberg.»

«C'est qu'il y en a besoin, et sérieusement», répond Pfaffi.

Hoffmann regarde furtivement autour d'elle. Elle a l'air plus effrayée que jamais. «Ne parlons pas de cela», dit-elle à Pfaffi. «Pas ici!»

La petite place devant la gare est remplie de gros camions militaires, de fusils, de véhicules de toutes sortes et de soldats; des centaines de soldats et le personnel de la Croix-Rouge. Tellement de monde et d'engins que les pavés ne sont plus visibles. Personne ne rit ni ne sourit. Tous les visages sont fatigués, gris, hâves. Je suis ébahie de découvrir un énorme canon dissimulé, près de la gare. Des soldats portant un casque et le fusil sur l'épaule montent la garde. Attendent-ils des raids aériens ici? Mais je me rends compte tout à coup de ce que cela veut dire: le front se rapproche. La peur forme une boule dans mon estomac. Et si...? Je marche entre Pfaffi et Hoffmann. Me protègeraient-elles ou bien s'enfuiraient-elles en me laissant seule? Je déteste soudain Hirschberg. Je veux rentrer dans la sécurité d'Harrachsdorf. Et la boule dans mon estomac grossit quand je prends conscience qu'il n'y a personne là-bas non plus. C'est-à-dire personne pour me protéger. Enfin, peut-être Erika! Et au moins les autres filles sont là-bas aussi.

Le petit café est bourré de soldats. Tout le monde est caché par la fumée de cigarette et de cigare qui remplit la pièce au plafond bas. Il y a peu de femmes autant que je peux m'en rendre compte. Les serveuses se fraient un passage à coups de coude et de hanche. Elles rient et minaudent par-dessus leur épaule et les hommes font des réflexions tout haut en riant.

«Nous devons fêter ton retour», dit Pfaffi. Elle s'est tournée vers moi, ce qui n'est pas facile car nous sommes pratiquement assises sur les genoux l'une de l'autre. «J'ai gardé quelques cartes de rationnement pour du gâteau et j'ai essayé d'avoir du chocolat chaud mais il n'y a plus ni gâteau ni chocolat. Je crains que tu doives te contenter de café, comme une adulte!»

Comme c'est gentil de sa part et comme je suis ingrate de penser qu'elle aurait pu me laisser, qu'elle se moque de moi. Mais ce petit diable, dans ma tête, continue à dire: «Qu'est-ce qu'elles auraient pu faire d'autre ? Te laisser seule à la gare ? Elles viennent toujours là. Ce n'est pas à cause de toi. » J'essaie d'arrêter cette voix diabolique.

Des chaises, déjà bien pleines, se rapprochent encore car trois officiers tiennent à s'asseoir avec Pfaffi et Hoffmann.

Il est tard et il fait sombre quand nous arrivons à la gare de Polaun. Le cheval et la voiture d'Erlebach nous attendent. Le calme d'ici, après le bruit et l'agitation d'Hirschberg, est à la fois apaisant et inquiétant. Les immenses pins se balancent dans le vent, les étoiles brillent avec éclat et les roues caoutchoutées de la voiture font un drôle de sifflement. Les chevaux s'ébrouent. Soldats et guerre. La guerre se rapproche mais ici elle semble toujours loin. Je m'endors.

**Octobre-novembre 1944.** Les Alliés sont sur le sol allemand. Aix-la-Chapelle. Les Russes ? Certains disent qu'ils sont à cinquante kilomètres, d'autres qu'ils sont déjà à Prague. Nous sommes à environ quatre-vingts kilomètres au nord-est de Prague. La rumeur rapporte que Herr Erlebach a une voiture chargée, prête pour une fuite rapide. Quoi qu'il en soit, une chose est certaine : le front se rapproche. Nous l'entendons. Quand le vent est juste dans la bonne direction, nous pouvons entendre le roulement lointain d'une artillerie lourde. Au début nous avons cru que c'était le tonnerre. Un orage... ne serait-ce pas charmant ? Au camp l'humeur est aussi sombre et grise que les gros nuages dans le ciel qui n'arrêtent pas de déverser de la neige. De la neige, de la neige, de la neige. Je déteste la neige. Sigrun a demandé à Pfaffi si elle pouvait partager la chambre de la « stupide Gisela ». Il y a quelques mois seulement, cela aurait défrayé la chronique du camp. Maintenant, cela a peu d'importance. Je suis plutôt contente parce que maintenant Renate Pfaffenberger partage la chambre 28 avec moi. Elle est arrivée quand je n'étais pas là. Heureusement, nous nous sommes plu tout de suite. Personne ne va plus faire du ski. Ce n'est amusant que si on monte sur les montagnes. La dernière fois où nous l'avons fait, on nous a lâché des coups de fusil. Personne n'a été atteint mais ça ne nous donne pas tellement envie d'aller dans les bois. En outre, Pfaffi l'a strictement interdit. Il y a aussi deux trous ronds, indéniablement des trous de balle, dans la fenêtre de l'entrée. On peut presque toucher du doigt la peur qui s'est matérialisée dans le camp.

Un matin, au petit déjeuner, Ruth n'est pas là. Quelques-unes d'entre nous savent qu'elle s'est enfuie du camp hier soir, aidée par Hanni et moi. Elle est passée par la fenêtre de la salle de bains. Un plan soigneusement préparé. Elle est maintenant en route vers Berlin avec sa sœur aînée qui était arrivée hier. Pfaffi devrait, bien sûr, déclencher l'alerte et Ruth serait prise et forcée de revenir, si elle a de la chance. Pfaffi fait celle qui ne remarque pas l'absence de Ruth jusqu'au lendemain matin, lorsque quelqu'un de vraiment stupide vient lui dire que Ruth n'est pas là. Même alors elle ne dit rien, ne fait rien, ne questionne personne. Elle sait que nous complotons toutes, seules ou à plusieurs, pour être capables de fuir avant que les Russes arrivent. Chaque phrase chuchotée commence par: «Quand les Russes seront là...» Les histoires horribles sur ce que font les Russes peuvent faire dresser les cheveux sur la tête de n'importe qui.

Le projet d'Erika de faire le tour des lignes du front avec notre chorale, pour divertir les soldats, est trop dangereux pour être réalisé. Le front oriental, bien sûr. Elle espère cependant aller en Norvège. La Norvège? Elle pense à la Norvège alors que la seule chose à laquelle nous pensons est de sauver notre peau. Oui mais, attends un peu! A bien réfléchir, la Norvège, ce n'est peut-être pas une mauvaise idée! La peur devient insupportable. Nous avons finalement décidé d'affronter Pfaffi. Irons-nous à Berlin? A-t-elle entendu dire que notre camp serait déplacé? Elle prend son temps avant de répondre. Elle regarde tous les visages inquiets, autour d'elle. Au loin, les canons grondent. Enfin, elle dit: «Ne vous inquiétez pas. Nous resterons ensemble. Si les camps doivent être déplacés je promets de vous le dire aussitôt. En attendant, restez calmes. Il n'y a pas de raison de s'inquiéter. Nous sommes ici toutes ensemble.»

Jamais elle n'a paru moins convaincante ni si mal à l'aise. Nous sentons qu'elle n'en sait pas plus que nous sur la question.

«Vati! Vati! Vati!» Il est là. Vati est venu me chercher. Ou bien est-il simplement venu me voir?

Pfaffi, Erika et Hoffmann l'entourent aussitôt et tiennent à ce qu'il leur parle en privé. Comme chaque minute qu'il passe avec elles me pèse!

«Oui, je suis venu te chercher», me dit-il quand nous sommes enfin seuls. «Mais ce n'est pas aussi simple qu'il paraît. Nous devons partir aujourd'hui. Je dois être rentré demain, quoi qu'il arrive.» Il a l'air grave. «Personne à la maison ne sait que je suis ici, sauf Mutti. Elle va bien mais j'ai apporté un certificat qui dit qu'elle est malade et qu'elle a besoin de toi. Je doute que ce simple morceau de papier suffise, mais nous essaierons. Sinon, il faudra que tu te débrouilles pour sortir du camp sans éveiller les soupçons. C'est très important que personne ne sache rien avant que j'aie la possibilité de rentrer. Autrement...» Il fait le geste d'être pendu. «Je ne connais pas les habitudes de ton camp, il te faudra donc te débrouiller. Hérisson, c'est sérieux.» J'attends un sourire mais il n'en fait pas.

«Maintenant, nous allons voir le Dr Lauenstein. C'est le seul, selon Pfaffi, qui peut nous donner la permission. S'il ne la donne pas... Eh bien nous verrons cela quand nous y serons...»

Les quelques villageois que nous rencontrons nous dévisagent. Un homme valide, en vêtements civils, sans même l'insigne du parti, est un spectacle rare à Harrachsdorf. Je suis nerveuse et, comme d'habitude, j'ai peur. Vati veut des renseignements sur Lauenstein, savoir quel homme il est et il n'aime pas ce que je lui dis.

«Mais je crois qu'il m'aime bien! dis-je. Dès lors où j'étais la seule à connaître son poème préféré.»

Vati hocha simplement la tête.

Lauenstein m'a fait un grand sourire quand nous sommes entrés dans son bureau. Maintenant il crie: «Non! Non! Impossible!» et le répète sans arrêt. Il refuse même de regarder le certificat du médecin. Vati l'agite en l'air en répétant pour la centième fois combien je suis absolument nécessaire à ma mère. Leurs voix sont plus fortes, plus irritées. Vati n'implore ni ne plaide. Il exige les papiers.

«Non! crie Lauenstein. Et c'est mon dernier mot!»

Vati crie aussi: «Je n'accepte pas votre attitude ni votre décision! C'est un outrage! Ma femme est malade et vous, caché derrière des «ordres» vous ne me permettez pas à ma fille d'être avec sa mère! Je vais immédiatement à l'état-major des jeunesses hitlériennes.»

Lauenstein a eu le temps de reprendre son souffle et d'examiner mon père. Il était assis, mais maintenant il se lève lentement, se penche au-dessus de son bureau et, délibérément, avec un ton de menace, dit: «Qui êtes-vous donc? D'où venez-vous? Pourquoi n'avez-vous pas d'uniforme? Vous ne portez même pas l'emblème du parti! Ce sont les gens de votre espèce qui poignardent nos troupes dans le dos!»

Vati m'a pris par la main et me pousse vers la porte. Il crie, assez fort pour qu'on l'entende dans tout Harrachsdorf: «Vous le découvrirez assez tôt, je vous le promets!»

Nous nous éloignons rapidement, aussi vite que nous le pouvons, sans réellement courir. J'avais peur de la voix menaçante de Lauenstein autant que de la bravade de Vati.

«Où est le téléphone le plus proche? Autant continuer le bluff!» dit Vati.

«Tu veux dire que tu vas vraiment appeler le quartier général des jeunesses hitlériennes?»

«Pourquoi pas! On n'a rien à perdre. On peut réussir en bluffant jusqu'au bout, bien que j'en doute. Mais autant essayer. Qui sait ce que cet ultra-nazi peut faire?»

Le petit restaurant tchèque où nous entrons pour téléphoner est misérable et il n'y a personne à part une vieille femme derrière le comptoir. Elle nous reluque avec méfiance puis nous montre une cabine téléphonique dans un coin.

Après plusieurs opératrices et secrétaires, le Herr Oberbannführer lui-même est en ligne.

«Peu importe qui je suis, dit Vati. Je suis le père d'une fillette qui est retenue dans un camp d'évacuation bien que sa mère soit gravement malade. J'exige qu'on la libère. *Tout de suite!*»

Je ne peux pas entendre l'autre voix mais je sais que c'est encore non. Puis cette fois j'entends car l'Oberbannführer crie exactement comme Lauenstein: «Il est nécessaire que chacun reste à son poste et fasse son devoir pendant cette période de grande lutte!»

C'en est assez pour Vati. Sa colère contenue éclate. «Règlement ridicule! Le seul devoir d'un enfant c'est d'être avec sa mère quand c'est nécessaire.» Vati a élevé la voix aussi. A cet instant, j'ai davantage peur en remarquant que la femme semble suivre toute la conversation. Au moment où Vati ouvre la porte de la cabine pour avoir de l'air, la voix, à l'autre bout, résonne carrément dans toute la pièce.

*«Qui êtes-vous pour me parler de cette façon? Je vais vous faire arrêter immédiatement!»*

Vati repose le récepteur, dit quelque chose que je ne l'avais jamais entendu dire avant: «Va te faire foutre!»

La vieille femme le regarde, hoche la tête, fait le signe de croix et disparaît derrière.

«Bien sûr qu'il aimerait savoir qui je suis et où», dit Vati avec un petit rire, «mais nous ne lui ferons pas la faveur de le lui dire. Ils deviennent fous parce qu'ils savent que leurs jours sont comptés.»

«Mais, Vati! Et si Lauenstein lui téléphone?»

«On n'y peut rien. D'ailleurs, Lauenstein m'a l'air d'une grande gueule avec pas grand-chose derrière. Tu vas retourner au camp maintenant. Si quelqu'un te demande quelque chose, dis lui simplement que j'ai dû partir.»

«Mais, dis-je alors, il n'y a qu'un train aujourd'hui, celui de dix heures du soir!»

«Alors, dis que j'ai trouvé quelqu'un pour m'emmener. Ou, mieux encore, que tu ne sais pas. Tout ce que tu sais c'est que je suis parti.»

«Mais où seras-tu?» Je demande alors, consternée, grelottant malgré moi à la vue de son manteau en drap mince et de ses chaussures légères.

«A l'hôtel Erlebach, bien sûr», dit Vati avec un grand sourire réconfortant. Où veux-tu ailleurs? Là, il fait chaud!»

Je dois être à Erlebach à huit heures. Huit heures c'est tard pour avoir le train mais trop tôt pour sortir du camp. Le dîner sera à peine terminé. Et si je me fais prendre? Et un seul bagage... Vati a été formel sur ce point. Seulement des choses chaudes et pratiques, rien que l'essentiel. C'est idiot, je le sais, mais cela m'attriste de devoir en laisser tant... surtout mes skis. Il faut que je prévienne Soo-y-ing et Renate, même si Vati m'a interdit de mettre quiconque dans le secret. *Il le faut.* Soo-y-ing va sans doute faire le guet à la porte pendant que Renate m'aidera à faire ma valise. Elles descendront la valise cachée dans leur linge sale et le cacheront dans la salle de bains. Elles devront aussi me pousser par la fenêtre de la salle de bains qui est très étroite.

Le dîner semble s'éterniser. La première à me lever, je cours dans la chambre et jette manteau, châle et gants dans la nuit. Je n'ai pas encore complètement refermé la fenêtre que, contre toute attente, Sigrun entre.

«Tu ouvres la fenêtre par ce temps?»

«J'contrôlais simplement si elle fermait bien.» Je la laisse là et descends l'escalier en courant, pour tomber en plein sur Pfaffi.

«Ton père est un homme si intéressant», dit-elle, visiblement d'humeur à converser un moment. Elle continue sans arrêt alors que je suis sur des charbons ardents. Enfin, je l'entends dire: «S'il te plaît, dis-lui de revenir me voir demain.»

«Mais il est déjà parti», je bredouille.

«Eh bien, transmets-lui mes meilleures amitiés quand tu le verras.»

«Mais, je ne le verrai pas...»

«Eh bien alors quand tu lui écriras.»

«Où diable es-tu allée?» me chuchotent Soo-y-ing et Renate.

«Ta mère...»

«Tant pis. Presse-toi ou tu vas manquer le train. Je ne voudrais pas être à ta place, toute seule dans les bois, à cette heure-ci, et avec cette valise-là!»

J'ai une envie soudaine de leur dire la vérité, que Vati sera avec moi et non à Hirschberg en train de m'attendre comme je leur ai dit. Mais je suis déjà coincée dans la fenêtre, incapable de bouger avant qu'elles me donnent une violente poussée. Jusqu'aux aisselles dans la neige. Deux mètres d'épaisseur, ça fait un fameux coussin. Voici la valise. Plouf! J'entends la fenêtre se fermer. Seule! Où diable est mon manteau? Je le trouve et les gants également, mais pas le châle. Je décide de l'oublier.

Plus vite Ilse, plus vite; je me dépêche. Il est déjà huit heures. Mais la valise est trop lourde et marcher sur les traces gelées des traîneaux est impossible. Je vais jusqu'à Erlebach en trébuchant.

La salle d'accueil d'Erlebach semble particulièrement chaude et sympathique ce soir. Un feu brûle dans la grande cheminée et la fumée des cigares et des pipes remplit la pièce. Autour du feu, les officiers boivent du punch brûlant et rient.

«Où étais-tu passée?» Vati lève les yeux au ciel. «Je croyais que j'allais devoir prendre ton camp d'assaut!»

Maintenant que nous sommes prêts, nous ne pouvons partir car Herr Erlebach veut parler à Vati. Il a environ le même âge et un peu le même physique que mon père, un bel homme dans un uniforme impeccable, avec des bottes rutilantes.

«Je vois que vous nous quittez Herr Koehn! S'il vous plaît, transmettez mes amitiés à la capitale et veillez à notre alimentation en électricité.» Il serre la main de Vati, lui donne une tape amicale dans le dos, et me tapote la tête. «Si jamais vous deviez revenir aux lisières de nos bois j'espère que vous séjournerez ici. Heil Hitler!» Claquement sec des talons et Erlebach rejoint le groupe des officiers.

J'avais remarqué leur regard bizarre et soupçonneux mais ils se tournent vers Erlebach. Pourquoi est-ce que le nazi le plus éminent du coin est si amical avec Vati? Mais ce n'est pas le moment de poser des questions.

Nous partons. Vati prend nos deux valises mais la poignée de la mienne lui reste dans la main. Consternation, aspiration bruyante de l'air dans ses narines. Quelqu'un propose d'aller chercher de la ficelle mais nous n'attendons pas.

Dehors, il fait noir et très froid. Pas âme qui vive. La neige, entassée très haut de chaque côté de la route, brille. Je suis devant,

Vati derrière moi avec une valise sur l'épaule et l'autre à la main. Nous dérapons et trébuchons. Aurons-nous le train?

Il faut s'arrêter pour permettre à Vati de changer la valise d'épaule. J'entends passer les minutes. Lentement nous sortons d'Harrachsdorf. Beaucoup trop lentement. Il y a, normalement, deux heures de marche. Nous avons bien moins de temps. Il faudra prendre le raccourci, un raidillon qui retrouve la route en haut de la colline. C'est une côte traître à monter, verglacée. Parfois nous marchons à quatre pattes en faisant attention aux valises. Pour l'amour de Dieu, ne lâche pas les valises! Tiens bon! Je tiens bon!

Une silhouette sombre apparaît, s'approche. Quelqu'un qui va nous ramener? Ont-ils déjà tout découvert? C'est un homme avec un porte-documents qui nous demande poliment de le laisser passer.

«C'est bien la direction de la gare de Polaun n'est-ce pas?» demande Vati. Je sais ce qu'il a en tête.

«Si vous voulez prendre le train, répond-t-il, vous feriez bien de vous presser. Une fois au sommet, vous verrez la route. On ne peut pas se tromper.»

Vati demande de l'aide et l'homme accepte de porter la valise avec une poignée. Il est rapide. Nous avons du mal à le suivre.

Il atteint la route bien avant nous et laisse la valise là. «Je regrette, nous crie-t-il, mais je dois prendre le train et je n'y arriverai jamais avec *ceci!*» Il a disparu dans l'obscurité avant qu'on atteigne la valise abandonnée.

Une fois de plus Vati en met une sur l'épaule, ramasse l'autre et avance en titubant sur la glace. On dirait qu'il exécute une espèce de danse de fou avant de retrouver son équilibre. Je le suis en trébuchant. Quand nous nous arrêtons, il me laisse porter sa valise. Alternativement, je la porte, la pousse et la tire. Nous sommes essouflés et en nage, en dépit du froid; notre haleine fait un nuage de vapeur. Arrêt. Un silence complet, immense. L'obscurité, sauf la mystérieuse luminosité de la neige. Les craquements soudains et effrayants des sapins gelés ressemblent à des coups de fusil. La voix de Vati est caverneuse et trop forte.

«Bon Dieu! A quelle distance est-elle, cette gare?»

«Encore deux ou trois tournants.» J'essaie d'être convaincante. Mais comme toutes les routes de montagne, celle-ci tourne sans arrêt. A chaque fois que nous passons un tournant, il y en a un autre qui se dessine devant et toujours pas de gare en vue. Nous répétons les mêmes questions et réponses:

«Combien encore?»

«Encore un. Juste un.»

Vati s'arrête, soupire. «Mais qu'est-ce que tu as là-dedans? Des briques? Est-ce que je ne t'avais pas dit de ne prendre que les choses indispensables?» Il s'assoit sur le bagage coupable, prêt à allumer une cigarette.

«Voyons les choses en face, nous ne l'aurons jamais!»

Je tire les deux valises à présent, et il me suit.

«Tu sais que je ne peux pas te laisser faire ça!»

Nous repartons et je parle, je parle. La gare *doit* être après le prochain tournant. Juste un encore. Nous en passons trois puis Vati refuse de continuer et allume sa cigarette. J'essaie de me convaincre en même temps que lui: «Ce drôle d'arbre, là-bas, tu le vois? C'est une borne. Nous y sommes presque.»

Il ne bouge pas. S'éponge le front.

«Le train est peut-être en retard. Il l'est sûrement sinon nous l'aurions déjà entendu.»

«En es-tu sûre?»

«Certaine! On peut l'entendre tout le long de la route jusqu'à Harrachsdorf.»

«Alors dans ce cas faisons un ultime effort.»

Plus vite que pendant cette dernière heure nous nous dirigeons vers ce que nous espérons être le dernier tournant.

«Ça y est!» Je voudrais pouvoir crier mais j'ai juste assez de souffle pour haleter: «Cette lanterne, la maison de bois, c'est la gare!»

Au même instant un long sifflement brise le silence et de vives lumières viennent vers nous. En soufflant et haletant le train s'arrête à la gare. Trois cents mètres à faire!

Le chef de train, debout sur le marchepied, se penche à l'extérieur pour regarder les wagons, bien loin de nous. Il faut attirer son attention! Je ne peux pas crier donc je cours, je cours plus vite que je ne l'ai jamais fait de ma vie. Quand j'arrive à lui je peux seulement montrer du doigt le bois où Vati vient d'apparaître.

«S'il vous plaît», dis-je en haletant, «s'il vous plaît... attendez... mon père...»

«Vite l'homme!» crie le chef de train. «Nous sommes déjà en retard!»

Vati fait des efforts pour couvrir la distance qui reste. Le train commence à bouger en émettant de gros nuages de fumée.

Le chef de train s'écrie: «Sautez l'homme, pressez-vous!»

La locomotive passe. Je ne peux en faire plus... plus la force. Des mains secourables se tendent. On me hisse, on me tire, je sens le métal dur et froid. Je suis montée. Mais Vati? «Vati!»

Il court le long du train, chargé des deux damnées valises. Le train va plus vite. On me pousse à l'intérieur en dehors du passage. Quelque chose me heurte. La valise... deux valises...et puis Vati est à côté de moi. Vati est monté. Nous l'avons eu.

Nous sommes balancés dans le sens du train, incapables de bouger ou de parler. Nous avons eu le seul train qui peut nous amener à Hirschberg puis à Berlin... chez nous!

Le reste est estompé. Les gens, les soldats, le tourbillon d'Hirschberg. Nous sommes enfin dans le train pour Berlin, coincés dans les WC. Le train est bourré, des soldats sont accrochés aux fenêtres, aux portières, sont entassés les uns sur les autres. Aucune lumière sauf celle des patrouilles SS, avec leurs torches, qui contrôlent les papiers de tout le monde. Tout le monde sauf nous. Nous sommes derrière la porte des toilettes. Puanteur incroyable mais nous sommes tranquilles.

Le train s'est arrêté. Nous ne sommes pas à Berlin. Nous en sommes loin mais puisque je ne vois rien je ne sais pas où nous sommes.

Vati chuchote à mon oreille: «De la gare de Gesundbrunnen, sais-tu rentrer à la maison?»

J'acquiesce.

«Bon. Je dois partir maintenant. Je t'écrirai.»

Avant que je puisse dire quoi que ce soit, il disparaît dans la foule.

Bien que cette disparition soudaine me déroute je suis convaincue qu'il devait agir ainsi en admettant, comme je le crois, qu'il avait quitté son travail sans autorisation.

(Vati, en tant que spécialiste unique des câbles de 100 000 kilowatts avait une certaine liberté de mouvement et il l'avait utilisée pour quitter le camp de travail obligatoire. Il est retourné à Zerbst après être venu me sortir de mon camp. Comme il l'a expliqué plus tard: «Où pouvais-je aller autrement? Pris sans papiers, j'aurais été fusillé sur-le-champ et je ne connaissais pas d'endroit où me cacher.»

Quand il est rentré, le peloton d'exécution SS l'attendait. Le Bauführer des OT est intervenu, cependant. Il fallait d'abord qu'il raccorde les câbles endommagés par le dernier raid aérien. *Ensuite,* ils pourraient le fusiller.

Mais les raids aériens quotidiens abîmaient les câbles dès qu'ils étaient remis en état et son exécution était toujours remise à plus tard.)

Chapitre Onze
# 1944-1945
# Berlin

**Novembre-décembre 1944.** La gare de Gesundbrunnen. Derrière l'un des guichets se trouve Mutti mais je ne peux l'atteindre. La foule impatiente qui pousse et se tasse ne me laissera pas passer.

«Toi, la gosse! À la queue comme tout le monde, tu m'entends!» Le gros officier me barre le passage et les autres suivent en me lançant des regards mauvais et des réflexions plus mauvaises encore. Trop fatiguée pour discuter, j'attends mon tour. Elle est si occupée! Trop occupée pour reconnaître ma voix tout de suite. Je dis: «Deux tickets pour Lübars s'il vous plaît», et elle répond machinalement: «Lübars n'a pas de ga... Ilse!»

Aussitôt des protestations s'élèvent derrière moi: «Elles pourraient jouer leurs scènes familiales ailleurs!» «Alors quoi! Avancer! pour l'amour du ciel! J'ai un train à prendre!» «Que se passe-t-il? Vite! Pressez-vous!»

Et puis je reste assise près d'elle dans la toute petite cabine pendant deux longues heures qui n'en finissent pas. Deux heures pendant lesquelles elle n'a pas une seule seconde pour me parler. Quand enfin, sur le chemin du retour, elle peut le faire, ses premiers mots sont: «Attends un peu de voir le cochon!»

Le cochon, le cochon, le cochon. Je porte encore ma valise quand Grossmutter m'entraîne vers ce qui était la réserve, près de la véranda, pour voir Jolanthe, le cochon.

«Que penses-tu du cochon?» est la première question de Grossvater quand il rentre. Tout le dîner je dois écouter combien de saucisses, de livres de jambon et de viande il rapportera; combien ce fut difficile d'obtenir la permission de l'élever et puis que cela fut autorisé seulement parce que l'Etat prendra les deux tiers du cochon et nous n'aurons que le dernier tiers.

«Est-ce qu'Ernst t'a amenée jusqu'à la gare de Gesundbrunnen?» s'enquiert soudain Grossvater, et il ne me croit pas quand je lui dis que je ne sais pas où Vati est descendu.

«Comment peux-tu ne pas le savoir?» crie-t-il puis, se radoucissant: «Bon! Tu es là maintenant. Mais qu'est-ce qu'on va faire de toi? Tu ne peux pas rester là sans cartes de rationnement! Et il faut que tu ailles à l'école.»

«Bah! dit Grossmutter, nous pouvons toujours la nourrir, de quoi parles-tu? Et l'école?»

«Je dis que je ne veux pas d'ennuis.» Il élève encore la voix. «Je ne veux pas d'ennuis avec l'un ou l'autre de ces ultra-nazis qui rôdent partout. Tu es folle de croire qu'on peut la garder ici sans que personne le sache. Grete doit demander les papiers d'autorisation tout de suite. Tu m'entends Grete?»

«Je t'ai entendu. Ce n'est pas la peine de crier», répond Mutti d'un ton las. «Je me suis arrangée pour qu'on me remplace demain afin de m'en occuper.»

«N'oublie pas de prendre les documents pour le cochon. Tu peux laisser tomber les faux certificats de médecin, surtout que tu travailles. Mais le cochon, ça peut servir. Ils ont besoin de gens comme nous pour nourrir l'armée. Dieu sait que Grossmutter peut tirer parti de l'aide d'Ilse. Cela devrait aller. Ce n'est pas que nous ne pouvons pas la nourrir mais elle ne peut pas rester là sans permission officielle. Et il faut qu'elle aille à l'école.»

«Les Russes peuvent arriver demain et tu parles d'école! L'école! se moque Grossmutter. Rien que des sottises et de l'ennui. Et si Grete n'obtient pas les papiers, hein? Que vas-tu faire? La renvoyer? Tu sais aussi bien que moi que nous allons garder Ilse ici.» Grossmutter se lève pour débarrasser la table.

«Tout ce que je disais c'est que je ne veux pas d'ennuis!» s'écrie Grossvater en cognant du poing sur la table.

Mutti se met à pleurer. «Mais j'ai dit que j'allais chercher des papiers demain, sanglote-t-elle. Qu'est-ce que je peux faire d'autre? Mon Dieu! Ilse vient d'arriver et vous criez déjà!»

«Oh, pour l'amour du ciel, arrête de pleurer. Ne t'inquiète pas. Va te coucher», dit Grossmutter depuis la cuisine.

Grossvater se lève. «Arrête de pleurer bon sang! N'as-tu pas entendu ce qu'elle a dit? Je ne peux rien dire dans cette maison sans que tout le monde se mette à pleurer?» Il claque la porte de la chambre derrière lui.

Dans la cuisine, Mutti continue à pleurer. «Pourquoi faut-il qu'il soit toujours aussi bourru? Que veut-il que je fasse?»

«Tu sais comment il est, dit Grossmutter. Il ne le pense pas vraiment.»

Mutti et moi nous nous serrons dans le lit, nous nous tenons les mains dans l'obscurité. «Au moins, maintenant, nous sommes ensemble.»

«Oui nous sommes ensemble maintenant.» La main de Mutti devient molle. Elle est endormie. Je pense à Hermsdorf et Vati. Où est-il? Où est-il allé? Il n'y a plus personne à Hermsdorf. Je voudrais que la guerre soit finie et que nous trois puissions être de nouveau ensemble. Je pleure tout bas pour ne pas réveiller Mutti.

Mutti et Grossvater sont partis quand je me réveille. Je trouve Grossmutter dans la cuisine. Un gâteau aux cerises et aux amandes refroidit sur le bord de la fenêtre. Un gros chaudron en fer chauffe sur le feu de charbon. Son couvercle se soulève de temps à autre en envoyant des bouffées d'odeur nauséabonde dans la cuisine.

«Ça sent mauvais. Qu'est-ce que c'est?»

«La soupe à cochon, c'est pas parfumé», dit-elle avec un petit rire, en me tendant une part de gâteau. Le gâteau est délicieux, comme tout ce qu'elle fait. Comment peut-elle créer de telles merveilles et en même temps vivre dans une telle laideur? Elle s'appuie contre la table boiteuse couverte d'un lino balafré qui n'en peut plus. Des incisions faites par tant de couteaux! Une nouvelle bouffée d'odeur désagréable remplit la cuisine quand elle retire le chaudron du feu et verse le contenu dans un seau. Je la suis dans la porcherie où elle jette la nourriture dans l'auge et écarte la paille souillée avec une fourche. Appuyée sur la fourche, elle observe avec une évidente satisfaction Jolanthe qui engloutit sa nourriture en bavant. «Viens, nous allons faire une promenade. Je vais te montrer le jardin.»

La véranda où on prenait le café pendant les week-ends, autrefois, est maintenant pleine de cageots, de paniers, de seaux et de gamelles. Tout cela déborde de pommes meurtries, de haricots, de poires, de salades, de choux. Des piles de choux.

«Tu peux m'aider à faire la choucroute. Tu vois tout ce qu'il y a à faire? Nous devons faire aussi des confitures avant que les prunes et les pommes pourrissent complètement.»

Bras dessus, bras dessous, nous prenons l'allée étroite et partout où je regarde je vois les têtes penchées des pieds de pommes de terre.

«Oui, nous devrons les déterrer avant les gelées.»

«Tu ne plantais jamais sous les arbres, avant!»

«Je sais, mais qui connaît l'avenir? Quel qu'il soit il ne va pas être bon. Nous avons essayé d'utiliser tous les coins du terrain. Si nous survivons, il faudra manger, hein?»

Le jardin resplendit de ses belles couleurs d'automne. Les arbres et les buissons sont vides de fruits mais les haricots verts pendent encore sur leurs tuteurs.

«Qu'y a-t-il là-bas?»

«Des betteraves à sucre. Tu ne te rappelles plus? Mais elles ne méritent pas le mal qu'on se donne. Cent livres de betteraves et toute une journée perdue pour une livre de sucre! Non merci, c'est fini! C'est le dernier carré; nous nourrirons Jolanthe avec et le reste servira à faire de la mélasse»

Grossmutter m'attend alors que je grimpe dans le boscop, mon pommier préféré. D'ici j'ai une vue non interrompue sur trois jardins, la prairie et les champs au-delà. Vingt, vingt-cinq kilomètres de champs jusqu'aux bois à l'horizon, bande colorée contre le ciel bleu. A trois kilomètres, Lübars ressemble à un village miniature. La charrette de foin du fermier Neuendorff complète le tableau rustique. Les chevaux montent lentement la route, la route même où se trouve notre maison. Destruction, guerre et raids aériens semblent irréels à ce moment-là.

«Crois-tu qu'il y aura un raid cette nuit?» Je pose cette question à Grossmutter avec un mélange de crainte et d'espoir stupide qu'on n'ose pas s'avouer, espoir que quelque chose arrive.

«Probablement», répond-elle d'un ton neutre comme si nous parlions du temps.

«N'as-tu jamais peur, Grossmutter? Je veux dire d'un raid aérien?»

Elle hausse les épaules. «Moi? Tu me connais. Je n'ai pas peur. On n'y peut rien. Si cela doit être pour vous, vous le recevez, que vous soyez au lit ou caché à la cave!»

En rentrant à la maison, elle jette une poignée de grains aux poulets, met du foin dans les clapiers à lapins

«Je me disais», commence-t-elle, «pourquoi ne vas-tu pas chez les Watzlawik? Eberhard doit être chez lui. Il va à l'école à Oranienburg. Demande-lui qu'il t'en parle.»

«Mais je ne le connais pas et je ne connais Frau Watzlawik que de vue.»

«Qu'est-ce que cela peut bien faire»

Les Watzlawik, mère, père et fils m'accueillent tous les trois, la mère et le père comme si j'étais leur propre fille perdue depuis longtemps. Frau Watzlawik, une grande femme à la poitrine opulente, me serre et m'embrasse en répétant maintes fois: «Oh! je suis si contente que tu sois là. Je suis si contente que tu sois là.»

Herr Watzlawik, une tête de moins que sa femme, est un homme fluet à l'air triste. Je ne l'ai jamais rencontré mais lui aussi me serre dans ses bras, en disant: «Nous nous inquiétons tant pour Eberhard! C'est un tel trajet à faire seul, et avec les raids...! Si, Dieu nous garde, quelque chose devait lui arriver, nous ne saurions même pas où aller le chercher. Maintenant il y aura au moins quelqu'un du voisinage… mieux que cela, de la maison d'en face… pour aller à l'école avec lui. »

« Oh! je suis si heureuse que tu sois là », répète la mère.

Eberhard, debout derrière ses parents, fait d'amusantes grimaces, hausse les épaules dans un geste d'exaspération comique pendant que ses parents me questionnent, veulent tout savoir sur le camp où j'étais, comment j'en suis revenue, etc. Je ne leur dis pas que je me suis enfuie, seulement que Mutti essaie d'avoir les papiers aujourd'hui.

« Tu n'auras qu'à aller avec Eberhard demain, dit Herr Watzlawik. Dis que tu apporteras les papiers plus tard. C'est ce que nous avons fait avec lui. Je courais partout voir Pierre et Paul pour qu'Eberhard ait l'autorisation de rester et à l'école ils n'ont même pas demandé ses papiers. Pas encore. Les autorités font plein de difficultés alors qu'à l'école personne ne semble s'en soucier. N'est-ce pas vrai? »

Eberhard approuve et son père continue: « Il ne devrait pas être ici mais nous l'avons ramené de chez sa tante à la campagne. Au train où vont les choses, nous voulons être ensemble. Qu'on puisse au moins mourir ensemble. »

« Papa! » s'écrie Frau Watzlawik, le sourire s'effaçant de son visage. « Papa, ne dis pas cela! J'ai assez peur comme ça. »

« Il faut voir les choses en face, chérie. Inutile de se mettre la tête dans le sable. Le fait est, nous perdons la guerre. A quoi cela sert-il de le nier? Les Russes sont à Kuestrin, les Alliés à Muehlhausen. C'est une question de jours, de mois tout au plus et ils seront là. Si les Russes arrivent avant les Alliés… » Il s'arrête. « Eh bien, je préférerais être mort que tomber dans leurs mains vivant. »

« Papa! Papa! » s'écrie la mère d'Eberhard, « ne dis pas des choses pareilles ou bien nous serons morts avant même que *quiconque* soit là. » Frau Watzlawik s'assoit et cache son visage dans ses mains.

« Maman! Maman! Il ne veut pas dire ça! » Eberhard a mis son bras autour de sa mère. Maintenant il se retourne et regarde son père avec colère. « Tu sais comme elle est bouleversée quand tu parles comme ça! »

Son père est à la fenêtre, il nous tourne le dos et serre les poings. Je sais que tout le monde a peur. Personne ne sait exactement ce qui va arriver mais tout le monde sent que la fin est proche. Mais chez les Watzlawik? Il y a quelque chose de plus, quelque chose de différent, mais je ne sais pas quoi.

Eberhard me reconduit. « J'espère aussi que les Alliés de l'ouest seront ici avant les Russes, n'est-ce pas? Parce que si les Russes arrivent les premiers, mon père nous tuera tous.»

«Ce n'est pas vraiment son intention! Ce n'est pas possible.» Je ne peux pas y croire.

«Si, ça l'est. Ça l'est vraiment», dit Eberhard sincèrement. Puis il sourit soudain. «En tout cas, je suis content qu'on aille à l'école ensemble. Je prends le train de sept heures à Waidmannslust, ce qui signifie l'autobus de six heures trente cinq ici. Tu *viens* n'est-ce pas?»

«Oui, sans doute. Je pense que oui.»

Grossvater et Mutti sont tous deux à la maison quand je rentre. Je peux dire, à voir leur visage, que Mutti n'a pas obtenu les papiers. Elle a l'air déçue et très fatiguée.

Au quartier général des jeunesses hitlériennes, on lui a donné un sauf-conduit, on l'a envoyée de bureau en bureau mais jamais, semble-t-il, dans le bon. «Comme ils étaient grossiers! dit-elle. Personne ne m'a *jamais* traitée comme cela. Des *porcs!*» et Mutti pleure – autant de colère et de déception, je suis sûre, que d'épuisement.

«Eh Grete, mange! insiste Grossmutter. Mange avant que ton repas soit froid.»

Mais Mutti repousse l'assiette. «Je suis trop fatiguée pour manger. Je crois que je vais aller me coucher. Réveille-moi à six heures, au cas où je n'entendrais pas le réveil. Je ne rentrerai pas avant après-demain parce que j'ai fait une permutation de permanence, rappelle-toi. Et tout cela pour ne rien obtenir. Je voudrais que tout soit fini. Tout!»

«Les Watzlawik disent que je devrais simplement aller avec Eberhard demain.»

Mutti acquiesce. «Je suppose qu'ils ont raison. Que pouvons-nous faire d'autre?» Puis soudain ses yeux s'agrandissent de peur. «Mais s'ils ont déjà entendu dire qu'elle s'est enfuie? S'il y a un avis de recherche? Nous ne pouvons pas la laisser aller seule!»

«Si? Si? se moque Grossvater. Certainement qu'elle peut y aller seule. D'ailleurs elle va avec Eberhard. Elle est assez grande. Quand j'avais son âge...»

Le cri de Mutti l'interrompt. «Nous savons tout cela papa! Nous savons ce que tu as fait, mais il n'y avait pas la guerre alors et pas de nazis!»

«Je serais allée avec elle, dit Grossmutter, mais j'attends une livraison de charbon demain et tu sais que nous n'en aurons pas de tout l'hiver s'il n'y a personne ici quand ils vont l'apporter. En outre, je n'ai jamais été très bonne à l'école.» Elle rit. «Apprendre ne remplit pas le ventre.»

«Ilse ira seule. C'est tout», dit Grossvater, et il ajoute: «Et en supposant qu'ils découvrent qu'elle s'est échappée? Que peuvent-ils faire à une enfant?» Se tournant vers moi, il déclare: «Tu diras ce que Herr Watzlawik t'a dit de dire, que tu apporteras les papiers plus tard. Et ne parle pas de ton père. Tu entends? Ne parle pas de ton père. S'ils te posent des questions, tu es rentrée seule.»

Mutti dort. Je veux lui parler, lui demander tant de choses, mais... bruit strident des sirènes: premier avertissement. L'alerte véritable suit immédiatement et déjà l'air vibre du ronflement des avions, du bruit des canons antiaériens. Nous attrapons nos sacs et descendons à moitié habillées à la cave. La maison tremble. Grossvater arrive en courant, claque la porte, halète:

«Ils ont lâché des arbres de Noël pour éclairer la cible et nous sommes juste au milieu. Que Dieu nous aide!»

«Des arbres de Noël?»

«Des bombes éclairantes vertes qui ressemblent à des arbres d'artifice, explique Grossmutter. Les avions de reconnaissance les lâchent pour guider les bombardiers. Mais nous ne savons pas s'ils se rapprocheront. C'est dur à dire quand il fait nuit.» Elle saisit une poignée de haricots dans un panier proche, ouvre les cosses avec l'ongle de son pouce et lance d'une pichenette les haricots tachetés de noir dans une cuvette.

Le vacarme du tir de barrage s'amplifie au point de déchirer les tympans. Des bruits nouveaux, effrayants, se mêlent à celui, connu, de la DCA. Jamais je ne supporterai une autre alerte si nous survivons à celle-ci. Maintenant, il y a un bruit de roulis rauque comme si on traînait une chaîne géante sur un toit de métal. Vroum..! Des bombes explosent, les détonations ébranlent les fondations, les lumières s'éteignent, le plâtre tombe.

«C'est tombé près», dit Grossmutter sans la moindre trace d'émotion dans la voix. «Où est la bougie?» Elle la trouve elle-même et l'allume. La flamme vacille; des ombres mystérieuses dansent tout autour. Dehors le bruit reprend, en crescendo, puis s'éloigne. On entend la sirène des voitures de pompiers au loin. Tout est terminé. Nous avons survécu. Mais l'école brûle; le lycée, qui est maintenant un hôpital, a été touché.

Nous ne sommes pas au lit depuis plus d'une heure quand une autre alerte survient. Mais ils bombardent à un autre endroit. Il est quatre heures trente quand nous pouvons aller nous coucher. Pour dormir une heure et demie.

Bien sûr, nous dormons ou plutôt nous restons au lit trop longtemps. Eberhard et moi devons courir pour attraper l'autobus et c'est tout juste si nous parvenons à y monter tant il est bondé. Même chose pour le train. Foule de gens hagards, tassée comme du bétail, nous sommes secoués par le train qui avance avec force cahots. Je m'attendais à une conversation intéressante sur les raids de la nuit passée mais je n'entends que des bribes.

«Eh bien! Cette fois le nord (de Berlin) a été touché, pour changer.»

«Bah! C'était par erreur! Tout était pour le centre de la ville comme d'habitude. Peut-être que leurs signaux se sont déplacés... il y avait beaucoup de vent. Ou quelqu'un de cinglé!»

«Ouais!» d'un autre coin. «C'étaient des feux d'artifice, hier soir, un beau spectacle et tout ce qu'ils ont touché c'est des jardins... et l'école de Lübars. Aucune efficacité je dirais! L'incendie a été maîtrisé en moins de deux. Pas de pertes. Pas de blessés.»

«Mais la gare d'Anhalter! Que Dieu nous protège! Ils l'ont eue au deuxième coup. L'abri. Trois cents personnes. Ils étaient encore en train de creuser quand je suis passé il y a une heure.»

«Ça a été un coup dur, je sais. Ils pourraient s'épargner le mal de creuser; tout ce qu'ils vont trouver ce sont des cadavres.»

«C'est vrai! Et ils n'auront plus qu'à les réenterrer.»

Les paroles sont endormies, indifférentes, terre à terre.

Oranienburg est le dernier arrêt. L'école, vieux bâtiment en brique est juste à côté de la gare. Une croix rouge géante sur carré blanc est peinte sur le mur. Seul le bâtiment principal est encore utilisé comme école. Le reste, les annexes, le gymnase, et la grande salle de réunion, est transformé en hôpital. Sur le toit, à chaque angle, se dresse un canon de DCA géant entouré de mitrailleuses.

Eberhard me laisse au bureau du directeur. Le directeur, un très vieil homme aux cheveux gris, lève à peine les yeux.

«Je suis nouvelle ici, ma mère aura les pa...»

«Quel est ton niveau?»

«Cinquième, je pense!»

«Premier étage à droite quand on descend l'escalier.» Il me fait signe de sortir. Congédiée. Admise.

L'école. De nouveau une véritable école. Je vais avoir tellement à rattraper. Comment cela va-t-il être? Un moment d'hésitation avant d'ouvrir la porte.

«Ilse!»

«Ruth!» C'est mon amie Ruth Schubert. Nous sommes seules dans la pièce et nous dansons et sautons de joie.

Un officier, le Dr Martin, jette un œil dans la pièce. « Inutile de commencer pour deux! J'attendrai les autres! » et il se retire.

« C'est Martin, dit Ruth. Un vrai con! Il est censé nous enseigner l'allemand! Oh, n'aie pas l'air si choquée! Il faudrait que tu entendes les garçons parler! Con, ce n'est rien! Mais parle-moi du camp, de Pfaffi et Hanni. Je veux tout savoir. » Nous parlons, et lentement la classe se remplit de garçons et de filles. Il y a bien plus d'étudiants que de bureaux et ceux qui n'ont pas de siège s'appuient contre les murs, s'assoient sur les tables des autres et sur les rebords des fenêtres. Presque tout le monde fume ou roule des cigarettes. L'air est lourd de fumée et il y a une grande discussion animée pour savoir si la majorité des avions de cette nuit était des Lancaster ou des Liberator, des Spitfire ou des Mustang. Le Dr Martin entre mais le bruit des conversations continue. Un nouveau groupe arrive et se mêle aussitôt à la discussion.

Le dernier garçon dit nonchalamment à Martin: « Je n'ai pas pu prendre le train d'avant. Tout mon quartier brûlait. Brûle encore. »

Martin crie dans le chahut, fait des gestes comme s'il voulait tout balayer, serre le poing et le brandit vers le plafond. Finalement il tonitrue: « Jamais! Jamais l'ennemi ne réussira à saper notre moral et notre détermination à nous battre jusqu'à la victoire! »

Silence brutal au milieu duquel une voix venant du fond retentit: « L'hélice est à l'arrière. »

La classe rugit de rire mais Martin continue comme s'il avait encore un auditoire: « Ces attaques insidieuses contre les femmes et les enfants sans défense... »

« Aurait fallu que tu voies ça! Et l'odeur! »

« Nous nous battrons jusqu'au dernier homme, femme et enfant s'il le faut », dit Martin.

« L'ont emmenée dans un seau, c'était tout ce qu'il... »

« Mais nous serons victorieux. » La cloche sonne et, du fond, vient cette dernière phrase:

« C'est là que se trouve le détonateur, c'est idiot. »

« Heil Hitler », dit Martin. Il claque des talons et s'en va.

Les garçons ont commencé un poker, des filles tricotent, d'autres taquinent les garçons. Tout ceci continue non seulement pendant la récréation mais aussi pendant le dessin, la géographie et les sciences. Tout sauf le latin. Ruth m'a parlé du Dr Graefe qui a soixante-quinze ans et qui, bien qu'en retraite, vient remplacer les professeurs appelés sous les drapeaux. Quand ce petit homme à l'air fragile entre, il se fait un profond silence. Quand il commence à poser des questions, je m'étonne de constater que tout le monde semble avoir fait le travail demandé. Les autres conjuguent des verbes jusqu'à me donner mal à la tête. J'ai beaucoup à faire pour rattraper mais le Dr Graefe promet de m'aider et me donne un livre de débutant.

Ruth s'en va de bonne heure. «Excuse-moi, mais je vais à la campagne avec ma mère. Tu sais, pour voir ce qu'on peut trouver. Nous serons absentes un jour ou deux sans doute. Cela dépend. Les fermiers sont pingres. La dernière fois, on n'a eu que des pommes de terre et il a fallu les déterrer nous-mêmes.»

Durant les quarante-cinq minutes de train, au retour, jusqu'à Waidmannslust, Eberhard me parle à l'oreille. Il me montre tous les endroits où on pourrait, dit-il, se cacher dans la campagne si le train était bombardé. Un renfoncement, un fourré, l'arche d'un petit pont... il a choisi des endroits tout au long du trajet, discutant tout seul le pour et le contre de chacun d'eux. Il me dit ses raisons avec passion mais tout bas et en regardant de temps en temps avec inquiétude les autres passagers. Je sais que tout cela c'est pour me rassurer mais c'est en vain.

«Peux-tu venir chez moi cet après-midi? demande-t-il. Je voudrais te montrer quelque chose.»

«Peut-être. Peut-être, si je dis à Grossmutter que tu dois m'aider pour mon latin.»

«S'il te plaît, viens! Tu vois... eh bien tous les autres de notre quartier sont partis et je... j'ai été très seul, mais maintenant tu vas être mon amie; tu veux?»

«Oui, je veux bien. Je suis seule aussi.» Cela paraît bizarre quand je le dis et soudain je me rends compte à quel point j'ai aussi besoin d'un ami.

«Serrons-nous la main, dit Eberhard. Amis jusqu'à ce qu'on meure. Jusqu'à la mort.»

«Jusqu'à la mort.»

Nous nous serrons solennellement la main et nous nous regardons dans les yeux. Il me plaît beaucoup. En traversant l'enclos des poulets, je saute et j'ai envie de crier: «J'ai un ami! J'ai un ami!»

Eberhard a une chambre mansardée pour lui tout seul. C'est joli et confortable. Je l'aimerais rien que pour les livres qu'il y a dedans. Il étale une carte d'Europe par terre et me montre une drôle de boîte avec toutes sortes de fils, une poignée et une lampe.

«Mon père et moi avons fabriqué cette radio», dit-il fièrement. «Il faut que tu me promettes de ne parler à personne de ce que tu vas entendre. A personne.»

Le truc émet des bips et des grincements aigus pendant qu'il le manie et tâtonne. «Si ma montre est à l'heure, nous devrions l'avoir. Ici! Ça y est! Ecoute!»

«Boum-boum-boum-boum! Ici Londres. Londres vous parle.»

Et je me sens tout à coup près de Vati. Sa radio était beaucoup mieux. Ici, il faut dresser l'oreille pour entendre quelques mots parmi les autres bruits. Nous sommes penchés, attentifs, notre nez touchant presque la boîte. Si c'était possible de rentrer dedans, je sais que nous le ferions.

Eberhard entoure des points sur la carte. C'est déjà plein de marques. Quand l'émission est terminée, il dit: «Comme d'habitude, nos nouvelles sont en retard. Regarde ici! Strasbourg est tombé le 23 novembre, Saarlautern le 3 décembre. Pourtant, ce matin même, Goebbels disait que nous résistions toujours héroïquement. Et ici, à l'est... vois comme Kuestrin est proche de nous! Moins de cent kilomètres. Et c'est là que se trouve l'armée de Joukov.»

«Oh oui, mes parents savent que j'écoute», dit-il quand je lui pose la question. «Je te l'ai dit, mon père m'a aidé à construire cette radio. C'est simplement que ça bouleverse trop ma mère. Tu l'as vue hier! Pourquoi crois-tu que mon père est si triste? Savoir ce qui se passe réellement suffit à déprimer quelqu'un. Nous sommes en train de perdre rapidement. Tout ce qu'ils racontent sur des armes secrètes... nous n'en croyons pas un mot. Mais bien sûr, on ne peut pas dire ça tout haut. Mon père dit que lorsque ce sera la fin les officiers nazis se battront jusqu'à leur dernier souffle et entraîneront autant de gens qu'ils pourront avec eux. Mais je ne crois pas, comme lui, que nous devrions nous suicider. Après tout il se peut qu'on survive. N'y a-t-il pas toujours de l'espoir?» Il s'arrête et, comme j'acquiesce, simplement, il continue. «Les Russes sont des gens aussi. Des êtres humains, n'est-ce pas? Ils ne peuvent pas tous nous tuer.»

«Non... évidemment non, ils ne peuvent pas. Sans doute pas. Pas tous.» J'ai peur. Kuestrin. Ils sont déjà à Kuestrin. Un frisson court le long de ma colonne vertébrale. Que se passera-t-il? Je peux au moins rassurer Eberhard pour son secret qui ne craint rien avec moi. Je lui dis: «J'écoutais cette station avec mon père.»

Eberhard sourit, semble soulagé: «Je le savais. Toi et moi étions faits pour être amis. A propos, où est ton père?»

Je craignais cette question. «Je ne sais pas, bredouillé-je, honnêtement, je ne sais pas.» Et comme une sotte, je me mets à pleurer.

Eberhard met son bras autour de mon épaule, très doucement, timidement et tendrement. «Excuse-moi. Je n'aurais pas dû le demander. Oh Ilse, j'espère que tout ira bien. Tiens, j'ai quelque chose d'autre pour toi. Emmène-le et copie-le, mais il faut me le rendre parce que je n'ai que celui-là. Tu sais ce que c'est, n'est-ce pas? Peut-être en as-tu déjà un.»

«Qu'est-ce que c'est? A quoi ça sert?»

«Quand tu seras sur la station spéciale, c'est quatre-vingt-quinze virgule quatre sur ton cadran, tu entendras les soi-disant informations météorologiques. Ils informent sur les conditions aériennes au-dessus de l'Allemagne... s'il y a ou non des avions ennemis et, si oui, le lieu et le nombre. Tu vois ici, au-dessus de la mer du Nord, c'est nord zéro-cinq. Les Britanniques viennent de là. Quand le journaliste parle «d'escadres de bombardiers ennemis au nord zéro-cinq, sur le trajet sud-sud-est», ils viennent généralement ici. Et tu sauras vite très bien le lire. Les avions sont si rapides maintenant qu'on n'entend pas l'alerte avant que les avions soient pratiquement au-dessus de nous. Mais avec cette carte, tu sauras à l'avance. Quand ils viennent de l'ouest ou du sud ce sont généralement les Américains. Ce sont des raids de jour. Je déteste ceux-ci.»

**Janvier 1945.** Mutti a enfin obtenu mes papiers et juste le lendemain j'ai presque été mise à la porte de l'école. Martin m'a prise en train d'écrire une lettre à Hanni et a piqué une de ses colères furieuses. Ce n'était pas tant la lettre mais le fait que dedans je l'avais appelé «le stupide Martin». Je tremble encore à l'idée de ce que Grossvater aurait dit. Le directeur fut compréhensif, cependant. Il me laissa partir avec un avertissement. Heureusement que c'était seulement «le stupide Martin». J'aurais pu avoir écrit «con»... mais non, je crois que je n'aurais pas pu. Je peux à peine dire le mot. La honte j'imagine. *Merde...* eh bien c'est différent. Je l'ai dit assez souvent.

Maintenant que j'ai enfin des cartes de rationnement, elles sont tout simplement inutiles. On ne peut rien avoir. Vingt-cinq grammes de sucre par semaine, cinquante grammes de beurre. Grossmutter dit que ce n'est pas assez pour remplir une dent creuse. D'ailleurs ils sont toujours à court de tout. Ou s'il y a une livraison, on fait la queue pendant des heures et au moment où c'est notre tour, il n'en reste plus. Mais nous avons suffisamment à manger. Grossmutter se débrouille. La seule chose que nous n'avons pas, c'est le charbon. J'ai toujours froid. Aussi, quand elle me demande de venir avec elle pour l'aider à tirer la charrette, parce que Karl

Neuendorff, le frère du fermier Neuendorff, a eu une livraison, je suis pressée d'y aller.

C'est toujours la même histoire. La file fait plus d'un kilomètre de long et nous ne pouvons même pas savoir s'il y aura du charbon ou pas. Certaines personnes attendent avec des charrettes comme la nôtre, d'autres vident des voitures de bébé, certains n'ont que des filets ou de grands sacs à provision. La très vieille femme devant nous s'appuie sur des béquilles et parle avec Grossmutter.

«Oui, oui, j'ai une charrette tout comme la vôtre chez moi mais quel bien ça me fait? Je serai heureuse si je peux en porter un filet jusque chez moi. Je suis là depuis plus d'une heure et ils n'ont pas encore ouvert. Trois fils et un mari! Il n'en reste qu'un et je n'ai pas entendu parler de lui depuis des mois. Trois grands fils costauds et un mari, un grand et bien bel homme c'était. Tous partis. Plus de raison de vivre. Mais savez-vous qu'ils m'embêtent pour que je descende à la cave pendant les raids? C'est la loi... Comme si ce qui peut m'arriver avait de l'importance!»

La file bouge tandis qu'un bruit circule, un murmure mêlé d'exclamations: «Il faut qu'on remplisse nos sacs nous-mêmes.»

«Quoi? Quoi? dit quelqu'un. Mettre le charbon dans les sacs nous-mêmes? Que vont-ils inventer après?»

«Après il faudra aller le chercher à la mine, bien sûr», s'exclame une voix. Rires. «Dans la mine, au moins, on sera à l'abri des bombes.» Rires encore.

«Ouvrez, Neuendorff!» crie quelqu'un, et la foule scande: «Ouvrez! Ouvrez!»

«Ces gros fermiers», dit quelqu'un derrière nous, «ils veulent s'enrichir rapidement. Dieu les garde de ne pas avoir à se salir les mains! Nous demander de remplir nous-mêmes nos sacs!»

«C'est vrai», dit quelque part une voix fatiguée, «ces fermiers ont tout. Les Neuendorff ont le charbon et les champs. Les Quade ont les vaches, le lait et l'épicerie. Eh bien, l'autre jour, je demandais une tasse de lait, une malheureuse tasse de lait pour mon bébé. Pas une goutte qu'ils m'auraient donnée! «Je ne peux pas, m'a-t-elle dit, si je vous en donne, ils vont tous accourir et nous n'en aurons même pas assez pour nous.» Et on pense que je vais la croire?»

Des voix irritées commencent à se faire entendre. Des bruits de colère et de frustration montent sporadiquement. On piétine, on frappe des mains pour se réchauffer, pour bouger, pour faire quelque chose. La température est d'environ six degrés au-dessous de zéro.

« Viens, dit Grossmutter, rentrons ! » Et à ce moment-là, la tête de Neuendorff apparaît par-dessus la barrière de la cour. Effrayé d'ouvrir la barrière, il a dû monter sur quelque chose pour qu'on le voie !

« Rentrez chez vous ! Il n'y a pas de charbon ! Je ne sais pas où vous avez appris que j'avais du charbon ! Rentrez chez vous. Je n'ai rien. »

L'humeur de Grossvater est pire que d'habitude, ce soir. Il est maintenant piquet d'incendie et doit passer une nuit chaque semaine à son usine. Il travaille pour l'imprimerie Mergenthaler.

« J'ai soixante ans, ronchonne-t-il. D'autres sont même plus âgés. Surveillance en cas d'incendie ! Que veulent-ils qu'on fasse avec deux seaux de sable et d'eau ? Oui, il y a des lits à la cave », répond-il à la question de Grossmutter. « Je voudrais emmener un panier de pommes pour Walter, demain. Tu peux me le sortir ? » Comme d'habitude, c'est plutôt un ordre qu'une question.

Grossmutter répond, agacée : « Tu ne m'as pas rapporté le dernier panier que je t'ai donné ! Combien crois-tu que j'ai de paniers vides ? Veux-tu écouter les nouvelles ? »

« Nan ! Nous saurons bien quand les Russes seront à notre porte. Je parie que même à ce moment-là *ils* gagneront encore ! Bon' nuit ! »

« Grossmutter, si je la laisse très bas, est-ce que je peux écouter la radio ? Il y a une station spéciale. » Je lui montre ma carte. Nous écoutons le journaliste qui donne les coordonnées. Bombardier en direction sud-sud-ouest au nord-zéro-cinq. Elle semble intéressée. Nous entendons le journaliste dire : « On peut s'attendre à un raid sur la capitale du Reich. » Nous nous regardons.

« Combien de temps va-t-il leur falloir pour arriver là ? » demande-t-elle.

« Quinze, peut-être vingt minutes. C'est ce que m'a dit Eberhard. »

« Juste le temps de faire la vaisselle. Viens, tu peux essuyer. »

Mais nous ne faisons pas la vaisselle parce que nous sommes collées à la radio qui annonce davantage de bombardiers encore à venir. Nous écoutons jusqu'à ce que les sirènes commencent. « On dirait qu'on est bon pour toute une nuit ! » dit-elle.

« Mutti ? »

« Ne t'inquiète pas, elle sera en sécurité. Ils vont dans les abris. »

Deux alertes cette nuit-là, pendant lesquelles Grossmutter tricote sans arrêt. Le ciel est rouge au-dessus du centre de la ville. Oh, doux Jésus, laisse la vie à Vati et à Mutti! Si au moins Eberhard et moi pouvions être ensemble pendant les raids. Mais il est de l'autre côté de la rue et, pendant un raid, c'est la même chose que d'être à l'autre bout du monde.

Tout le monde est heureux ce soir. Mutti et moi parce que demain c'est son jour de congé et parce que nous avons eu du sucre et pouvons faire un gâteau. Même Grossvater sourit mais il ne peut pas s'empêcher de tenir son discours habituel: «Ça n'est pas venu tout seul... le travail, le travail dur, etc., etc.»

Il est déjà à moitié dans sa chambre quand il assène le coup: «N'oublie pas!» dit-il à Grossmutter plutôt qu'à moi. «Ilse doit aller à Tegel demain... pour la soupe du cochon.»

«Demain?» demandons-nous, Mutti et moi.

«Il faut que ce soit demain. Entre neuf et dix. Pas plus tard que onze heures. C'est certain. C'est le seul moment où Paul et Otto sont seuls là-bas. Personne ne doit savoir.»

«Qu'est-ce que c'est que ça?» demande Mutti.

Grossmutter hausse les épaules. «Je n'y peux rien, murmure-t-elle. Il a arrangé cela. Ses amis Paul et Otto sont avec les Territoriaux au lac Tegel. Ils mettent de côté les restes pour le cochon en espérant qu'ils auront un mòrceau de Jolanthe quand nous le tuerons.»

«Mais, Grossmutter, Jolanthe a plein à manger! Tu ne lui donnes même pas tous nos restes à nous!»

«Je sais. Mais que puis-je faire? Vous savez comment il est. Ce sont des vieux amis.»

«Un seau plein c'est trop lourd pour Ilse», dit Mutti au désespoir.

«Allons donc! Elle peut le mettre sur sa bicyclette.»

«Elle ne va pas aller à Tegel en vélo! C'est trop loin! Je ne le permettrai pas!» Mutti est bouleversée et Grossmutter essaie de la calmer.

«Tu as peut-être raison. C'est trop loin. Mais en car, elle y sera en un rien de temps et ensuite il ne reste que dix minutes de marche.»

«Dix minutes! s'exclame Mutti. Il y a au moins une demi-heure et tu le sais! Ilse ne peut pas porter un seau plein tout ce temps-là. C'est encore une enfant. Toute cette affaire est ridicule!»

Tout à coup, de la chambre, Grossvater crie: «Diable si qu'elle peut porter le seau! Elle n'est pas en sucre. Qu'elle prenne le car. Otto et Paul se donnent le mal pour ramasser la bouffe et elle est trop paresseuse pour aller la chercher? La paix maintenant. Allez au lit. Comment puis-je dormir avec toute cette jacasserie?» Il continue à grommeler. «Y'a déjà assez des autres à ne pas nous laisser dormir.»

«Ce n'est pas énorme, chuchote Grossmutter. Tu seras revenue pour midi. Et Grete, tu peux commencer la robe de Frau Ruhl. Ainsi vous serez toutes deux occupées et vous ne vous manquerez pas.» Elle fait suivre cette déclaration d'un petit ricanement.

Les sirènes. Un raid aérien. Chaque nuit! Et il faut que Grossvater me harcèle avec la sacrée soupe du cochon. Et puis la fin d'alerte et quelques heures de sommeil.

C'est une de ces journées ensoleillées exceptionnellement lumineuses qui fait qu'on a envie de sauter et de siffler. En descendant vers le lac, j'essaie le plus possible de remplir les rues hivernales vides avec les images d'autrefois. Des boutiques colorées qui vendaient des jouets bordaient celle-ci. C'est là que Vati m'achetait des ballons. Je me rappelle le café qu'on «visitait», et ses balançoires. Grossvater a dit que l'abri est juste derrière. Vont-ils défendre le lac Tegel? Il y a le grand pont où j'ai appris à compter jusqu'à 1000. 1000 marches de chaque côté. Ou était-ce seulement 890? Je vais recompter.

Les sirènes! Une manœuvre? Une alerte? Sans doute un ou deux avions de reconnaissance. Mais je cherche des yeux un abri au cas où... Les petites maisons du vieux village de Teel sont loin de paraître sécurisantes et d'ailleurs toutes les portes des jardins que j'essaie d'ouvrir sont fermées. Je continue à marcher, espérant arriver à l'abri avant l'alerte véritable. Les sirènes crient, hurlent. Alerte pour de bon! Oh! mon Dieu! Où sont les gens? Le seul être en vue est une petite fille qui pousse un landau de poupée. Elle n'a pas plus de six ans. Je cours, la rattrape, et vois que c'est un vrai bébé dans le landau.

«Où vas-tu? Où t'abrites-tu pendant les raids?»

«Dans le bunker.» Elle montre l'autre côté du pont.

Dieu merci, un bunker. Les bunkers sont sûrs. Dieu qu'elle est lente! «Allez, allez, presse-toi!» Je porte le bébé et mon seau me heurte le côté. Elle n'a que le landau vide à tirer mais c'est long de monter les marches du pont. Des marches, encore des marches, fichues marches! Enfin en haut! Nous courons sur le pont, nous arrêtons pour reprendre notre souffle au milieu d'une arche de cent mètres. Quel est ce bruit? Un essaim de frelons? Où? Et puis nous les voyons et, pendant un long moment, nous restons pétrifiées.

«Oh! mon Dieu!» Quel spectacle! Des centaines, des milliers d'avions viennent sur nous. Tout le ciel est luisant d'avions. Des avions rangés en V parfait, leur carlingue métallique étincelant au soleil. Et pas de DCA. Seulement le vrombissement terrifiant des moteurs qui s'amplifie à toute vitesse, des milliers de moteurs. L'air vibre, semble trembler; l'eau, le sol et le pont sous nos pieds se mettent à bouger. C'est un spectacle qui n'est pas de ce monde, épouvantablement beau! Tout le ciel bleu plein d'avions argentés.

Nous courons. La première formation est déjà au-dessus de nous. L'enfer se déchaîne. La DCA tire et des bombes pleuvent. Des millions de choses longues et arrondies tombent tout autour de nous. Le ciel devient gris, noir, la terre s'ouvre. Les détonations finissent par se confondre en un tonnerre continu.

Une maison! Un abri contre ce cauchemar. Nous y arrivons je ne sais comment. Je me heurte à la vieille femme qui est debout à la porte. Elle essaie de me prendre le bébé. Nous sommes sur le seuil, emmêlées avec le seau, et je vois la bombe arriver, percuter le toit, et la maison s'écrouler derrière la femme.

«*Dieu du ciel!* s'écrit-t-elle. *Dieu du ciel!*»

«Grand-maman! Grand-maman!» gémit la petite fille en tirant sur sa jupe. «Grand-maman, allons dans l'abri s'il te plaît. S'il te plaît, grand-maman!»

Je suis à plat sur le sol. Des bombes, des bombes, des bombes tout autour de moi. Ce n'est pas possible. C'est un rêve. Il n'y a pas tant de bombes que cela dans le monde entier. Je suis peut-être morte? Je me lève, tire le seau, la vieille femme et la petite fille avec moi vers un porche, un porche en béton avec de l'espace en dessous. Par-dessus les détonations, le feu de la DCA et le bruit du verre brisé, s'élève la voix aiguë de la vieille femme: «*Dieu du ciel! Dieu du ciel!*» Et maintenant le bébé pleure aussi.

S'accrocher à la terre. Elle se soulève comme si c'était un trampoline mais je m'y cramponne, y enfonce mes ongles.

Pourquoi fait-il sombre? La vieille femme accroupie entoure le bébé. Elle menace la petite fille du poing puis s'écrie:

«Dieu du ciel pardonnez-lui. Pardonnez-lui sa laideur, ses péchés... Ô Seigneur, je sais qu'elle n'a pas dit ses prières!» Son poing descend sur la tête de la petite fille.

Un morceau d'obus s'enfonce en grésillant dans le béton du porche. La petite fille s'agrippe à moi, enfonce ses ongles dans mon cou. Sa voix, comme sous l'emprise d'une douleur atroce, transperce mes tympans:

«*Maman! Maman! Où es-tu, maman?*»

Une motte de terre me frappe au visage. Je suis encore en vie. En vie et terrorisée, et prête à promettre à toutes les autorités constituées que je deviendrai meilleure si ma vie est épargnée.

Varroum. Varrouououmvarrououmvarrouououm. Tout mon corps se soulève du sol, retombe, se soulève et retombe encore. Cela commence à être drôle! Si seulement la terre n'était pas si froide. Vouiiiii! Mais ça réveille la vieille dame.

«Vilaine fille... O seigneur!... Pourquoi n'as-tu pas fait tes prières?» sans arrêt. Ne peut-elle penser à autre chose?

«Maman! Maman! Maman!»

«Rrrahrrahrrahhhh!»

La grand-maman, la petite fille et le bébé dominent le bruit des bombes et de la DCA avec leurs plaintes. Cela finira-t-il jamais?

Tout à coup, silence. Silence de mort. Un calme mystérieux à faire frissonner. Je respire. Nous respirons tous. Etrange d'entendre nos respirations. Qu'est-ce que c'est? Oh, seulement une voiture de pompiers! Des sirènes. Encore des sirènes. Fin d'alerte. Cela veut dire que je peux partir.

«Bien sûr, mon enfant, répond la vieille dame. C'est dommage que vous deviez partir si vite. Il faudra revenir. Venez nous voir. Nous prendrons le thé. Ce fut agréable de vous rencontrer.» Nous nous serrons la main fort cérémonieusement.

Soupe à cochon, abri. Où est l'abri? Où suis-je? Je marche, trébuche, me relève, ne sens rien, pas de jambes. Amusant de marcher et de ne pas sentir ses jambes! Elles n'ont rien mais je ne les sens pas. Partout des cratères. Chose surprenante, il y a encore des maisons debout. Qu'est-ce que c'est? Une bombe. Intéressant. Je dois regarder. Ah, c'est sans doute seulement des vingt kilos. Relativement inoffensif. Pas étonnant qu'il y en ait eu tant.

Il y a le restaurant, les balançoires. Maintenant je sais exactement où je suis. Le toit a l'air d'être effondré. Les bombes? C'est peut-être simplement la vétusté! C'était il y a si longtemps. Je regrette les bateaux. De si beaux bateaux, fendus en deux, l'acajou verni éclaté. Horribles bombes.

«Tu dois être Ilse!» me disent deux hommes âgés coiffés d'un casque d'acier. L'un d'eux prend mon seau et disparaît dans l'abri. Oh, c'est là! Il revient, me tend le seau plein de quelque chose de gris et gluant. Avait-il besoin de tant le remplir?

«Marche doucement, Ilse. Ton grand-père sera fou si tu en perds.»

Pourquoi ont-ils jeté tout ça dans la rue? Toute une batterie de cuisine. Du verre, des meubles, des morceaux de maison. J'enjambe, je fais le tour, je prends toujours le chemin le plus facile. Le pont... Bon! Mais cette fois, je vais compter.

Sept cents... sept cents... Et maintenant j'ai encore oublié. Tant pis, je peux le faire en descendant. Le village de Tegel et j'ai oublié de compter les marches. Au moins il y a des gens ici. Une pensée me vient. J'ai oublié de dire merci pour la soupe du cochon. Grossvater pourra peut-être le leur dire. Il peut dire que je devais prendre le car ou n'importe quoi.

Oh là! Quel spectacle! La maison est coupée en deux, une maison historique de Tegel, vieille de neuf cents ans. Et la vieille église, réduite à un squelette. Quelqu'un me heurte avec une chaise. «Vous ne pouvez pas regarder où vous allez?»

Voici l'arrêt d'autobus. Pas d'autobus. Typique. Il faudra certainement attendre une heure. Un morceau de bois brûlant me frôle l'oreille.

«Dérangez-vous!» hurle quelqu'un.

«Excusez-moi!» Je n'avais pas remarqué que j'étais au milieu d'une file de gens faisant la chaîne. Ils se passent des seaux. Il n'y a peut-être pas d'autobus. Je pourrais aussi bien marcher. Marcher, marcher, marcher. Le seau est lourd. Pourquoi font-ils les anses de seau si minces?

Quand je traverse le grand quartier résidentiel je marche au milieu de la rue. Toutes les maisons brûlent. Des flammes crépitent; il règne une odeur horrible. Des gens courent dans tous les sens. Des voitures de pompiers, des ambulances, la police. J'évite de justesse une voiture de police, mets le pied dans un trou, trébuche, mais réussis je ne sais comment à garder le seau droit. J'en ai perdu seulement un tout petit peu. Grossvater ne s'en apercevra pas.

Grands Dieux, ce que ce policier sait crier! Il va se faire éclater les poumons! Il vient vers moi en gesticulant. Que veut-il?

«Circulez! Circulez! Allez-vous-en! Partez!»

Il montre mes pieds. Je regarde, ne comprenant pas. Qu'y a-t-il? Je suis montée sur quelque chose... quelque chose de grand, environ un mètre de long, dont une bonne partie est enterrée dans le sol

Et alors je comprends. Je cours vers le policier sans m'occuper de la soupe à cochon qui m'éclabousse. Une mine! Mon Dieu, j'étais debout sur une mine qui n'avait pas explosé. J'ai dépassé le policier, les pompiers, les gens, depuis longtemps, mais je cours encore. Je cours jusqu'à ce que mes jambes paraissent se nouer. Arrêt pour reprendre mon souffle. Regard derrière moi. Ils ont mis un cordon autour de la zone.

Les immeubles autour de la gare de Waidmannslust brûlent aussi. Une foule énorme est rassemblée devant le cinéma. Eux aussi crient et hurlent.

«Regardez l'incendie! Regardez! Le toit ne va pas tenir.»

Je ne peux pas rester à regarder. Je dois rentrer.

«Deux cents personnes prisonnières dans la cave du cinéma...»

Je dois rentrer. Marcher, courir, trotter, trébucher, ça ne fait rien. Il faut que je rentre à la maison avec Mutti.

Notre rue. Tout le monde semble dehors, dans la rue, à parler. Mais les maisons sont encore debout.

Je m'arrête et, reste debout enracinée dans le sol, je ne sens même plus le seau dans ma main. Je vois tout et cependant ne vois ni n'entends rien avant d'être dans les bras de Mutti.

C'est là que les larmes jaillissent. Les larmes et un tremblement terrible; les larmes s'arrêtent mais pas le tremblement. Je frissonne et tremble comme si j'avais la fièvre.

«Aujourd'hui, le 3 février 1945, mille bombardiers US ont attaqué la partie nord de Berlin lors d'un raid de jour», annonce Lindley Frazer à la BBC.

Tout est agréable ici, si bien rangé. Chez les Watzlawik, ils sont cultivés, a dit Grossmutter. Cultivé? De toute façon leur foyer paraît particulièrement confortable aujourd'hui après tous les débris, les maisons en feu. Si seulement Frau Watzlawik voulait me laisser! Elle me serre dans ses bras contre sa poitrine.

«Maman!» Comme Eberhard a l'air sévère. «Laisse-la. Tu vas seulement la faire pleurer de nouveau. Aimerais-tu que je joue du piano?»

«Oh! oui, s'il te plaît. Joue quelque chose de gai.» Il sait que j'aime l'écouter jouer. Sa mère disparaît dans la cuisine et revient quand il joue: «Pour une nuit de bonheur
        Je donnerais tout.»

«Eberhard! Ce n'est pas convenable! Vous êtes beaucoup trop jeunes tous les deux pour...»

«Maman, s'il te plaît! C'est toi qui m'as emmené voir le film.»

Finalement elle nous laisse seuls. Il y a de la place pour nous deux sur la banquette du piano. Il joue, chante. Je chante en même temps. Tous les airs connus.

«Tu es la femme de mes rêves...» Il ne regarde plus les touches. Il me regarde. Nos yeux sont à quelques centimètres et puis il m'embrasse. Deux bouches fermées se rencontrent pendant une seconde et alors sa mère entre avec deux bols de soupe.

«Ne pleure pas d'amour.» Une brève étreinte maladroite dans le couloir.

«Pense à moi cette nuit.»

Cette nuit, cette nuit. Je recommence à trembler... cette nuit un autre raid aérien...

Bip... bipbip... bip. C'est tout. Bip... bipbip. Pas d'avions ennemis sur le territoire allemand. «Laisse-le marcher s'il te plaît, Grossvater. Puis-je garder la radio allumée?»

«S'il y a un raid aérien cette nuit, dit Mutti, Ilse et moi irons au bunker. Toi et Grossmutter devriez venir aussi.»

Dieu, nous avons dit cela tant de fois... mais ils disent que c'est idiot. Les bunkers sont trop loin. Les rues sont noires. Notre maison est aussi sûre que n'importe quoi. Mais si vous voulez y aller, allez-y!»

«Je pense que notre cave est sûre», dit Mutti sur un ton d'excuse, «sauf que...»

«Je te l'ai dit: *allez-y!*» Grossvater élève le ton. «Mais moi je resterai ici. Si Mutter veut y aller...»

«Moi?» dit-elle en se moquant. «Avec mes vieilles jambes? Non merci. Mais *elles* devraient y aller.»

«J'ai dit: allez-y! répète Grossvater. Mais je ne les laisserai pas partir si c'est en plein pendant l'alerte. Il faudra qu'elles partent avant.»

Hier il criait et vociférait au simple mot de bunker, mais les événements l'ont visiblement ébranlé! Comme je suis contente de la carte quadrillée. Nous saurons plus tôt.

Bip. Silence, puis la voix froide, impassible, du journaliste: «Vol en vue au nord zéro-cinq, direction sud-sud-est.»

Même Grossvater se lève, son gros doigt trace les coordonnées. Nos doigts se rencontrent sur la mer du Nord.

«Hambourg, dit-il. Ils vont sans doute en rester là.»

Mon cœur bat et le tremblement incontrôlable me reprend.

«Ils resteront là-bas et vous courrez au bunker pour rien», dit Grossmutter.

La voix, de nouveau: «Les formations de bombardiers ont maintenant dépassé Hambourg et continuent vers l'est-sud-est. On doit s'attendre à une attaque sur la capitale.»

Nous avons mis nos manteaux et sommes sorties dans la rue avec le vélo en un rien de temps. Grâce au vélo ce sera plus rapide. Les sacs sont plus faciles à porter de cette façon et quand c'est plat Mutti peut s'asseoir sur le porte-bagages. Elle proteste mais cède à Grossmutter qui la met pratiquement dessus. Grossmutter veut que nous emmenions tous les papiers, les documents, sur la maison et sur le cochon. Deux sacs de plus sur le guidon. Les quatre sacs ensemble doivent bien peser quinze à vingt kilos, plus Mutti! Je pédale de toutes mes forces avec l'énergie de la peur.

Les portes des maisons claquent, celles des jardins grincent; des silhouettes sombres se hâtent dans la nuit. Il en vient de partout, il en sort de toutes les rues. Un flot continu qui enfle et qui se transforme en une foule compacte et noire. Comme une rivière pleine au printemps, elle roule avec une force irrésistible vers le bunker. Des visages deviennent visibles pendant une seconde quand un embrasement rouge illumine le ciel. Non, ce ne sont pas des visages, ce sont des masques de spectres, effrayés et effrayants. Les sirènes hurlent: «Alerte!» et sans aucun intervalle de temps passent au signal «Alarme véritable». Les rayons blancs des projecteurs fouillent le ciel, s'entrecroisent à la recherche d'avions ennemis. Les traceurs ajoutent des points de bâtis géants.

Encore trois cents mètres à parcourir à découvert. Des centaines de gens courent vers la porte unique.

Heureusement, la porte est sur le côté, tout près de la clôture où je laisse ma bicyclette que j'attache même. Puis nous sommes catapultées, entraînées, passons devant les soldats qui montent la garde, leurs fusils prêts à faire feu; poussées par ceux qui sont derrière nous, nous franchissons la porte d'acier. A l'intérieur, nous sommes entassées contre ceux qui sont déjà là. Il n'y a pas de place et pourtant nous sommes compressées encore plus fort. Un peu plus et nous ne pourrons plus respirer. Aplaties, comprimées à mort dans la lutte pour la vie. Des cris, la DCA, des avions et des cris à l'extérieur. Les gardes ont fermé la porte à clé et c'est calme, soudain.

On continue à pousser, à bouger jusqu'à avoir de l'espace pour respirer. C'est déjà bien assez d'être obligé de respirer cet air infect!

L'intérieur du bunker ressemble à un cuirassé. Des murs de béton gris de trois mètres d'épaisseur en principe. Des couloirs étroits tapissés de cabines. Des portes ouvertes en acier tous les trois mètres. La plupart des portes de cabines sont ouvertes aussi, ce qui permet aux habitants qui ont la chance d'avoir un lit de nous regarder d'un air endormi. Les couchettes sont empilées par série de quatre, avec à peine trente centimètres entre chaque pile, et cet espace est occupé par la famille ou les amis. Au moins, ils ont assez de place pour s'asseoir sur leurs sacs. C'est plus que ce que nous avons.

D'où viennent-ils tous ces gens fatigués, tristes, mal habillés?

Tous ces manteaux râpés, ces souliers éculés? Des cols de fourrure faits de martes mitées qui entourent le cou de leur propriétaire en se mordant l'une l'autre. Il y a quelques paires de bottes, des pantalons de ski, restes de vacances de temps de paix, et quelques manteaux en agneau persan, symboles des statuts les plus hauts dans notre contrée. Et tout le monde porte une écharpe, sauf évidemment les quelques soldats mêlés à la foule qui sont regardés d'un air mauvais par les gens autour d'eux.

«Pour enlever de la place aux femmes et aux enfants!»

La foule bouge, ménage de la place pour la continuelle procession vers les toilettes. Des mots désagréables. Un bébé commence à pleurer, ce qui en fait pleurer d'autres. L'air ne s'améliore pas.

Le temps passe, les minutes, les heures. La léthargie est tombée sur nous comme une pierre. Dans le sac de quelqu'un, un réveil sonne soudain, faisant peur à tout le monde.

«Dieu quelle heure est-il?»

«Seulement deux heures trente», bredouille la propriétaire du réveil pour s'excuser.

«*Seulement* deux heures trente! Elle a le moral! *Seulement* deux heures trente! Elle n'a pas besoin de se lever tôt, elle.»

Il y aurait eu une discussion si le signal d'alerte n'était pas arrivé. Tous soupirent et, l'instant d'après, se ruent simultanément vers la sortie. Une poussée brutale accompagnée de cris et de jurons. Nous nous répandons dans la nuit claire et froide.

Au-dessus de la ville, le ciel est rouge; de la fumée et des flammes partout. Nous nous hâtons le long de nos rues indemnes. En quelques minutes nous sommes seules. Avalées par l'obscurité les milliers de personnes qui nous ont presque étouffées il n'y a que quelques minutes!

A part la respiration de Grossvater, la maison est calme quand nous montons sur la pointe des pieds.

**Mars 1945.** Le quai de la gare de Waidmannslust est encore plus bondé que d'habitude. Des gens attendent depuis des heures. Le train arrive enfin. Autant n'en pas tenir compte! Des passagers sont déjà accrochés à l'extérieur. Nous ne monterons jamais. Néanmoins, il y a presque une bousculade quand le train s'arrête. Ceux qui sont déjà accrochés aux portes veulent à tout prix rentrer. Ceux qui veulent descendre doivent se battre pour traverser l'épais barrage des gens qui veulent monter.

«Laissez-moi passer! Il faut que j'aille à mon travail!»

«Vous croyez peut-être que nous allons pique-niquer, crétin!»

«Rapprochez-vous la mère... et si vous retenez votre respiration, il y aura trois places de plus!»

«Laissez entrer les enfants. Faites monter les enfants, ils doivent aller à l'école. Nous devons assurer notre avenir!» Rires.

«Encore un, encore un! Allez, tout le monde, levez les bras. Levez les bras et criez *Heil Hitler!* et il y aura encore plus de place!» Rires.

C'est ce genre d'humour à se faire pendre, comme on dit, qui, miraculeusement semble-t-il, a fait monter tout le monde. Les portes automatiques se ferment mais le train ne bouge quand même pas. Il semble attendre une ultime remarque.

«Qu'est-ce qu'il y a? Quelqu'un est assis sur la voie?»

Le train se met en route. Eberhard et moi, séparés par beaucoup de gens, nous faisons des clins d'œil et des grimaces. Quand nous arrivons à l'école, nous avons plus d'une heure de retard mais pourtant nous sommes les premiers. Ruth ne s'est probablement pas réveillée comme d'habitude, mais elle va venir. Nous venons tous à l'école chaque jour; le retard importe peu. Et ça ne fait vraiment rien. La plupart des professeurs ne commencent pas avant que tout le monde soit présent et alors nous ne sommes guère attentifs. Nous venons parce qu'il le faut. On raconte que des étudiants qui jouaient au hockey ont été traduits en conseil de guerre. Nous venons également parce que nous avons envie d'être avec d'autres personnes de notre âge. Bien que personne ne l'admette, nous avons peur... nous vivons avec la peur. Peur de la prochaine alerte, peur pour notre propre vie et celle de nos parents, peur pour le toit au-dessus de notre tête. Ceux qui ont déjà été atteints la ressentent encore plus intensément. Nous, les «garants de l'avenir», comme le Führer nous appelle, avons tous peur d'être pris dans un raid aérien dans une partie inconnue de la ville. Nous cachons notre panique derrière des bravades. Nous connaissons tout. Nous savons comment passer en avant d'une file, comment nous tasser dans les trains surchargés. Nous savons où et comment obtenir les choses. De la façon dont nous parlons, on dirait que chacun de nous est un expert en bombes incendiaires. Nous faisons une étude comparative des tanks allemands, russes et américains, en termes techniques précis et avec un air d'autorité digne d'un général de brigade. Plus important, nous connaissons tous le meilleur endroit pendant un raid aérien: n'importe quel bunker.

Les verbes irréguliers n'ont aucun sens, par comparaison. Qui a cure de dessiner le vieux pot de fleur de Frau Kunst? L'histoire du mouvement nazi... Vous plaisantez? Les bavardages incessants, le tintement des aiguilles à tricoter, le glissement des cartes ainsi que les appels des joueurs, accompagnent tous les cours.

Voici Ruth, ses cheveux bruns ébouriffés comme d'habitude et ses yeux bleu sombre pétillants. Comme elle est belle d'une certaine façon! Robuste et vigoureuse! Elle a assez d'énergie pour trois, ne reste jamais immobile, est toujours en mouvement et en train de parler.

«Salut!» dit-elle en se laissant tomber sur son siège. «J'ai manqué le train.» Déjà elle est debout, quelqu'un l'a appelée. Puis elle revient aussitôt à sa place.

Tout à coup, calme complet. Tout le monde se lève. Le Dr Graefe vient d'entrer. Après un «Bonjour mesdames et messieurs» à peine audible, il commence sa leçon.

Nous voulons tous bien faire. Nous essayons mais il est évident que personne n'a fait le travail convenablement. Seules quelques mains se lèvent, de moins en moins chaque jour. Et la plupart des réponses ne sont qu'à moitié correctes, et encore!

Le Dr Graefe pose son livre, nous regarde avec un sourire triste. La classe baisse la tête.

«Mesdemoiselles et messieurs, commence-t-il, ce n'est pas la peine. Nous n'irons pas plus loin aujourd'hui. A partir de maintenant vous ferez votre travail du soir ici, en classe.»

Un «Hourrah!» unanime et sonore l'interrompt.

«Les enfants! Il n'y a pas de quoi vous réjouir, je vous assure. Il est évident que vous êtes tous fatigués et incapables d'ignorer ce qui se passe à l'extérieur de la classe.» Il s'arrête et trente-six paires d'yeux suivent son regard vers la seule fenêtre ayant des vitres; toutes les autres ont volé en éclats et ont été remplacées par du bois. «Plus rien ne rime à rien!» Il s'arrête à nouveau, regarde son bureau. Ses mains s'agrippent au bord comme s'il voulait maîtriser une grande force. «C'est pourquoi j'ai accepté de sortir de ma retraite... pour vous donner quelque chose de durable... un peu de culture. Mais maintenant certains d'entre vous vont être éduqués dans un domaine qui n'est pas ma spécialité: le canon. Trop tôt! Beaucoup trop tôt! Ce qui m'amène à la triste tâche que je dois remplir.» Il ne lève pas les yeux, ce qui ne lui ressemble pas, mais fouille dans ses papiers jusqu'à ce qu'il trouve ceux qu'il lui faut. Les tenant avec des mains tremblantes, il continue: «Aujourd'hui, votre Patrie a appelé la classe 1929. Le 3 mars 1945, ceux qui sont nés en 1929 sont appelés à porter les armes. Ceux dont je vais lire les noms iront se présenter comme servants de DCA, dans la salle de réunion, demain matin à neuf heures. Breller, Chœnbach, Gerhard, Mertens, Mons, Mueller, Schubach, et Tetzlaff.» Sa voix est sans timbre. Puis il range ses livres, chiffonne le papier, le jette, grommelle: «Dément!» Son porte-documents usé sous le bras, le Dr Graefe sort de la classe.

Silence accablé et momentané jusqu'à ce que Tetzlaff bondisse et crie de joie: «Enfin! Enfin!» Il jette un livre en l'air. «Qui a besoin de ce stupide latin? Avez-vous vu que ce vieil imbécile pleurait pour de bon?»

Tetzlaff, Mertens et Schubach sont visiblement ravis. Ils se sentent des hommes. Ils ne remarquent pas le silence, ils ne remarquent pas que nous autres, nous sortons sans dire un mot.

«Il faut trouver Eberhard tout de suite.» Ruth dit tout haut ce que je pense. Eberhard nous attend déjà à notre endroit habituel. Il répond à notre question avant qu'on ait pu la lui poser.

«Ils ne feront pas de moi un soldat! Jamais! Je suis cardiaque, je peux le prouver.» Il faut qu'il se baisse pour nous parler tout bas. Comme il a l'air faible et sans défense. Non, pas faible... vulnérable. «J'ai peur, dit-il. Si jamais ils me mettaient derrière un de ces canons de DCA, je mourrais de peur.»

«Je crois que tout le monde a peur, dit Ruth, mais personne ne l'admet. Il n'y a que les gens stupides qui n'ont pas peur. Regarde cet abruti de Tetzlaff. Je parie qu'il est le premier à remplir son pantalon. Mon père dit que les vrais héros sont ceux qui refusent de combattre, pas les soldats. Surtout maintenant.» Elle respire profondément et continue d'une voix de conspirateur: «C'est toujours les pauvres gens qui doivent tirer les marrons du feu. Ils doivent payer pour tout. Ils ont dû payer pour toutes les guerres de l'histoire... payer avec tout ce qu'ils avaient, y compris leur vie. Les dirigeants en réchappent toujours en s'engraissant. Les gros nazis en *ont*. Ils se moquent bien de tous les autres qui meurent même de faim et de froid. Les simples soldats n'ont rien. Regardez-les quand vous voyez un train de l'armée. Leur vie, c'est tout ce qu'il leur reste à donner. Mais s'ils avaient refusé au début, les nazis n'auraient même pas pu faire démarrer cette folie.»

«Il est trop tard maintenant, dit Eberhard. Nous sommes au fond de l'abîme. Chacun pour sa peau. Et je ne tirerai sur rien ni personne. Je ne toucherai même pas à un fusil.»

«Tu vois? l'interrompt Ruth. C'est exactement ce que je veux dire! Ce que tu fais demande davantage de courage. Tout le monde pense que tu es une poule mouillée simplement parce que tu joues du piano, que tu aimes les livres et les choses comme ça. Mais tu as beaucoup plus de force qu'eux.»

Eberhard qui est habituellement pâle devient rouge jusqu'aux oreilles.

Ruth, qui le remarque, s'empresse de continuer: «Je suis sincère. Vraiment, Eberhard, je suis sincère. La force physique n'est pas la seule force. L'esprit est beaucoup plus fort.»

Je suis étonnée de l'autorité et de la hardiesse dont fait preuve Ruth en parlant. Elle dit tout cela avec tellement de clarté et de précision!

«Je sais qu'Ilse est du même avis que moi bien que nous n'en ayons jamais vraiment parlé. Hein Ilse?»

«Je voulais, j'y ai souvent pensé mais...»

«Je sais.» Ruth me regarde. «Je savais bien aussi mais moi non plus je n'en étais pas certaine. Je parie que ton papa t'a dit de te taire, de ne pas dire un mot à quiconque de ce qu'on disait à la maison, exactement comme le mien ma dit.»

J'acquiesce avec conviction, voulant dire quelque chose, voulant parler de mon père, ce que je ne peux pas faire chez moi. Je me demande, comme je l'ai fait si souvent déjà, ce que mes grands-parents ont contre lui. Je sais que ce n'est pas parce qu'il est antinazi. Ils sont aussi contre Hitler. Mais avant que je puisse dire un mot, Ruth reprend: «Et puis, n'oublie pas, nous étions tellement plus jeune encore... des enfants. Mais maintenant c'est différent, nous sommes adultes. Vous écoutez la BBC tous les deux n'est-ce pas?»

Eberhard et moi échangeons un regard qui signifie: «Je ne le lui ai pas dit mais évidemment nous *devrions* le lui dire.» Nous acquiesçons tous les deux, franchement.

«Eh bien, continue Ruth, vous savez alors où se trouve réellement le front. Le front est en Allemagne. Les Russes sont pratiquement à Francfort-sur-Oder, les Alliés à Francfort-sur-Main. Sapristi, je voudrais bien que les Alliés de l'ouest accélèrent. Alors, de nouveau, l'Allemagne sera libre. Il y a tant de gens qui attendent cet instant... les communistes, les sociaux-démocrates, les catholiques et même les témoins de Jéhovah. Comme ils n'ont pas pu se mettre d'accord, Hitler est venu au pouvoir. Maintenant nous sommes tous dans le même bateau... Eh bien à demain. Restez en vie!»

A la gare c'est la bousculade, la ruée pour monter, comme pour des milliers d'autres gens.

«Eberhard», dis-je plus tard, «que vas-tu faire? Je veux dire, comment vas-tu faire pour t'en sortir?»

«Faire? Rien! répond-il. Je ne vais rien faire, c'est tout. Rien du tout.»

Je crois qu'il n'a pas eu l'air aussi enjoué depuis je ne sais combien de temps. Maintenant il se met à tousser et tout son corps fluet est violemment secoué. L'effort lui fait venir les larmes aux yeux.

« Je dois aller voir un médecin », bredouille-t-il entre deux accès de toux. « Pourras-tu dire demain à mon professeur principal que j'ai dû aller chez le médecin ? »

**Mars-avril 1945.** Eberhard est chez lui, malade. Mais son type de pneumonie lui permet de vaquer librement, ne l'empêche pas de faire du piano ni autre chose, d'ailleurs. Mais cela met sa mère dans un état nerveux désastreux. Toutes les portes sont fermées à double ou triple tour. Même moi je dois utiliser un code spécial, siffler un certain air et frapper deux coups brefs et deux longs pour entrer. A chaque bruit elle se précipite à la fenêtre et, chaque fois que quelqu'un marche dans la rue, Eberhard doit sauter dans son lit. Même quand c'est le laitier.

> « La nuit et la destruction nous entourent
> Au bord de cet abîme béant.
> Pourtant espère, oui espère
> Qu'il y aura un lendemain
> Grâce à toi... avec toi. »

Un bout de papier plié en quatre. Le poème qu'Eberhard a écrit pour moi. Je le transporte partout avec moi.

Jolanthe, le cochon, est gros et gras. Les voisins ont ricané. Presque tout le monde, dans le coin, a des poules, des lapins, et même des oies ou des canards, mais l'opinion générale c'est qu'un cochon, comme une vache ou un cheval, est un animal de ferme. Cependant, maintenant que Jolanthe va être tué, ça devient un sujet d'intérêt grandissant pour nos voisins. On s'est passé le mot également dans les autres quartiers de Lübars. Des gens que je ne connais même pas m'arrêtent dans la rue et s'enquièrent de ma santé et de l'état de notre cochon. Les plus hardis veulent savoir la date exacte où on le tuera et ensuite ils ajoutent, avec un petit rire gêné : « J'espère qu'il y aura un morceau pour moi ! » ou : « Vous ne pouvez pas tout manger seuls ! N'oubliez pas que je veux bien vous aider. »

Cependant, la plupart des gens, après avoir appris que nous et le cochon allions bien, nous racontent leurs ennuis avec des airs d'excuse.

« Mon garçon ne va pas bien depuis si longtemps ! Le médecin dit que si nous pouvions seulement avoir un peu de viande... »

Mutti les écoute tous jusqu'au bout.

Grossmutter n'attend jamais assez pour entendre toute l'histoire et dit aussitôt: «Nous ferons beaucoup de boudin et de saucisson. Il y en aura un bol pour vous aussi. Venez faire un tour.»

Je sais qu'il y a au moins cent personnes du voisinage à qui on a promis «un petit bol». Je commence à craindre une bousculade. Comment Jolanthe, ce pauvre cochon, peut-il, à lui tout seul, remplir tous ces bols, surtout que l'Etat a droit aux deux tiers?

Grossvater et Grossmutter s'inquiètent de tous les détails nécessaires et non des bols à remplir. Ils ont tous deux été élevés dans une ferme et ils préparent tout avec un soin expérimenté.

Tout doit avoir lieu dans la cave, sauf la mort du cochon. Personne ne croit sérieusement possible une nuit sans raid aérien. Grossvater a fini d'aménager un fumoir dans la cheminée. Ses établis ont été débarrassés et un gigantesque hachoir à viande est installé sur l'un d'eux. Des tables supplémentaires ont été agencées pour couper la viande et préparer les saucisses. Des paquets de petit bois ont été préparés pour fermer les boyaux de Jolanthe une fois remplis de chair à saucisse. Près de la porte, il y a une pile de bols pas si petits que ça. Des voisins impatients les ont apportés et espèrent bien qu'ils seront remplis. Il y a une grosse pile de bois pour le feu, près du chaudron qui est normalement le baquet à lessive de Grossmutter.

Eberhard et moi, les mains sur les oreilles, entendons néanmoins le dernier cri apeuré de Jolanthe et quelques jurons de Grossvater. Le cochon Jolanthe est mort à trois heures de l'après-midi. Le boucher professionnel, le contrôleur de l'Etat et l'inspecteur rentrent pour boire quelques lampées de schnaps avant de signer les certificats qui autorisent à manger Jolanthe.

«Sept cents livres!» Le message se propage dans le jardin, la cour, la cave, atteint tous les coins de la maison, parce qu'il y a des «aides» partout. Au moins cinquante, j'en suis sûre! Je suis sûre aussi que les seuls qui savent ce qu'ils font sont mes grands-parents et un ami de Grossvater qui était boucher autrefois. Eberhard et moi faisons et servons le café. Des quantités énormes de café. De l'ersatz de café, bien sûr, mais même celui-là c'est difficile de s'en procurer. Mutti s'occupe de deux grandes marmites, nos plus grandes, remplies de soupe aux légumes. Il faut nourrir les aides. L'humeur est joyeuse, presque à la fête. L'odeur du sang, de la viande et des saucisses se répand dans toute la maison.

A la cave, le hachoir gémit et grince. Impossible de dire combien de personnes sont là. Certaines prennent leur tour au hachoir puisqu'il est manuel, d'autres transportent les montagnes de viande qu'il hache et rejette, puis l'enfoncent dans les boyaux qui ont été coupés à la longueur des saucisses. Les saucisses, rangée après rangée, s'empilent sur la table, soigneusement entortillonnées à chaque bout et fermées par un petit bâtonnet. Elles sont prêtes à être fumées.

«Du bois, il nous faut encore du bois. Le feu ne doit pas s'arrêter.» Ça pétille sous la grande cuve de cuivre. La nuit tombe. Le premier lot de boudin est prêt. Et voici tout le monde, tous les voisins. La file s'étend dans la cuisine et le couloir, sur les marches de devant la maison, dans le jardin et dans la rue. Mutti, avec des sourires radieux, distribue le boudin dans les récipients les plus disparates, choisis, on s'en rend vite compte, après de longues et sérieuses délibérations. Quelqu'un vient tout de go avec un seau! Mutti est obligée de dire: «Non, je regrette! Il n'y en aurait plus pour les autres. N'avez-vous rien de plus petit?»

La femme se contente de hausser les épaules et Mutti lui en met un peu dans le fond du seau.

Alerte! Tout le monde se précipite à la cave. Elle n'a jamais été aussi remplie, ni aussi gaie. Le rire, aussi rare que l'est maintenant notre saucisson frais non rationné, la remplit, noyant complètement le bruit de la DCA et des avions.

«Si nous devons mourir, au moins ce sera avec l'estomac plein», dit un homme assis près d'Eberhard et moi. Il mange bruyamment et tour à tour des morceaux de saucisson chaud et des bouchées d'un énorme pain. «Tenez! insiste-t-il. Prenez-en autant que vous voulez. C'est ma femme qui l'a fait. Vous n'aurez pas souvent quelque chose de ce genre, pas même avec une cuisinière comme votre grand-mère!»

Eberhard et moi refusons. Nous nous sommes bourrés de gâteaux et sommes d'avis que nous ne pourrions manger le moindre morceau de viande même si on nous payait. L'odeur seule est déjà presque trop pour nous.

Le travail continue à un rythme fantastique. Tout le monde mange, plaisante, observe le cochon devenir jambon, lard, saucisses. Il y a assez de bruit pour couvrir presque la fin de l'alerte. Quand la mère d'Eberhard apparaît, nous nous lâchons enfin les mains.

«Oh! J'étais si inquiète!»

«De quoi pouviez-vous bien vous inquiéter? demande Grossmutter. Vous saviez qu'il était ici. Venez, je vais vous donner des saucisses. Il n'y en aura plus guère après ça!»

A sept heures du matin tout est terminé. Le festin est fini. Notre part de cochon, sous forme de bacon, de saucisses et de lard a disparu. Grossmutter seule sait où! Nous avons maintenant des lits dans la cave. C'est Grossvater qui les a faits. C'est inutile d'essayer de dormir là-haut ou de se déshabiller. Quelquefois je pense au plaisir que ce doit être de dormir tranquille et juste en chemise de nuit. Mais je ne peux pas plus enlever mes vêtements que je ne peux me débarrasser de ma peur. La maison peut être touchée à tout moment. Nous devons être prêts. La peur glacée qui me tenaille me fait encore trembler de façon incontrôlable à chaque fois que la voix calme de la radio annonce l'arrivée d'escadrilles. Je veux courir au bunker mais Grossmutter ne veut pas y aller. Grossmutter et moi sommes seules la plupart du temps. Mutti travaille trente, quarante, quarante-huit heures à la suite et Grossvater aussi; il reste au moins deux sinon trois nuits à l'usine, en service d'incendie.

Nous sommes encerclés et notre territoire rétrécit chaque jour. Berlin est le but à atteindre, le prix final des vainqueurs. Hitler a donné l'ordre de tout détruire. Rien ni personne ne doit tomber aux mains de l'ennemi. «De la terre brûlée, a-t-il dit, voilà ce que nous leur laisserons.»

Au moins Eberhard revient à l'école avec moi. Il n'a pas à manipuler de canon antiaérien. Bien qu'il fasse des efforts pour le dissimuler, il est réellement malade. Cette terrible toux, cet essoufflement après quelques marches ordinaires, sont réels. Cela signifie aussi que nous ne pouvons pas courir si notre train est bombardé et ceux qui sont trop lents à se mettre à l'abri sont aussitôt mitraillés.

L'école non plus n'est pas sûre. Nous sommes censés aller nous abriter mais professeurs et étudiants préfèrent également le vieux bâtiment robuste à un mètre de terre au-dessus de la tête, dans un abri.

Nous en sommes à ne plus savoir pourquoi nous venons à l'école. Personne ne contrôle les absences. Les cours? Ils ne sont rien de plus que des discussions et des commérages.

Personne n'a revu le Dr Graefe. Quelqu'un prétend que tout son immeuble a brûlé mais personne n'en est sûr. Rien n'est certain. Ruth et moi avons écrit des lettres au camp d'Harrachsdorf. Pas de réponse. Sont-elles parties avant l'arrivée des Russes? Personne ne sait. Nous savons que si nous ne nous voyons plus à l'école, il n'y aura plus de communication entre nous. Nous n'avons pas le téléphone et même si nous l'avions, combien de temps encore fonctionnerait-il? Le courrier? Il en arrive un peu mais beaucoup brûle lors des raids aériens ou bien reste dans des trains et des wagons désaffectés.

«Tout part en lambeaux», dit Ruth. Elle a raison et cependant, à notre grand étonnement, la ville fonctionne encore. Le gaz, l'eau, l'électricité, tout marche, sauf pendant de courtes périodes, quand une des grandes lignes est touchée. Les trains roulent, malgré d'énormes retards. Les gens vont au travail. La radio claironne quotidiennement des messages selon lesquels les gens déclarés coupables de quitter leur poste passeront en conseil de guerre. Et au cas où des mères pourraient se rassurer en pensant que des enfants ne peuvent pas passer en conseil de guerre, ceux qui ne vont pas à l'école seront réquisitionnés pour la défense du pays, dit le journaliste à la radio. Eberhard, Ruth et moi avons fait un pacte. Nous nous sommes promis de rester en contact par tous les moyens possibles. Même en donnant notre accord solennel, nous savons tous que ce sera impossible. Nous entendons l'artillerie lourde jour et nuit. C'est le front. Nous sommes presque encerclés. Comment tout cela finira-t-il? Vite, Seigneur, disons-nous comme tout le monde; que ce soit bientôt! Plutôt la fin avec l'horreur que l'horreur sans fin.

«Reste en vie!»

«Reste en vie!»

«Reste en vie!»

Ruth, Eberhard et moi nous serrons la main, en nous séparant à la gare comme d'habitude.

Les parents d'Eberhard sont venus nous voir avec lui. Ils discutent avec mes grands-parents et Mutti de l'opportunité de nous garder à la maison dorénavant. Mutti et les Watzlawik hésitent, ont peur des menaces officielles. Grossvater est indécis. Mais Grossmutter, apparemment aussi peu concernée que d'habitude par les décrets gouvernementaux, dit: «Les enfants resteront chez eux. C'est le seul endroit où ils doivent être dorénavant. Si quelqu'un vient enquêter, ils sont malades. *Basta!*» Elle regarde les airs peu convaincus des visages autour d'elle et ajoute: «Je ne comprends pas pourquoi vous faites des têtes pareilles. Ecoutez donc... Ce n'est pas seulement l'artillerie; c'est le canon et les mitrailleuses que vous entendez... et vous vous *demandez* si les enfants doivent aller à l'école?» Elle tape son doigt sur son front. «Vraiment!»

Maintenant, voici les avions. Nous entendons les canons de la DCA. Les Watzlawik doivent attendre un moment avant de pouvoir traverser la rue pour rentrer chez eux. Par la fenêtre de la cave, je les regarde disparaître au coin de leur maison. Ils ont juste eu le temps. Maintenant, les sirènes hurlent. Alerte!

Un autre raid aérien. C'est seulement un raid de plus. Nous en avons déjà tant vécu... Mais celui-ci... je ne sais pas... me semble particulièrement sévère. Mutti et moi nous tassons contre le sol de béton comme si cela pouvait aider. Grossmutter épluche des pommes, le couteau réalisant des spirales régulières avec la peau. Rouououm. La maison tremble sur ses fondations. Les contre-fenêtres qui sont rangées à la cave, protégées par des chiffons, font un bruit spécial, très aigu. Tous les objets de la maison font du bruit, grincent ou vibrent. Les conserves, sur les étagères, bougent dans leurs bocaux. Tout à coup il y a une suite de bruits violents mais sourds. Grossmutter lâche couteau et pommes, se précipite en haut et crie:

« Au feu! La cuisine brûle! »

Nous montons tous en courant, arrachons les rideaux et les torchons qui brûlent, ramassons les bombes incendiaires à l'aide des pelles métalliques que Grossmutter a sous la main et puis nous les lançons dans le jardin par les fenêtres ouvertes. Nous ignorons la DCA et la pluie incessante de bombes. Les seaux d'eau et de sable, souvent maudits, toujours dans le passage, font bien notre affaire maintenant! Nous allons et venons à toute allure, fébrilement, pour nous débarrasser de cette sale mitraille grise qui semble s'être répandue partout. Tout est maîtrisé quand la fin d'alerte arrive. Tous les foyers d'incendie sont éteints. Nous courons dans la rue voir si quelqu'un a besoin d'aide.

Tout le quartier a été arrosé par ces bombes incendiaires de trente centimètres carrés de section sur soixante centimètres de longueur. Tout le monde en a reçu mais comme elles sont relativement faciles à manier, il n'y a pas eu de gros dommages.

« Eh bien, dit Grossmutter, on s'en est tiré à bon compte encore une fois! »

Cela prend toute une journée pour nettoyer la saleté, balayer les débris de carreaux cassés et boucher les fenêtres. Grossvater bouche aussi tous les trous dans le toit, au moins temporairement.

Deux jours plus tard, il rentre à la maison déguisé en momie égyptienne. Ses bras, complètement bandés, sont étendus devant lui. Sa tête aussi est bandée et il y a deux fentes pour les yeux et une pour le nez.

« Ne me touchez pas! Ne me touchez pas! » Ses chuchotements désespérés sont, en réalité, des cris étouffés. « Aïe! » s'écrie-t-il quand, par inadvertance, il heurte une chaise.

Ça fait un choc de le voir comme ça, bien que ce soit en accord avec tout ce qui se passe! Il dit que les pansements lui donnent l'air plus blessé qu'il ne l'est réellement.

« On essayait d'éteindre le feu. Et puis il y a eu une explosion. Le médecin dit que ce ne sont que des brûlures au premier degré. Elles guériront toutes. »

« Au moins, tu vas pouvoir rester à la maison maintenant », dit Grossmutter stoïquement. « A quelque chose malheur est bon ! C'est le bon moment aussi ! La fin va arriver dans quelques jours au maximum et il vaut mieux qu'on soit tous ensemble à la maison. J'aimerais connaître un moyen pour garder Grete à la maison. Grete ! Sais-tu revenir à pied de Gesundbrunnen ? »

« Grossmutter ! » répond Mutti exaspérée « Tu sais que nous avons le bunker ! »

« Je ne parle pas de raids aériens ! » rétorque-t-elle avec irritation. « Je parle des Russes ! Tu dois rentrer *avant* qu'ils arrivent jusqu'à toi ! Si tu m'écoutais, tu resterais à la maison à partir de maintenant. »

« Ne sois pas ridicule ! Je ne peux pas rester à la maison ! Et je ne peux pas non plus m'enfuir de mon travail. Tu le sais bien. »

« Ça ne s'appelle pas faire son devoir ; ça s'appelle être complètement stupide ! » grommelle Grossmutter.

« Ne la laisse pas partir avec ces chaussures légères ! Fais-lui mettre quelque chose de solide ! » La voix de Grossvater émerge de dessous ses pansements.

« Tout le monde travaille encore », dit Mutti avec défi. « Et moi aussi ! Il y a des SS et la police militaire qui contrôlent tout le monde, pas seulement les soldats. Ils vérifient nos papiers, même quand nous sommes en uniforme. Tout le monde doit rester à son poste. Tu ne sais même pas comment c'est là-bas. Des barricades au centre de Berlin. Des soldats pendus aux lampadaires ; autour du cou ils ont une pancarte avec le mot « traître ». Tu ne peux pas savoir ce que c'est. Il y a des patrouilles à chaque entrée et sortie et sur tous les quais. Il me faut un permis spécial pour rentrer chez moi. Comment puis-je partir comme ça ? Tu n'as pas idée ! »

« Oh si ! » Grossmutter en arrive presque à crier comme je ne l'avais jamais entendue. « J'ai une très bonne idée. Une bien meilleure que toi. C'est que, maintenant, chacun pour soi ! Chacun pour sa peau. Ça va être comme ça maintenant. Ah ma chère Grete, les gros chefs nazis seront les premiers à se sauver. Ta meilleure chance à toi, pour en réchapper, c'est *ici* ! Exactement ici, à la maison ! Vous mourrez écrasés dans ton bunker. » Grossmutter s'arrête. Grossvater gesticule mais elle continue, un peu plus doucement maintenant : « Au premier signe de désagrégation, va-t'en ! Rentre, mais *à pied* ! Ecoute-moi ! A pied ! Ne te fie pas aux trains ni aux autobus, même s'ils roulent encore. Ce peut être une question d'heures... qui sait?... avant que tout craque. Marche! Tes pieds sont le moyen de locomotion le plus sûr. Combien d'heures te faut-il, à ton avis?»

«Cinq, peut-être six. Je ne sais pas du tout.» Mutti est à peine audible.

«Grete! Promets-moi d'être attentive et de partir au bon moment. Quand le bon moment arrive ça se sent et j'espère que tu pourras le sentir. A ce moment-là, va-t'en, sors et *personne* ne t'arrêtera. Et... Grossvater a raison. A moins de mettre tes autres chaussures, tu n'iras nulle part.»

«Venez, j'ai déjà prévenu Hertha, dit Grossvater. Nous allons faire cette ouverture dans le mur de la cave. Grete, il faudra que tu aides. Grossmutter et Ilse ne peuvent pas, toutes seules.»

Rassemblés devant le mur de brique qui sépare notre cave de celle des Ruhl, nous entendons Hertha cogner de l'autre côté. Nous sommes tous d'avis que nous devons pouvoir nous rejoindre sans avoir à sortir dans la rue ou le jardin. C'est trop dangereux. En cas d'incendie, ou n'importe quelle autre calamité qui nous accablerait, nous voulons être capables de nous entraider. Je ne peux pas imaginer que le vieux Herr Ruhl dans son fauteuil roulant puisse être d'une aide quelconque; ni sa femme de soixante-dix ans, mais Hertha, leur fille, pourrait l'être. De toute façon cela fera du bien de sentir davantage de personnes proches de nous.

«Servez-vous du burin, l'autre... pas là! ici, entre les briques!» Les ordres de Grossvater nous arrivent étouffés par les pansements.

Nous travaillons de chaque côté du mur, en l'attaquant de toute notre force, tour à tour encouragées, réprimandées et conseillées par Grossvater, jusqu'à ce que nous ayons un trou assez grand pour qu'une personne puisse passer.

Mutti nous aide mais nous aurions pu le faire sans elle. Une fois que j'ai pris le coup, ce n'était pas si dur, surtout avec le gros marteau. Mutti doit partir. Elle a mis son uniforme et, avec obéissance, ses chaussures de marche. Nous la regardons descendre la rue vers l'autobus. J'espère qu'il n'y en aura pas afin qu'elle soit obligée de revenir.

Vavarououm, varroum. Instinctivement, nous rentrons la tête. On bombarde Berlin.

«Et elle insiste pour aller travailler!» Grossmutter hoche la tête alors que Mutti fait un dernier signe de la main avant de disparaître au tournant.

**18 avril 1945.** Berlin est attaqué, les tirs d'artillerie font un bruit permanent et les avions russes qui volent très bas sont une menace toujours présente puisqu'ils mitraillent tout ce qui bouge.

Si seulement je savais où est Vati! Je ne sais même pas s'il est encore vivant. Je pense quelquefois aux Gersten, à tous les amis de Hermsdorf, spécialement les «Coqs». Je ne les ai pas vus ni n'ai entendu parler d'eux depuis des années. Ces pensées vont et viennent, quittant mon esprit dès que quelque chose explose dans les parages.

(Alex Hahn, le «Coq» arrêté pour activités subversives contre les nazis, fut pendu au camp de concentration d'Oranienburg, le 18 avril 1945, deux heures avant l'arrivée de l'armée russe. Cela m'aurait donné du courage d'apprendre que, ce jour-là, Vati, et avec lui cinq jeunes hommes, s'échappaient du camp OT et qu'ils arriveraient sains et saufs deux jours plus tard à Hermsdorf.)

Si seulement Mutti rentrait. Goebbels, notre ministre de la Propagande, crie hystériquement à la radio: «Berlin sera défendue jusqu'à la dernière maison, la dernière femme, le dernier enfant et jusqu'à notre dernier souffle.» Le maigre espoir de voir Berlin déclarée ville ouverte est mort. L'incroyable, l'impossible en apparence, est devenu réalité. Les vieux et les jeunes dressent des barricades dans les célèbres artères de Berlin. On leur fait transporter des fusils qu'ils ne savent même pas faire fonctionner. Ils arrachent l'asphalte et les pavés pour creuser des tranchées. Et pourtant les trains et les autobus roulent, les gens continuent à faire la queue devant les magasins. Ils attendent appuyés contre les murs, se cachant seulement si une explosion est vraiment proche. Ils attendent pour avoir un peu de nourriture, n'importe quoi, à manger.

«Les pommes de terre doivent être plantées», dit Grossmutter.

Typique, pensé-je. La ville est en feu mais elle doit planter des pommes de terre. Nous creusons, partageons les pommes de terre et les enfonçons dans le sol à tour de rôle. Toutes les deux minutes, nous devons tout laisser pour aller nous abriter sous les arbres afin que les avions russes ne nous voient pas. Cette fois nous fûmes un peu lentes.

«Ils nous ont peut-être vues?»

«Viens donc, viens donc!» répond Grossmutter. Elle est déjà en train de creuser. «Nous en avons encore beaucoup à faire!»

Je la suis à contrecœur puis m'écrie: «Ils reviennent!» Je la vois courir, entends la mitrailleuse, vois la terre jaillir à côté de moi au moment où je plonge dans l'entrée du vieil abri et me retrouve sur le côté parce que j'ai heurté le bord en métal du tonneau de pluie.

Pendant une courte seconde, j'ai vu clairement le pilote, son casque, ses lunettes et son arme.

Ils sont partis aussi vite qu'ils sont arrivés. Quand je me relève, ma jambe saigne et le tonneau a deux beaux trous creusés par des balles. J'attache le mouchoir de Grossmutter autour de ma jambe et bien que le sang le traverse aussitôt, nous continuons.

«Il faut qu'on finisse. Si nous en réchappons, ce qui est en terre sera peut-être tout ce que nous aurons!»

Le tir est si intense que je grimpe à un arbre pour essayer de voir quelque chose.

«Grossmutter! Grossmutter!» Je saute et me jette dans ses bras. «Des tanks! Les tanks russes! Ils sont alignés à la lisière des bois. Il doit y en avoir des centaines!»

«Oui. Oui.» Elle se hâte d'aller à un endroit d'où elle peut voir au-delà de trois jardins. «Ce sera bientôt fini!» Sa voix est laconique. «Raison de plus pour se presser!» dit-elle après une pause. «Viens! Il nous en reste plus guère.»

Quand nous rentrons à la maison, nous trouvons une foule énervée dans la cuisine: Eberhard, sa mère, les Ruhl et la plupart des femmes qui avaient l'habitude de prendre le café ensemble. Ils ont le souffle coupé, et sont proches de la panique.

«Platanenstrasse. Les SS sont dans Platanenstrasse!» Else Gerlitz tremble et le ton bas de sa voix contient plus d'horreur qu'un cri. «Ces cochons de SS viennent défendre la rue avec une poignée de *loups-garous,* des enfants de douze ou quatorze ans. Ils jettent deux sacs de sable dans les soupiraux des maisons et c'est ce qu'ils appellent des fortifications. Ce serait drôle si ce n'était pas si grave.» Else Gerlitz entortille son tablier nerveusement et, entre deux sanglots, continue: «Toute ma vie j'ai connu Hedwig. Nous sommes allées à l'école ensemble et maintenant elle est prisonnière dans cette rue. Oh, voir tout finir comme cela! Ces maudits cochons!»

«Else, arrête de crier! Mon Dieu, si quelqu'un t'entendait!» dit la mère d'Eberhard, elle-même proche des larmes.

Par défi, Else dit: «Qui peut entendre quelque chose avec ce tintamarre?»

«Pourquoi Platanenstrasse?» demande Trude Kort, notre voisine d'en face. «Croyez-vous qu'ils vont venir ici aussi?»

«Pas la peine de faire le diable plus noir qu'il n'est!» dit Grossmutter.

«Il nous tuera tous! Il nous tuera tous!» gémit la mère d'Eberhard.

«Non, il ne le fera pas. Personne ne tue sa propre famille.» Grossmutter a un ton sévère, convaincant. «Ce n'était pas un gros nazi. Qu'a-t-il à craindre?»

Frau Watzlawik marmonne en sanglotant: «Je sais qu'il a un pistolet. Il me l'a montré. Je sais qu'il est sincère.»

Eberhard et Else, qui a séché ses propres larmes, entourent de leurs bras Frau Watzlawik.

«Arrêtez de pleurer. Cela ne changera rien. Ne pouvez-vous pas cacher le pistolet?»

«Je ne sais pas où il l'a mis. J'ai regardé partout. Oh, mon Dieu, que pouvons-nous faire?»

Else sanglote à nouveau en parlant. «C'est complètement barré là-bas maintenant. Je suis passée par-dessus les clôtures derrière, sinon j'aurais été prisonnière aussi. Des enfants avec quelques armes antichars et des grenades, pour arrêter l'armée russe! Il ne restera pas un mur debout. Et je la connaissais depuis toujours. Toujours.»

«Else! ordonne Grossmutter. Ne parle pas comme s'ils étaient déjà morts.» Elle tourne la soupe. Les femmes l'entourent alors qu'elle travaille, inconsciemment semble-t-il, et lui laissent le passage quand elle se déplace dans la cuisine.

«Alma, lui dit Else, je ne te comprends pas. Comment peux-tu faire la soupe et laver la vaisselle quand les tanks russes sont dans Lübars?»

Ils la regardent tous avec un air égaré et consterné.

«Ils ne sont pas encore dans le village, répond Grossmutter. Et d'ailleurs qu'y-a-t-il d'autre à faire? Qu'est-ce que vous voulez que je fasse? Que je coure dehors et chasse les Russes à coups de tablier? Aussi longtemps que je serai dans cette maison, je ferai mon travail... et il y en a plein. Je vous suggère de faire pareil.»

*Varoum!* Une détonation proche.

«Oh Dieu!» s'écrie la mère d'Eberhard. «Eberhard, rentrons à la maison! Rentrons retrouver papa!»

Ils partent, tous. Eberhard et moi ne nous disons même pas au revoir et n'avons même pas l'occasion de prévoir une nouvelle rencontre.

Dehors, le tintamarre continue aussi fort. Se rapproche-t-il? Peut-être pas. Je suis allongée sur ma banquette, toute habillée. Les yeux de Grossmutter sont fermés mais je ne crois pas qu'elle dorme. Grossvater fait des bruits de respiration mais c'est à cause des pansements. Il bouge avec difficulté, se retourne, grogne. Lui aussi doit être réveillé. Qui peut dormir?

Je voudrais que Mutti revienne. Si seulement elle n'était pas allée travailler! Que se passera-t-il si elle ne rentre pas avant que les Russes arrivent? Je pense à ces rangées de tanks que j'ai vues. Je ne suis plus qu'une grosse boule de peur à l'intérieur. Il faut que j'aille aux toilettes. Je n'ose pas monter seule, ne veux pas me servir non plus du seau dans la cave-atelier de Grossvater. J'attendrai. Si Grossmutter bouge ou parle, je lui demanderai de venir avec moi.

Le vieux Herr Ruhl qui dort dans son fauteuil roulant émet des sifflements bizarres. Il a de l'asthme. Trois autres personnes sont là, de la famille de Ruhl. Ils ont fui devant les Russes et sont arrivés il y a quelques heures, éplorés et gémissants. La femme est petite comme un oiseau, l'homme court et trapu. Il n'a presque rien dit. Leur fille de dix-sept ans est boiteuse. Ils sont silencieux maintenant.

**19 avril 1945.** Grossvater est parti chez le médecin à Waidmannlust. Les Russes ne sont pas là. Pas encore. J'ai envie de fuir tout cela mais je ne sais pas où aller. Il faut que je parle, parle, parle, pour faire taire la panique qui monte en moi.

«Grossmutter! Comment ça va se passer? Que vont-ils faire? Ne devrions-nous pas essayer de partir?»

Elle ne prend pas garde à mes questions. «Je voudrais que ta mère soit rentrée, dit-elle. Grossvater aussi. J'aurais pu refaire ses pansements moi-même. Peut-être qu'il n'aurait pas dû y aller. Et Grete! Pourquoi n'arrive-t-elle pas?»

Pour la première fois Grossmutter a l'air inquiète, je m'en rends compte brusquement. Elle est inquiète!

«Ils peuvent ne pas la laisser partir», ajoute-t-elle.

«Ils doivent la laisser partir après son travail», dis-je.

«L'ennui, mon enfant, c'est qu'eux n'ont d'autre obligation que de sauver leur peau. Tu trembles, Ilse. Tu ne peux pas t'arrêter? A quoi ça sert? Ne pose pas les tasses ici! Regarde ce que tu fais. Ne pense pas à tout ce qu'on raconte!»

«Je ne peux pas penser à autre chose.»

«Tu n'as pas à penser pour savoir où se mettent les tasses. Tout va bien pour nous, nous sommes encore dans notre maison. Tiens! Ça doit être Grossvater.»

«Est-ce que Grete est revenue?» Comme d'habitude, son inquiétude se traduit par de la mauvaise humeur. «Pourquoi n'est-elle pas rentrée? Qu'est-ce qui la retient maintenant? Tout se désagrège à toute vitesse. Les employés des chemins de fer abondonnent les trains. J'ai pris un autobus mais le chauffeur disait que ce serait son dernier tour. Où est-elle? Où diable est-elle?»

Il arpente la cuisine; sa tête ressemble à un globe blanc et ses mains tremblantes à des gants blancs empesés. «Nous lui avons dit et redit de partir au premier signe trouble. C'est *maintenant!* Pourquoi crois-tu que moi j'ai mis si longtemps? Il y a des grenades qui nous passent au-dessus de la tête. Je les voyais pour de bon. Et les avions mitraillent tout ce qui bouge dans la rue et il n'y a pas où s'abriter. J'ai failli être touché en attendant l'autobus, à l'arrêt devant la boucherie. Nous avons frappé à la porte mais ils sont complètement calfeutrés. Ne laissent entrer personne. Ont peur qu'on puisse voir ce qu'ils ont amassé depuis des années... Ilse ferait bien de courir chez tante Martha pour téléphoner à Grete.»

«Ça m'ennuierait beaucoup de l'y envoyer. Tu as dit toi-même qu'il y a trop de risques. Ecoute!» Ratatatatattta. «Tu entends ça? Elle n'ira pas plus loin que la barrière du jardin.»

Une autre salve de mitrailleuse et en même temps la porte s'ouvre brutalement. Mutti! Même Grossvater l'embrasse, oubliant ses brûlures, et puis il crie de douleur.

«Dieu merci, tu es là. Comment as-tu fait? Que se passe-t-il?» Nous parlons tous en même temps et Mutti, épuisée et à bout de nerfs, a besoin d'un moment pour se remettre, avant de pouvoir parler.

«C'était fou, absolument fou! Des milliers d'enfants à la gare. Des enfants seuls, avec des bagages sur le dos assez gros pour faire chanceler un homme! Comme c'est bon d'avoir Ilse à la maison! Vous ne pouvez pas imaginer le chaos! Des soldats et des civils transportent ce qui ressemblait à tout le matériel d'une maison. Des SS et des policiers militaires continuant à vérifier les papiers, attrapant des hommes pour les emmener se faire fusiller. Tous les gens qui crient, se bousculent et hurlent au point de couvrir le bruit des fusils... Et je continue à vendre des billets. Vendre des billets sans même savoir s'il y a des trains! Soudain, quelqu'un me dit: «Deux pour Lübars» tout comme Ilse quand elle est revenue du camp, et je suis si stupéfaite que je dis: «Il n'y a pas de gare!» avant de me rendre compte que c'est Herr Ahl, mon collègue, celui qui habite juste derrière chez tante Martha. «Viens, dit-il, l'air devient lourd» et il se met un doigt sur la bouche et roule des yeux. Je ne sais pas quoi faire parce qu'un officier SS est juste derrière Ahl tandis que mon chef est derrière moi; et je suis sûre qu'ils l'ont entendu.» On peut dire que Mutti revit la scène qu'elle raconte.

«Alors mon chef me repousse de mon guichet et dit, assez fort pour que l'officier SS l'entende: "Prenez une heure, Frau Koehn. Trois jours de suite sans une pause! Allez prendre une tasse de café.

Voici votre permis." Et en me le tendant, il chuchote: «Filez! Bonne chance. A demain... si c'est possible.» C'était sympathique, n'est-ce pas? Ahl attendait Watzlawik il avait un permis également. Dieu sait comment il l'a obtenu. Sans les permis, nous n'aurions jamais pu quitter la gare ni rentrer à la maison. Je voulais prendre le train mais Ahl a insisté pour qu'on aille à pied.»

«Qu'est-ce qu'on t'avait dit? interrompt Grossmutter. N'est-ce pas ce que nous t'avions dit?»

Mutti s'effondre dans un fauteuil mais continue à parler de camions en train de brûler dans la rue, de barricades, de gens refluant des caves, d'un garçon tué par les SS devant elle. «Ils disaient qu'il avait manqué à son devoir. Il n'avait pas plus de quatorze ans.» Sa voix se perd. Elle s'est endormie avec son uniforme et ses «bonnes chaussures de marche».

Grossvater dort aussi. Endormi assis. Je suis Grossmutter dans la cuisine et la vois s'agenouiller devant le poêle.

«Qu'est-ce que tu fais là?»

Elle lève les yeux, sourit comme un gosse surpris la main dans le sac. «Oh rien, rien! Je prends juste un peu de lard.»

«Du lard? Que fait-il là-dessous?»

«Psst!» dit-elle après avoir pris quelques cuillerées dans le pot de grès. Elle remet le pot en place sous le poêle et replace soigneusement un carreau. «Je connais les Russes! Ces moujiks n'ont rien à manger eux-mêmes.» Avec un sourire triomphant elle ajoute: «Tu n'aurais pas pensé à ça, je parie. Nous ne mourrons pas de faim... pas tant que je vivrai.»

Je regarde encore le carreau, songeuse. Grossmutter rit sous cape. «Va chercher des pommes de terre et aide-moi à les gratter. Je crois que je vais faire des crêpes ce soir pour réconforter un peu tout le monde.»

«Des crêpes! Oh chic! Mon plat préféré! Puis-je inviter Eberhard, s'il te plaît?»

«Bien sûr, bien sûr. Invite ses parents aussi.»

Grossmutter commence à faire les gâteaux et l'odeur réveille Grossvater et Mutti. «Laisse les portes ouvertes, me disent-ils. Cours vite! Fais attention aux avions!» Au moment où je traverse la rue, je vois Eberhard qui me fit des signes affolés et montre le ciel. Alors je vois les avions russes et me précipite dans la maison des Watzlawik. Sauvée.

«Je ne comprends pas! Je ne comprends pas pourquoi ils restent là-bas!» me dit Eberhard avant même de dire bonjour. Je ne sais pas de quoi il parle. «Les Alliés de l'ouest, bien sûr», dit-il avec impatience. «Ils sont près de l'Elbe depuis des jours; ils devraient être ici maintenant. Qu'atttendent-ils? Et maintenant nous sommes encerclés par les Russes. Mon père dit qu'ils seront ici ce soir. En fait ils pourraient être là n'importe quand. As-tu vu les tanks?» Eberhard semble même plus ému, plus effrayé que moi. Son visage est blanc et tiré. Je ne trouve rien à dire puis me rappelle pourquoi je suis venue.

«Nous faisons des beignets ce soir. Je viens t'inviter, toi et tes parents.»

Le mot «beignets», la simple idée lui redonne quelques couleurs. Je répète mon invitation à sa mère qui vient d'apparaître.

«Oh non! Merci, non!» dit-elle avec une drôle de voix. Ses yeux sont rouges et gonflés, ses mains tremblantes. De la même voix bizarre, elle ajoute: «Remercie ta grand-mère, mais non, je ne peux vraiment pas.»

«Est-ce qu'Eberhard ne peut pas venir?» je demande, un peu suppliante.

«Si! Si! Bien sûr. Il peut y aller.» Sa voix est maintenant différente, fatiguée, résignée. «Il peut y aller, mais pas plus d'une demi-heure.»

Eberhard semble indécis. Je le tire par le bras; nous traversons la rue en courant et nous nous asseyons devant une énorme pile de beignets avec de la compote de pommes et du sucre. Grossmutter a même rempli le sucrier, acte si inhabituel qu'il me donne des frissons. Je pense que ce repas peut être notre dernier repas. Le dernier et puis... les Russes!

Eberhard mange beaucoup mais sa tête se penche de plus en plus. Finalement il ne peut ni cacher ni arrêter ses sanglots de désespoir.

«Eberhard, qu'y a-t-il? Ça ne sera pas si terrible!» dit Grossmutter gentiment. «Tu deviendras un vieil homme heureux!»

Eberhard hoche la tête furieusement. «Mon père! Mon père va nous tuer cette nuit.» Il se lève, essaie de se maîtriser mais quand Grossmutter lui donne son mouchoir il se jette soudain dans ses bras et cache sa tête contre son épaule.

Grossmutter parle d'une voix calme et douce. «Personne ne sait ce qui va arriver, Eberhard! Ne dis pas des choses pareilles. Ton père est un homme raisonnable, un homme gentil et calme qui n'a jamais fait de mal à personne de sa vie. Pourquoi aurait-il si peur des Russes?»

«Je ne sais pas! Je ne sais pas! Tout ce que je sais c'est qu'il va nous tuer. J'en suis certain.» Eberhard sèche ses larmes et se maîtrise de nouveau. «Je dois partir maintenant. Merci. Merci beaucoup.»

Solennellement, il va vers Mutti, la salue et lui serre la main. Il salue Grossvater puis Grossmutter, encore une fois : « Au revoir ! »

« Attends un peu. Je veux que tu portes cela à tes parents. » Grossmutter lui tend un grand plat rempli de crêpes.

Seuls dans le couloir, nous nous regardons et Eberhard dit : « Ilse, je veux te remercier. Merci pour tout. Ce fut si bon d'être ton ami. » Une étreinte rapide et dure, un baiser, mais nous ratons nos lèvres. Il se sauve très vite.

Et c'est alors que ça me frappe. « Ce fut si bon… » Il a utilisé le passé. Et si son père… Je n'ose pas aller au bout de ma pensée. Le voici qui tourne le coin de sa maison. Comment se pourrait-il qu'il ne soit pas là demain ? Mais moi aussi je pourrais bien ne plus être ici ! La prise de conscience me choque autant que la grenade qui tombe au bout de la rue. C'est la première aussi proche depuis un moment. Incapable de bouger, je reste sur le seuil à regarder le ciel rouge sang, la rue déserte et la maison des Watzlawik. L'émotion me submerge comme une avalanche. En pleurant, je fuis dans la relative sécurité de notre maison.

**Nuit du 19 avril 1945. Matin du 20 avril 1945.** Mutti fait les cent pas en se tordant les mains nerveusement. « Qu'allons-nous faire ? Qu'allons-nous faire ? »

« Faire ? Qu'y a-t-il à faire sinon attendre et voir ? » répondent en chœur Grossvater et Grossmutter. « Nous avons la chance de ne pas être en ville, continue-t-elle. Pourquoi ne t'allonges-tu pas pour essayer de dormir un peu ? »

« Dormir ? crie Mutti. Quand les Russes peuvent être ici d'une minute à l'autre ? » Elle recommence son manège énervé.

Grossvater lit. Ne se rend-il pas compte que nous voyons qu'il tient son livre à l'envers ? Grossmutter fait semblant de tricoter mais trouve une excuse après l'autre pour se lever. Elle met du charbon dans le poêle, va dans la véranda. Dehors, les coups de feu s'intensifient. Nous allons vite à la cave. Nos voisins y sont déjà.

Personne ne peut rester en place. Nous tournons en rond, parlons mais ça n'a pas de sens.

Et alors un bruit différent se mêle aux coups de feu… un grondement étrange. On se bouscule dans la rue. Nous courons à l'étage. La rue sombre est remplie de gens qui courent, qui fuient. Il y a des bicyclettes, des charrettes, des landaus. Une vive clarté rougeoyante illumine cette scène spectrale. « Les Russes arrivent ! » dit une femme haletante qui porte un lourd sac à dos. « Ils arrivent, ils sont derrière nous ! »

Prises de panique, Mutti et moi courons à la cave. Nous voulons partir. Nous avons nos manteaux et nos sacs avant que Grossvater puisse nous arrêter. Nous pleurons, crions, jusqu'à ce que lui et Grossmutter nous barrent le passage avec des balais. Grossvater, malgré ses pansements, paraît tout à coup redoutable.

Grossmutter, ayant lâché son balai, tire sur nos manteaux. « Grete, Ilse! Soyez raisonnables! Ne voyez-vous pas qu'il n'y a nulle part où aller? Vous seriez rattrapées en pleine rue. C'est du suicide! »

Grossvater aussi a lâché son balai car nous enlevons timidement nos manteaux. Il monte voir par la fenêtre, revient. « Ils sont tous partis. La rue est déserte, vide. Complètement vide et... le village de Lübars brûle. »

Tout le monde monte. Nous nous tassons autour de la petite fenêtre, dans la mansarde. Le village, vieux de sept cents ans, brûle bien. Des flammes orange montent dans l'air. Ça doit être chez Quade... et regarde, regarde, chez Neuendorff... Dieu, toute cette paille! La salve d'artillerie suivante nous fait redescendre à la cave.

« Leur batterie doit être tout près de l'église à en juger par les lueurs. »

« Oui. Dans combien de temps crois-tu qu'ils seront là? »

« Peut-être qu'ils ne viendront pas cette nuit mais attendent demain matin! »

Nous sommes tous dans notre cave, sauf le vieux Ruhl. Nous ne pouvons pas faire passer le fauteuil roulant par la petite ouverture. Nous sommes assis, inquiets, et écoutons la fusillade et les bruits du dehors.

Tout le monde sursaute quand nous entendons des pas dans l'escalier. C'est Else Gerlitz qui veut vérifier si tout va bien.

« Pas de résistance, pour moi, dit-elle. Avez-vous préparé vos draps? Je vais pendre les miens dehors, à la vue du premier Russe. Pas avant, bien sûr. Un de ces fanatiques nazis pourrait encore passer par là avant que ce soit terminé. Enfin, je ferais mieux de rentrer. Contente de voir que personne ici n'est prêt à mourir pour le Führer et la patrie. Restons en contact. Faites attention. »

« Soyez prudente au retour. »

« Ne vous inquiétez pas. Je prendrai le même chemin qu'à l'aller, par les jardins. »

« Eh bien », dit Grossmutter au bout d'un instant, « on dirait qu'ils attendent le matin. On ferait aussi bien d'essayer de dormir un peu. » Mais pas même elle n'y croit.

Nous avons une autre visite: le jeune Schmid, le seul ultra-nazi connu dans la rue. Il porte l'uniforme sous son manteau civil. Il est très joyeux.

« Content de voir que tout va bien ici. Il vaut mieux rester ensemble. Il n'y a que deux hommes dans cette rue, de toute façon. Je suppose qu'on n'est pas suffisamment nombreux pour combattre les Russes, hein ? »

Seule Grossmutter répond : « Vous ne pouvez pas être idiot *à ce point !* »

Il regarde autour de lui et dit : « Oh non, pas nous tous seuls, ici. Pas avant de trouver davantage d'hommes et d'armes. »

Dès qu'il est parti, tout le monde tombe sur Grossmutter. Grossvater crie : « Femme, es-tu folle ? Ce nazi peut nous faire pendre à la dernière minute ! Comment as-tu pu lui dire une chose pareille ? »

« Vous ne voyez pas ce que ça voulait dire tout ça, espèces d'idiots ? Vous n'avez pas vu qu'il était déjà en civil à toutes fins utiles ? Il essaie de se faire des amis de dernière minute. Depuis des années, tout le monde a peur de lui et de son père. Maintenant c'est *lui* qui a peur. S'il veut se battre, qu'il aille à Platanenstrasse ! Les Schmid, ils ont toujours senti le vent tourner. Ils auront un drap blanc dehors avant même Else. Vous voulez parier ? Ah ce morveux de vingt-quatre ans ! Je le connais depuis qu'il fait dans ses couches. Comme il se sentait important dans son uniforme ! Et toujours *Heil Hitler, Frau Dereck !* Soudain, c'est notre bon vieil ami et voisin ! »

Mutti s'approche de Grossmutter et lui murmure quelque chose. Tout ce que j'entends c'est « Hertha ». Nous avions toujours pensé qu'Hertha Ruhl était nazie. Elle a embêté tout le monde jusqu'aux larmes avec sa croyance absolue dans le Führer. Mais maintenant Hertha est assise, silencieuse, et regarde dans le vide.

Ils ne viendront pas cette nuit. Hertha a décidé de retourner dans sa cave pour s'allonger. Les trois membres de la famille suivent. Ce n'est pas facile pour la fille qui boite mais finalement elle arrive aussi à passer. Nous restons assis à attendre. Attendre de mourir ? C'est différent des raids aériens, plus effrayant.

Grossmutter prend une pile de bols et ouvre deux bocaux de ses précieuses conserves de pêches afin que tout le monde puisse en avoir. Je passe avec elle par l'ouverture pour porter des pêches aux Ruhl et leurs parents. Ils sont ébahis. La fille ne sait pas comment remercier assez Grossmutter et ne fait que lui embrasser les mains. « Dieu vous a envoyée. Nous ne l'oublierons jamais ! »

Grossmutter, comme si elle sermonnait un enfant, l'interrompt : « Je ne crois pas que Dieu ait quelque chose à voir avec mes pêches.

Mon mari et moi les avons plantées, arrosées et cueillies. Je les ai fait cuire et mises en conserves et Dieu ne m'a pas aidée un brin. Mais continuez... priez si cela vous fait du bien. Peut-être qu'Il vous aidera. Il ne m'a jamais aidée.»

Pour la première fois depuis des heures c'est silencieux. Nerveusement, sans but, nous allons et venons dans la cave.

Nos soupiraux sont légèrement au-dessus du sol et, à part une légère fente, ils sont soigneusement bouchés et calfeutrés avec du sable. Grossmutter, qui regarde par cette fente, nous surprend en disant: «Regardez! Regardez!»

Quelqu'un, nous ne pouvons pas dire qui dans le noir, sort de chez les Niebisch, passe la barrière des Watzlawik et disparaît.

«Ça doit être Niebisch, le cousin des Watzlawik. Sans doute pour voir si tout va bien. Non... attendez un peu!»

Nous voyons la silhouette inconnue réapparaître avec deux gros paquets, les jeter par-dessus la barrière, les ramasser et disparaître dans l'entrée des Niebisch. L'aller et retour, il fait l'aller et retour. Les mains vides à l'aller, des paquets et autres au retour. Soudain, il y a deux silhouettes. Frau Niebisch? Personne ne dit un mot. Nous les observons en train de tirer, soulever et porter ce qui ressemble à un meuble. Bizarre. Est-ce que tout le monde pense ce que je pense mais n'ose pas le dire?

«Là-bas! Regardez de l'autre côté! C'est Seifert! Ils sont parents aussi n'est-ce pas? dit Grossvater. Peut-être...»

Tous les trois sont à nouveau visibles. Tous les trois transportent divers articles.

«Crois-tu, dit Grossvater, que je devrais aller voir et...»

«Non!» dit Grossmutter sèchement. «Tu peux y aller demain, en plein jour. Laisse les restes à la famille.»

«Tu ne veux pas dire que...»

«Que pourrais-je vouloir dire d'autre? Allons-nous en de la fenêtre. J'en ai assez vu. Ils ne peuvent même pas attendre que les corps soient refroidis. Ah les gens!»

Eberhard. Ton meilleur ami, Eberhard, est mort. Mon esprit bâtit des phrases précises, me dit que je devrais pleurer. Mais je ne sens rien. Je suis engourdie. Personne ne dit mot. Nous nous asseyons dans notre univers restreint de la cave en attendant les Russes.

**20 avril 1945.** «La guerre est finie! Mon Dieu, la guerre est finie!» crie Hertha. Nous sommes tous dans les bras les uns des autres, nous embrassant, pleurant, avec une frénésie et une joie hystériques.

Juste une demi-heure avant, nous avons attendu avec une peur glaciale que Grossvater traverse la rue déserte pour aller chez les Watzlawik. Nous l'avons regardé revenir, s'arrêter au milieu de la rue et lever lentement ses mains bandées. Une jeep russe s'était arrêtée devant lui. Quatre Russes lui parlaient en souriant. Grossvater a hoché sa tête bandée et ils ont fait demi-tour pour retourner vers Lübars.

Les Russes, les premiers Russes. Grossvater dit qu'ils parlent l'allemand couramment. Ils voulaient savoir ce qui lui était arrivé et s'il y avait des soldats ou des loups-garous dans le secteur. Oui, nous a dit Grossvater, les Watzlawik sont morts. Etendus dans leur salle de séjour, tués d'une balle dans la tête. Watzlawik a dû tuer sa femme et son fils d'abord avant de se donner la mort. La maison semble pillée.

«Il faudra les enterrer», dit Grossmutter.

La rue renaît. Des Russes partout. Des jeeps, des bicyclettes, des soldats à pied, amenant à terre les câbles téléphoniques. Tout le monde est dehors, parle, rit avec les Russes. Hertha crie sans arrêt: «La guerre est finie! La guerre est finie!»

Dans cette joyeuse frénésie, seuls le visage et les manières de Grossmutter ne changent pas. «Ça paraît trop beau pour être vrai», dit-elle.

Mutti et moi, les Ruhl, leurs parents, parlons tous en même temps. «Ce sont des gens tout comme nous. Regardez-les! Toutes ces histoires horribles... Rien qu'un paquet de mensonges «nazis.»

Grossmutter a l'air dubitatif et ne nous permet pas de sortir de la cave pour aller dans la rue. Mais alors Grossvater arrive avec Miele, l'aide infirme de tante Martha, et il nous dit d'aller au magasin.

«Le commandant russe a ordonné à tous les commerçants de vendre tout ce qu'ils ont. Tante Martha a besoin d'aide. Grete et Ilse doivent y aller. Allez! Allez-y!» dit-il en nous poussant énergiquement vers l'escalier.

Jamais je n'ai vu notre rue si animée. De plus en plus de Russes y arrivent. Nous croisons les Schmid, père et fils, juste comme le fils envoie une grande claque dans le dos d'un Russe en riant à gorge déployée. Voir le nazi Schmid si ami avec les Russes me fait trébucher sur un fil, ce qui provoque une réaction du jeune Russe qui travaille: il agite un doigt moqueur vers moi.

Quelle agitation! et personne ne semble prendre garde aux coups de feu qui reprennent. Personne n'a l'air gêné par les obus hurlant au-dessus de nos têtes, ni par le tir des mitrailleuses.

Des centaines de personnes s'entassent près de la boulangerie et ne prêtent pas la moindre attention aux Russes qui installent un mortier à côté. Si Miele ne nous avait pas conduites par les jardins et ensuite fait passer par derrière, nous n'aurions jamais pu rentrer chez tante Martha. La boutique n'est qu'une foule compacte de gens qui se bousculent et qui crient.

Tante Martha pousse un soupir de soulagement en nous voyant. Il n'y a pas de temps pour autre chose. Sans s'arrêter elle nous montre du doigt les sacs de farine et de sucre par terre, nous donne des truelles, continue à remplir les sacs en papier et à les donner. Nous sommes prises instantanément dans le tourbillon. Je ne vois rien que des mains tendues.

Il y a un Russe au milieu de la foule. Il est bousculé mais il crie à tue-tête: «Une livre! Une livre par personne! Hitler a dit une livre!»

Il y a quelques petits rires. Mais la foule ne s'intéresse qu'à la marchandise et l'écrase en essayant à toute force d'avoir quelque chose, n'importe quoi.

Juste au moment où je termine un sac, deux autres sont soulevés par-dessus les têtes de ceux qui attendent et lâchés à côté de moi. Deux hommes portant des sacs sortent de la réserve de tante Martha. Pendant un instant je me demande comment il se fait que tante Martha, qui a toujours proclamé qu'elle était la seule de tous les commerçants à n'amasser rien, soit tout à coup capable de fournir tout cela. Mais on n'a pas le temps de penser. Mutti et moi, travaillant côte à côte, échangeons un rapide coup d'œil de connivence. Nous pelletons, remplissons et donnons les sacs, comme des robots.

Remplir un sac, le tendre, se pencher pour remplir le suivant. Je ne reconnais Grossmutter que lorsqu'elle me met son visage sous le nez. Elle attrape ma main et la serre.

«Rentrez! Rentrez immédiatement!» Elle insiste, d'un ton qui ne permet aucune réplique. Pourtant il faut qu'elle répète ses paroles pour qu'on l'entende. «Grete! Ilse! Rentrez! Tout de suite!»

Il faut se battre pour sortir. Ça nous prend un temps terriblement long pour réussir à traverser la foule à force de bousculades et de coups de coude. Comment diable notre petite Grossmutter rebondie et plus toute jeune a-t-elle pu réussir à rentrer? Pas moyen de le lui demander. La rue semble différente. Il y a des Russes partout. Ils rentrent dans les maisons. La rue, les trottoirs sont remplis de toutes sortes de véhicules inimaginables. Il n'y a pas d'Allemands en vue.

«Courez! Courez devant! Le pillage est commencé!» nous

presse Grossmutter, mais nous hésitons. «Courez, vous dis-je. Ne vous inquiétez pas, je vous rattraperai.»

La fusillade fait rage. Impossible de dire d'où ça vient sauf que c'est partout. Il y a des avions dans le ciel. Dont un allemand. Est-ce que j'ai bien vu? Mais déjà le tank derrière nous fait feu et nous nous jetons par terre au moment où tout semble exploser. Je ne veux pas me relever! Mais alors j'entends la voix de Grossmutter juste derrière moi.

«Prends la route par derrière et suis les clôtures! Cours!»

Nous n'allons pas loin. Les avions mitraillent le sol. Je trouve la porte d'un jardin ouverte et cours vers la maison. La porte est fermée. Derrière moi, Grossmutter crie: «Sors de là! Ne t'arrête pas! Va jusqu'à la clôture des Rieder et de là passe chez nous par-derrière.»

Des jardins, des clôtures rouillées, des buissons épineux, des tas de compost. Haletantes, nous courons, trébuchons et nous nous jetons par terre.

Enfin, le jardin des Rieder. Un Russe sort de la maison serrant contre lui la dernière des choses, une horloge de grand-père. Il se jette par terre, horloge avec, au moment où un obus hurle au-dessus de nos têtes. Je ne me retourne pas pour voir ce qu'il est devenu. J'atteins notre clôture et passe par-dessus.

Je prends une fraction de seconde pour regarder nos trois jardins avec les arbres dépouillés de leurs feuilles qui se dressent entre nous, les champs et la route du village.

«Grossmutter!» c'est tout ce que j'arrive à dire. Elle nous pousse par terre, loin d'un spectacle que je n'oublierai jamais, je le sais. Sur dix, quinze, vingt kilomètres, aussi loin que le regard peut porter – au-delà du village de Lübars en fait –, la route est remplie de ce qui paraît être toute l'armée russe. Des tanks, des canons, des chevaux et des charrettes, l'infanterie, la cavalerie. Un serpent beaucoup plus large que la route se dirige vers notre maison. Grossmutter ne nous laisse pas le temps de regarder une seconde fois mais court devant, à demi accroupie. Nous arrivons à la véranda et là, heurtons Gerda Walter. Elle porte un gros sac devant elle et essaie de nous repousser.

«Les Russes!» Elle montre la cuisine.

«A la cave!» chuchote Grossmutter en faisant le tour et en allant la première vers l'entrée extérieure de la cave. Elle attend pour qu'on rentre les premières mais change d'avis et passe devant nous. Trois Russes sortent. Ils nous laissent passer.

Notre petite cave sombre est remplie de Russes. Ils semblent surgir de partout. Grossmutter, plus petite que moi, se met résolument devant Mutti et moi puis nous repousse contre un mur.

«Attendez, attendez un peu», murmure-t-elle sans bouger la tête. «Il y aura bien un instant où il n'y aura personne dans les parages.»

Ce moment est long à venir. Dieu merci, il fait si noir dans la cave! Grossmutter nous fait déplacer lentement jusqu'à la partie la plus proche de chez les Ruhl. Il n'y a pas beaucoup de place et nous bouchons presque le passage. Je veux me déplacer pour laisser passer des Russes, mais Grossmutter, sans se retourner, me serre à la gorge si fort que je crois que je vais étouffer, alors je reste où je suis. Des hommes et des femmes en uniforme vont et viennent. Ils se parlent, rient. Ça a l'air amical, poli. Ils se laissent même le passage. Des voix bizarres. Des voix russes. Des bottes russes dans l'escalier. Le fracas des tanks russes dans la rue, l'artillerie russe, les avions russes.

Le canon! DCA? Mortier? Le bruit est tel qu'on croirait que c'est juste derrière nous. La maison tremble, tout ce qui est dans la cave répercute le bruit.

Un grand et gros officier passe par le trou avec difficulté et soupire d'aise lorsqu'il a réussi. Il me sourit. «Des soldats? Non?»

Quand il s'en va, nous sommes soudain seules dans la cave. Grossmutter se retourne, me repousse, et ouvre une sorte de niche dans le mur, derrière moi. J'ignorais son existence. L'ouverture est à environ un mètre du sol et ne fait que cinquante centimètres carrés environ. Elle réussit à m'y faire entrer avant que je sache ce qui m'arrive. Je me retrouve à plat ventre sur du sable froid et humide car il n'y a qu'une vingtaine de centimètres au-dessus de moi. Je suis forcée d'aller plus loin quand Mutti et Gerda Walter rentrent aussi. Grossmutter referme le panneau avant que Gerda ait pu s'allonger. Elle bouge dans le noir et sa botte me heurte le visage. Puis elle aussi se met à plat ventre. Il ne passe qu'un minuscule rayon de lumière par la fente.

**20 mai-22 mai 1945.** Nous sommes allongées dans un réduit étroit, sous la maison, mais nous ne savons pas exactement où. Nous écoutons le hurlement particulier des mortiers russes. On les appelle les orgues de Staline à cause de la disposition de leurs cinq canons. Ils tirent l'un après l'autre.

Quand l'orgue de Staline s'arrête, nous entendons des cris, des ordres en Russe, des rires énormes, des piétinements de bottes, des tirs d'artillerie, de mitrailleuse, et le roulement des tanks par-dessus le staccato des sabots de chevaux, jusqu'à ce que l'orgue de Staline reprenne et noie tout de nouveau. Les bruits atteignent des proportions nouvelles. Il est impossible de les distinguer ou de les séparer, et encore moins de les comparer à des bruits familiers. L'espace sombre et creux les déforme. Seules notre peur et notre imagination ont place dans cette minuscule prison.

Ces coups? Ce cri? Des voix russes d'hommes et de femmes. Crient-ils de colère? Plaisantent-ils? Des cris, des rires mélangés aux explosions, des coups de simple fusil, des ordres et le bruit d'une armée qui se déplace. Ça continue sans arrêt, sans arrêt. Un cri particulièrement aigu qui glace le sang. Des coups et la voix hystérique de la mère de la fille qui boite: «Non! Non! Non! Allez à côté! C'est là qu'il y a des femmes! A côté!»

Je suis glacée, j'arrête de respirer. Rien. Rien ne se passe. La niche reste fermée. Des bottes piétinent. Des grognements, des bris de verre, des objets jetés, des cris puis des rires. Et à nouveau l'orgue de Staline.

Mes brodequins me font mal, sans doute lacés trop serrés. Je veux les desserrer, me cogne la tête, douloureusement, me retourne, m'allonge sur le côté, les genoux relevés contre mon menton. Des grains de sable froid et humide se collent à mes doigts qui sont moites de peur. Je ne pourrais pas être plus mal mais je n'ose pas bouger. Le manteau, qui fait plein de plis sous moi, est dur comme des pierres. Deux culottes longues l'une sur l'autre, de nombreux chandails, tout cela qui serre et fait mal. La nuit complète, l'espace étroit. Des mouvements dans le sable. Nous essayons de trouver des positions plus confortables sans faire mal aux autres et sans bruit. Cela finira-t-il jamais? Il y a longtemps, semble-t-il, Grossmutter a tambouriné contre la porte et murmuré avec précipitation: «Une montre! Donnez m'en une! Vite, vite ou ils vont tuer Grossvater!» Gerda Walter, la plus proche de l'ouverture, a donné la sienne. C'était il y a longtemps. Mutti et moi avons donné les nôtres aussi, l'une après l'autre.

Cela fait longtemps qu'on n'a plus entendu Grossmutter tambouriner, ni le son de sa voix. La fusillade continue.

Je rampe sur le ventre dans le coin le plus éloigné, comme un animal. Même dans l'obscurité, j'ai honte d'avoir à faire le nécessaire, me débattre avec tous mes vêtements, revenir en rampant à côté de Mutti et lui serrer la main. Nos doigts sont entremêlés, chacune agrippant l'autre au moment où il semble que la maison va nous écraser.

Mon esprit s'égare, accroche désespérément une image, une

joyeuse, ensoleillée, pour faire reculer l'horreur présente. Je vois des jeunes gens, garçons et filles de mon âge, jouer au ballon sur une pelouse. Ai-je déjà vu cela dans un journal, dans un livre? Je ne me rappelle pas mais je me force à garder l'image et je m'y transporte. Je suis assise à l'ombre d'un arbre. Il y a une plage. Bientôt, j'irai me baigner avec les autres. Soudain, c'est comme si quelqu'un me poignardait à la pensée qu'une scène semblable puisse se dérouler réellement quelque part dans le monde.

C'est la quatrième nuit. Trois jours et demi et cette quatrième nuit; et les tanks continuent à rouler, les voix russes de rire, jurer, donner des ordres. Il doit y avoir des Russes dans la cour. Ils sont si près qu'on peut les entendre respirer.

Les heures passent. Des heures horriblement, tragiquement longues. Enfin, le signal de Grossmutter. Ses doigts tambourinent, puis sa voix, le son le plus merveilleux du monde; «Soyez prêtes à sortir, mais faites vite. La sentinelle peut revenir d'une minute à l'autre. Pas de bruit! Ne faites aucun bruit!»

Les membres gourds, paralysés par le froid, pleins de crampes. Nous essayons de bouger, d'être rapides et silencieuses. Quel est ce bruit? Mon cœur bat si fort que j'ai l'impression qu'on peut l'entendre dans toute la maison. Mais c'est Grossvater qui, d'une voix basse et impatiente, commande: «Vite! Pour l'amour du ciel, faites vite! Nous allons vous mettre dans la porcherie.»

Traversons la cave sombre, sortons dans la cour. Bien que la porcherie soit attenante à la maison, la seule entrée est par la cour. Nous apercevons l'effrayante silhouette de l'orgue de Staline, inattendue parmi les pieds de haricots de Grossmutter. Nous cinq dans la porcherie vide. Grossvater et Grossmutter tiennent l'échelle pendant que nous grimpons et passons par une trappe du plafond.

«Tirez l'échelle! Tirez-la!» disent-ils à voix basse et avec précipitation.

Nous remontons l'échelle, remettons la planche qui cache l'ouverture. Nous prêtons l'oreille aux bruits des pas pressés de Grossvater et Grossmutter, qui s'estompent. Nous entendons le grincement familier de la porte de la véranda. Puis le calme revient.

Nous sommes dans le grenier à foin. Nous l'appelons ainsi même s'il n'a jamais obtenu de foin ou autre chose. Mes grands-parents ont toujours eu assez de place sans l'utiliser. C'est une vraie pièce avec un plafond en pente, mansardée. Le plancher est rudimentaire et il n'y a pas de fenêtre. Une brique a été enlevée pour l'aération. Nous trouvons des couvertures, des oreillers, un panier avec de la soupe chaude. Nous n'avons pas mangé depuis des jours. Grossmutter a pensé à tout. Nous trouvons des assiettes et des cuillères, du linge propre et, dans le coin, un ustensile nécessaire et tout à fait bienvenu: un seau avec un couvercle.

Joie incroyable de pouvoir être debout, s'étirer, manger. Assez pour oublier tout le reste pendant un moment.

Les lourdes bottes d'une sentinelle font craquer les graviers. Il gratte une allumette, aspire lentement et avec un plaisir évident, recrache la fumée. Si nous pouvons l'entendre c'est que lui aussi le peut... Nous arrêtons de respirer avant d'aller au bout de notre pensée. Des bruits de bottes. Des Russes arrivent en courant dans la cour. Nous entendons des ordres et à nouveau le mystérieux hurlement des orgues de Staline. Nous profitons de l'occasion pour tousser. Toutes les trois nous toussons comme à la fin d'une représentation.

Nous avons attrapé froid. Si seulement nous pouvions tousser! Il faut absolument que je tousse, je ne peux me retenir plus longtemps, oh, mon Dieu, pourquoi ne tirent-ils pas avec leur machin? Tiens... Horoum! Le hurlement effrayant est le bienvenu. Cependant, nous utilisons les oreillers pour étouffer le bruit de notre toux. Quatre jours, quatre nuits. Cela paraît une éternité. Nous pensions que la guerre était finie. Mais elle continue avec les tirs, la mitrailleuse de temps en temps et les coups de fusil. Cela ne s'arrêtera-t-il jamais?

Le jour se lève. Nous pouvons voir par le trou de la brique enlevée. Nous les voyons jusqu'au village de Lübars, tous déferlant vers nous. Ils se répandent partout dans les champs et, près de nous, dans les jardins. Une armée incroyable de tanks et de jeeps, de camions mêlés à des troupeaux de vaches, des charrettes de paysans tirées par des chevaux. Il y a des cantines ambulantes entourées de soldats à pied et à bicyclette. Il y a des canons motorisés et une cavalerie, des groupes de fantassins, l'un d'eux poursuivant deux cochons.

Une armée lente et disparate. Les tanks restent coincés dans les clôtures. L'un d'eux, à cheval sur la clôture d'Else Gerlitz continue à tourner en l'air. Des voitures, en panne d'essence, sont abandonnées. Enfin, les engins, les animaux, les gens, les tanks, tout s'arrête en grinçant. C'est trop pour la route. Des cris, des jurons. Rien ne peut plus avancer. Les soldats qui étaient sur des véhicules, descendent. Ils vont tous vers les maisons. Des cris à vous glacer le sang! Etait-ce Grossvater? Grossmutter? Un voisin? Dernières protestations désespérées pour une vie qui est menacée, protestations ponctuées de coups de fusil.

Des ordres en Russe, des rires énormes, des jurons, des piétinements, des coups. Des choses qu'on fouette. Mais maintenant la foule avance à nouveau. Les soldats sortent des maisons avec tout ce qu'on peut imaginer. L'infanterie, les camions, les tanks, les vaches, les bicyclettes, les charrettes, tout repart et, à nouveau, tout s'arrête. Un cheval est tombé devant un canon. Le conducteur bat le cheval sans cesse mais il ne se relève pas; seule sa tête se balance puis elle aussi s'arrête. Il ne bouge plus, les yeux ouverts et la bouche écumante. Le tank qui a essayé de passer à côté du cheval est coincé entre la clôture des Watzlawik et le canon. Le tankiste jure dans sa tourelle ouverte. Le conducteur tue le cheval, tire toutes ses balles sur lui puis ils le poussent et le tirent sur le côté de la route.

La nuit tombe et des feux éclairent les soldats et le matériel dans les champs. Un accordéon dans notre maison. Le son d'un accordéon fait naître les voix gutturales étrangères, les stimule jusqu'à ce qu'elles s'élèvent plus haut que lui. Les clameurs et les piétinements ont cessé dans la maison. A la place, les murs vibrent de profondes voix masculines. Des sons magnifiques et presque irréels nous transportent hors du temps et de l'espace. Les feux vacillants dans les champs et ces voix magnifiques, les harmonicas et les accordéons bercent nos peurs et nous endorment. Presque. Heure après heure, ils continuent à chanter, à jouer. Les chants deviennent plus forts, plus frénétiques. Les notes tristes et nostalgiques sont remplacées par une musique agressivement triomphante.

«Ils doivent danser», chuchote Mutti, ses yeux noirs élargis dans la semi-obscurité. Serrées l'une contre l'autre nous sentons les murs puis toute la maison trembler au rythme des chansons. Une énergie incroyable débridée.

«Ils sont ivres! Mon Dieu, ils sont ivres! Que vont-ils faire?»

Du verre se brise, suivi d'un éclat de rire. Des coups de fusil, de revolver, enfin, le calme, à part un «Nein!» aigu et lointain.

Au matin, l'armée repart. Aucun signe de Grossvater ou Grossmutter, seulement, de temps en temps, le hurlement de l'orgue de Staline.

Le jour passe ainsi que la nuit. Un autre jour, une autre nuit et ça n'en finit pas! Toujours aucun signe de Grossmutter. Une fois nous avons cru entendre ses pas dans la cour mais nous n'en étions pas certaines. Elle n'est pas venue. Mais l'armée russe apparamment interminable continue à défiler. Ça roule devant la maison en grinçant, rugissant... Enfin, ça commence à diminuer. L'orgue de Staline est emmené et, mieux que tout, Grossmutter arrive, saine et sauve, avec des nouvelles et à manger.

«Tout le monde est vivant. Tout le monde à la maison. La vieille Frau Ruhl s'est foulé la cheville quand ils l'ont jetée contre le mur de la cuisine. Ils ont menacé Grossvater deux ou trois fois parce qu'il n'avait pas de montre mais Vladimir l'a sauvé à chaque fois. Il a sauvé Hertha aussi quand ils l'ont presque violée. Cet homme n'a pas arrêté, je vous le dis! On se demande quand il dort! Il n'a certainement pas eu de temps pour Lisa. Oh, c'est vrai...» Grossmutter s'interrompt... «vous ne le connaissez pas du tout. Vladimir est un jeune lieutenant russe, beau également, qui a pris Lisa en affection... Vous savez, la jolie Lisa Gerber. Il vit chez eux maintenant. Ah, quel ange gardien il a été ici! Grâce à lui nous nous en sommes sortis à bon compte. Tout le monde l'appelle à la rescousse et il vient toujours. Savez-vous qu'à un moment j'ai compté trois cent quatorze Russes dans notre petite maison? Trois cent quatorze! Ils m'ont fait faire à manger pour eux. L'un d'eux m'a donné un demi pain. Vous ne le croiriez pas mais ils n'ont vraiment rien à manger eux-mêmes. La maison, bien sûr, ressemble à Sodome et Gomorre mais je vais la laisser comme elle est, du moins pendant un certain temps; autrement n'importe qui pourrait venir et penser qu'elle n'a pas encore été pillée. Il n'y a guère de risques pour l'instant! Ça a l'air pire que ça n'est! Les chaises et la table sont cassées mais Grossvater peut sans doute les réparer. La vitrine de l'étagère et presque tous les verres et plats, et tous les tableaux, sont en miettes. Mais ils ne vous plaisaient pas de toute façon!» Un regard malin vers moi. «Non, ils n'ont pas pris grand-chose. Qu'avons-nous? Des vieux vêtements dans le placard. Oh vous auriez vu les femmes! Elles sont drôlement fortes et musclées; elles font presque éclater leur uniforme. L'une d'elle a essayé de rentrer dans un vieux manteau en cuir de Grossvater. Vous l'auriez vue se pavaner devant la glace et se regarder d'un côté et de l'autre!»

«L'a-t-elle pris?»

«Evidemment qu'elle l'a pris! Elle est partie aussitôt avec! Leurs femmes, c'est quelque chose, allez! J'ai fait de mon mieux pour ressembler à une vieille paysanne.» Grossmutter a son petit rire. «On ne peut pas faire confiance à ces coquins. Et la plupart m'appelaient «Matka», mère. Attendez de voir la cave! Pas un seul bocal de reste! Quel désordre! Toutes les bouteilles de cidre cassées aussi! Ils les cassaient en cherchant du schnaps. Dieu merci, nous n'en avions pas. Ils étaient assez ivres comme ça! Mais, le croiriez-vous, l'un d'eux a trouvé mon pot de lard? Celui que je cachais sous le poêle. Il l'a mangé!»

Elle s'arrête, écoute un tank qui semble s'être arrêté devant la maison et continue quand les chenilles métalliques se remettent en mouvement.

«Oui, il a tout mangé, aussitôt, sur place. Tout. Sûr! J'en ai d'autres. Pourtant ça m'agace qu'il ait trouvé celui-là. Et Gerda! Le sac que tu as laissé sous la véranda...»

«Le sac! Mon sac! s'exclame Gerda. Oh, mon Dieu, il contenait tous nos papiers! Ceux de mes parents, les miens, les titres de propriété de notre maison, tout! Et...» Gerda essaie en vain de retenir ses larmes. «Les bijoux, tous les bijoux de ma mère, et l'argenterie. Tout, simplement tout! Je l'ai transporté partout pour l'oublier au pire moment qui soit. Oh mon Dieu!»

«Il n'y avait pas le temps, Gerda, dit Grossmutter. C'est après qu'on sait ce qu'on aurait dû faire. En tout cas, tu as eu de la chance d'arriver chez nous... Tu aurais pu être prise dans la rue. Et aussi de la chance qu'on puisse te cacher. Des papiers!» dit Grossmutter avec son regard typique. «Des papiers! On peut toujours avoir des papiers. Il y aura plein de gens sans papiers. Je ne m'inquiéterais pas de cela à ta place. Le principal c'est que tu sois en vie et en bonne santé.»

«C'est vrai, Frau Dereck. S'il vous plaît, ne me croyez pas ingrate. Vous avez tant fait, mais...»

«Mais rien! l'interrompt Grossmutter. Ce qui est passé est passé. Ça ne sert à rien de s'en faire. J'essaierai d'aller voir ma belle-sœur plus tard et tes parents aussi. Ils doivent s'inquiéter et seront contents d'apprendre que tu vas bien, avec ou sans papiers.»

«Peut-être que je devrais y aller?»

«Oh non! Tu restes ici. Vous toutes. Bien que le pire soit passé, semble-t-il, il y a encore plein de soldats en maraude dans le coin, et la nuit, même les troupes régulières vont dans les maisons pour chercher des femmes.»

«Mais vous ne m'avez pas seulement cachée, vous m'avez nourrie aussi», proteste faiblement Gerda.

«Quelle nourriture? Ce bol de soupe? Nous avons encore quelques pommes de terre et un chou ou deux. Ne t'inqui... vite, fermez la trappe!»

Des pas dans la cour. Des pieds bottés. Des voix russes, rudes et pressantes, interrogeant, quémandant sans répit. «Frau! Frau! Frau!»

La voix de Grossmutter: «Non, personne ici. Pas de Frau. Seulement moi, une vieille femme, une très vieille femme.»

Des déclarations ont été affichées partout. Un membre de chaque famille doit aller au bureau du commandant russe pour enregistrer chaque personne de la famille, et des cartes de rationnement seront faites en proportion.

Mes grands-parents décident d'attendre quelques jours avant de nous enregistrer, Mutti et moi.

Nous restons dans notre cachette mais Gerda, malgré les avertissements de mes grands-parents, insiste pour rentrer chez elle. Ils l'accompagnent tous les deux. Officiellement, du moins, les jours de pillage et de viol sont terminés; cependant, des bandes de soldats viennent encore dans les maisons chercher des femmes et des objets de valeur. Nous avons vu tout un groupe de soldats attaquer deux femmes qui marchaient tranquillement dans la rue. Nous avons vu ce qu'ils ont fait, entendu les femmes crier. Ça suffit pour que je veuille rester ici jusqu'à ce qu'il n'y ait plus un seul Russe à des kilomètres à la ronde.

Quand Grossvater garde le devant de la maison et Grossmutter le jardin, nous quittons quelquefois notre cachette pendant de courts laps de temps, juste pour marcher et respirer un peu.

Quelques jours plus tard, je ne sais pas combien, par une belle matinée ensoleillée, des tanks russes passent devant la maison, les premiers depuis un bon moment. Ils semblent s'être arrêtés et, tout à coup, il y a un grand brouhaha. Mêlée aux voix russes, j'entends soudain celle de Grossvater. Il crie: «Des couteaux! Des couteaux! Vite, apportez des couteaux!»

Des voix allemandes et russes se mêlent mais le seul mot reconnaissable est «couteaux». A notre grand regret, le trou est trop petit. Nous ne voyons pas ce qu'il se passe. Mais quoi que ce soit, c'est exactement au-dessous de nous, dans notre cour.

Bientôt, cela ressemble à une bataille au couteau entre des centaines de personnes et des Russes ivres. Un coup de feu part. La foule gémit. Du métal heurte du métal. Le bruit de gens de plus en plus nombreux se joignant à ce qui doit être une mêlée. Nous entendons des cris: «Là! Là!»

«Non ici! Enfonce ici!»

«Donnez-moi le couteau!»

Une voix russe domine toutes les autres et crie en allemand: «Mettez-vous en ligne! Tout le monde en ligne!» Finalement le calme revient. Alors seulement Grossmutter se souvient de nous et nous appelle; et le mystère est éclairci.

L'équipage d'un tank emmenait quelques vaches. L'une d'elles a sauté par-dessus notre clôture et s'est cassé une patte. Grossvater et Grossmutter ont vu instantanément les possibilités de nourriture. Grossmutter s'est hâtée d'aller chez le commandant russe pour obtenir la permission de tuer la vache. Le commandant, dit-elle, a pris son temps mais finalement il a donné l'autorisation nécessaire.

Pendant ce temps-là, les hommes du tank, avec l'aide de Grossvater, prenaient les choses en main. Ils ont tiré la vache dans la cour et commencé à tuer la pauvre bête avec des couteaux. Ça n'allait pas, si bien qu'un des Russes a tiré sur la vache. Quand Grossmutter est revenue, elle a vu une file de gens occupant toute la rue. Elle n'a compris ce qui se passait qu'en arrivant au début de la file et en voyant la quantité de monde dans sa cour.

«Tout le monde avait des bols et des seaux, tout comme ils avaient fait quand on a tué Jolanthe. Vous imaginez? Grossmutter rit. Dire que j'ai couru chercher l'autorisation et que, quand je l'ai enfin obtenue, il n'y avait plus de vache. J'ai juste eu ceci.» Elle tient un morceau de vache sanglant.

«C'était des bons gars, allez! dit Grossvater. Bonté divine, si je ne m'en étais pas occupé, ils n'auraient rien eu.»

«C'est vrai acquiesce Grossmutter. Ils seraient partis les mains vides. J'ai donné la moitié de ce que j'avais au grand blond. Il avait l'air tellement affamé!»

«Le grand blond? Eh bien, je lui avais déjà donné le meilleur morceau de la cuisse!» s'exclame Grossvater. Ils rient tous les deux en hochant la tête.

Quelques jours plus tard, toujours dans notre grenier, Mutti dit: «Aujourd'hui, c'est le 22 mai. Nous nous cachons depuis quatre semaines. Te rends-tu compte? Quatre semaines! L'Allemagne a capitulé sans conditions le 7 mai et nous nous cachons encore.»

Juste à ce moment-là nous entendons Grossmutter taper avec le manche à balai.

«Ouvrez! Descendez! crie-t-elle. J'ai une surprise pour vous.»

Je suis à la moitié de l'échelle quand je l'aperçois. Mais alors je suis en bas en un éclair et je crie:

«Vati! Vati! Vati!»

Mutti et moi nous accrochons toutes les deux à lui, sachant que nous ne le laisserons plus jamais partir.

Il dit: «Nous rentrons à la maison», et tout le monde sait qu'il parle de nous trois.

Vati au milieu, Mutti et moi de chaque côté, aussi près de lui que possible, nous marchons vers Hermsdorf.

Tout doit bien se passer dorénavant. Je le sais. Pour moi la guerre est finie.

# Table des matières

Chapitre 1 : 1926-1939. Les Dereck
9

Chapitre 2 : 1937. Séparation
16

Chapitre 3 : 1938. Lübars
29

Chapitre 4 : 1939. Le lycée.
33

Chapitre 5 : 1940. La jeunesse hitlérienne et les bombes.
40

Chapitre 6 : 1941. Le premier camp.
44

Chapitre 7 : 1941-1942. Berlin.
57

Chapitre 8 : 1942. Camp numéro deux.
78

Chapitre 9 : 1942. Berlin.
88

Chapitre 10 : 1942-1944. Camp numéro trois.
94

Chapitre 11 : 1944-1945. Berlin.
147